新媒介·新青年·新观察
新闻与传播学科
理论与实践论文集

杭孝平　主编
高胤丰　执行主编

中国国际广播出版社

图书在版编目（CIP）数据

新媒介·新青年·新观察：新闻与传播学科理论与实践论文集 / 杭孝平主编. —北京：中国国际广播出版社，2022.11

ISBN 978-7-5078-5237-0

Ⅰ.①新… Ⅱ.①杭… Ⅲ.①新闻学－传播学－文集 Ⅳ.①G210-53

中国版本图书馆CIP数据核字（2022）第197961号

新媒介·新青年·新观察：新闻与传播学科理论与实践论文集

主　　编	杭孝平
执行主编	高胤丰
责任编辑	刘　丽
校　　对	张　娜
版式设计	邢秀娟
封面设计	赵冰波

出版发行	中国国际广播出版社有限公司 ［010-89508207（传真）］
社　　址	北京市丰台区榴乡路88号石榴中心2号楼1701 邮编：100079
印　　刷	环球东方（北京）印务有限公司
开　　本	787×1092　1/16
字　　数	370千字
印　　张	20.25
版　　次	2022年12月 北京第一版
印　　次	2022年12月 第一次印刷
定　　价	68.00元

版权所有　盗版必究

编委会名单

顾　　问：张宝秀　杨奇红　张景秋　于　深
主　　编：杭孝平
执行主编：高胤丰
编　　委：（按姓氏笔画排序）
　　　　　王春美　冯春海　刘　丽　刘　源　刘文红　杜剑峰
　　　　　李瑞华　李正国　李彦冰　吴惠凡　张立梅　张春华
　　　　　陈冠兰　陈世红　杭孝平　罗　茵　金　韶　周春霞
　　　　　莫常红　高胤丰　董　城　惠东坡　蒲红果

序

本论文集是北京联合大学新闻与传播专业学科的第二部论文集，汇编有北京联合大学应用文理学院2020级、2021级新闻与传播专业硕士研究生在硕士研究生导师指导下完成的学术论文。三年来，尽管课堂教学每受新冠肺炎疫情影响，但新闻与传播专业硕士研究生们的研究热情并未受影响，结合专业实践与理论洞见，开启自己的学术旅行。本论文集的主旨在于展现新闻与传播学科建设近三年来的研究成果，提高研究生师生团队的科研水平，并形成系列论文集，推动新闻与传播学科的持续发展。

北京联合大学新闻与传播学科的建设和研究方向，聚焦网络文化与新媒体传播、城市影像创意与制作、融媒体新闻传播与实务等方向，服务首都北京国际文化中心建设，培养高层次、应用型、融合型人才。本论文以"新媒介、新青年、新观察"为主题，主要包括网络文化与网络素养、视听文化传播与创新、国家形象与北京印象、媒体融合与媒介运营、智能媒体与新闻伦理等五大专题内容，从青年学子的视角对新时代的媒介现象、信息技术、传播机制进行审视与批判思考，希望形成的研究成果能对新闻与传播学科发展与媒介生态实践提供参考和互鉴。

本论文集的出版，得到北京联合大学专业硕士研究生教育建设经费的资助，北京联合大学应用文理学院的相关领导、新闻与传播系领导们也给予了大力支持。在论文集的形成过程中，主编杭孝平教授、执行主编高胤丰老师、研究生助理蒋函玉以及所有研究生导师、任课教师，投入大量精力进行反复修改完善，新闻与传播系的其他老师也热心参与和帮助，在此一并表示感谢。

北京联合大学应用文理学院新闻与传播系
2022年12月20日于北京

目 录

网络文化与网络素养

舆情反转事件中微博意见领袖的影响研究
　　——以广州女教师体罚学生致吐血事件为例　　吴惠凡　杜丹妮　003
媒介技术发展下的受众身体形态变迁
　　——从自然人到"赛博人"再到元宇宙下的"虚拟数字人"　屈巧巧　013
我国青少年网络素养研究综述　　　　　　　　　　赵金胜　杭孝平　021
推行青少年网络素养教育的重要性及其策略　　　　　　　褚婉宏　030
拥抱与差距：老年数字素养适用性路径探索　　　　任　静　杭孝平　040
自媒体时代下审丑文化的产生与异化研究　　　　　　　　罗　凯　048
社交媒体时代消费符号传播的异化研究
　　——以小红书"滤镜景点"为例　　　　　　　　　　邹春江　057
第三空间理论辨析与空间媒介研究　　　　　　　　　　　陈　丽　065

视听文化传播与创新

新媒体语境下中国当代集锦片研究　　　　　　　　　　　张逸琳　077
空间理论视角下的《寄生虫》电影解读　　　　　　　　　朱梦瑶　085
文化记忆理论下刘家成京味儿电视剧研究综述　　　　　　乔　谦　091
文化体验类综艺节目的创新策略研究
　　——以《遇见天坛》为例　　　　　　　　　　　　　杜怡瑶　100

浅析美食短视频的影像传播	孟　丹	110
浅析网络情感节目中的人文关怀	陈　彤	117
现代科技赋能传统艺术作品的创新模式研究	肖屈瑶	124
国产太空科幻电影发展历程研究	王佳晨	133

国家形象与北京印象

北京城市形象传播概况及抖音传播价值	赵悦帆	145
国际传播视野下中国故事影像化叙事策略研究	刘丽丽	156
北京抗战类博物馆对集体记忆的传播研究	赵伊纯	163
乡村振兴背景下龙湾屯古镇红色文化传播效果的提升策略	鲍宇涵	175
"三山五园"文化对中国国家形象的塑造研究	蒋函玉	183

媒体融合与媒介运营

《人民日报》建党百年系列报道的内容分析	韩晓宇	193
融媒时代主流媒体话语形态转变的驱动因素分析	刘振宇	206
主流媒体在亚文化平台的传播内容研究		
——以"央视新闻"B站视频号为例	李佳伦	213
主流媒体在快手上的传播特征	王　美	227
抖音平台中意见领袖对美妆产品的推广策略	张静茹　吴惠凡	236
哈利·波特IP的影游联动研究	林玉娜	245
网剧《庆余年》第一季微博营销策略分析	伍　婷	253

智能媒体与新闻伦理

| 智媒时代新闻生产模式创新研究 | | |
| ——以"媒体大脑"为例 | 孙葆琪 | 265 |

腾讯直播在围棋赛事传播中的应用
　　——以"围棋人机大战"为例　　　　　　　　　冯羽晴　273
新媒体环境下法制新闻道德失范现象研究　　　　　刘子平　287
社交类短视频平台的传播伦理失范及建议　　　　　张思琦　295
新媒体语境下非虚构新闻写作的嬗变与价值反思
　　——以"人间theLivings"公众号为例　　　　　焦旭辉　302

网络文化与网络素养

舆情反转事件中微博意见领袖的影响研究
——以广州女教师体罚学生致吐血事件为例[*]

吴惠凡[**]　杜丹妮[***]

【摘要】微博意见领袖往往能够在众声喧哗中影响舆论走向。以"广州女教师体罚学生致吐血事件"为例，微博意见领袖在最初的议题设置、信息传递、观点发布时缺少必要的"把关"，过于追求流量和点击率，强化了公众既有的刻板印象，激发了公众的情绪化表达，引发了错误的舆论走向。真相披露后，伴随着微博意见领袖的频繁发声，公众态度发生巨大转变，继而出现舆情反转现象。在舆情反转过程中，微博意见领袖分别从信息传播层面、认知层面、情感层面和态度层面发挥作用，影响公众的信息接收和公共讨论。在当前的媒介环境下，微博意见领袖应正确发挥舆论引导作用，提升社会责任意识，增强信息传播力和话语引导力，同其他网络传播主体共同维护天朗气清的网络空间。

【关键词】微博意见领袖　舆情反转　舆论引导　作用机制

随着互联网技术的高速发展，媒体呈现形式日益丰富，新闻时效性日益凸显，

---

[*] 本文系2018年国家社科基金青年项目"社会责任视角下的网络意见领袖传播效能评价研究"（项目编号：18CXW030）阶段性成果，并受北京市教育委员会科研计划项目"首都网络意识形态传播中意见领袖的作用机制研究"（项目批准号：SM201911417004）资助。
[**] 吴惠凡，北京联合大学应用文理学院副教授，硕士生导师；主要研究方向：网络传播、新闻实务。
[***] 杜丹妮，北京联合大学应用文理学院新闻与传播系2020级硕士研究生；主要研究方向：网络文化与新媒体传播。

公众话语权也日益增强，舆情生态发生了深刻变革。当公众对某一话题投以关注并参与讨论时，便容易产生社会热点话题。在这些话题下，人们的意见、观点、态度集中涌现，从而形成舆论。在激烈的媒介竞争中，各类传播主体为了抢占话语主导权，吸引公众注意力，对信息的"把关"有所松懈，导致舆情反转事件时常发生，公众的情绪也随着新闻的戏剧性转变而不断反转。

一、概念的提出

目前，关于"舆情反转"的概念学界还未有统一的定论，但与之相关的概念即"反转/逆转新闻"，多数研究者认为必须包括新闻事件的反转和引发受众观点、态度的反转这两个因素。"舆情反转"包括且不止于这两个因素，其核心更侧重事件相关的舆情演变过程，特别是公众态度的反转与平息。网络的及时互动性与传播范围的广泛性使受众情绪容易受到群体的暗示，在此过程中，微博意见领袖的影响力尤为突出。

意见领袖（Opinion Leader），这一概念起源于1940年拉扎斯菲尔德等人所著《人民的选择》中的两级传播理论。拉扎斯菲尔德等人认为，意见领袖即活跃在人际传播网络中，经常性地为他人提供信息、观点或建议并对受众施加个人影响的人物。[①]当下，公众的情感态度在信息洪流的冲击下不断转变，在以互联网为依托的社交媒体平台中，通过人的帮助从海量信息中筛选有价值、高质量的信息，由此发生"再中心化"，从而产生网络意见领袖。

当前，微博已经成为具有影响力的社交平台，程曼丽教授指出，就信息或言论扩散的特征而言，微博呈现出塔形结构，处于塔尖的是传统概念中的"舆论领袖"。[②]相关研究者认为，微博意见领袖指的是在微博平台上关注度达到一定程度，在单一或多项舆论事件中活跃度较高，为他人提供信息、观点或建议并对他人产生了实际影响的个人或组织。微博意见领袖一般可从活跃度、粉丝数以及在特定事件中所发微博内容的受关注度为指标进行判定，一般包括明星、网红、相关领域的专家学者、主流媒体官微、自媒体、政府政务微博、特定事件当事人、知情者等。[③]

---

① 邓若伊.网络传播与"意见领袖"理论调适［J］.当代传播，2011（3）：30.
② 张皓.突发事件中的微博意见领袖研究［D］.上海：上海社会科学院，2012：10.
③ 李宛嵘.微博意见领袖对舆论的影响机制研究［D］.西安：西北大学，2018：16.

舆情反转事件往往能够引发公众对这一事件的特定情绪，且具有较强的话题性，能够促成舆情爆发。微博意见领袖在舆情的反转过程中扮演着至关重要的角色，他们可以把握信息的流量和事态的发展方向，并且能够引导粉丝或关注者的态度。在"流量为王"的背景下，各类媒体为了抢占话题，追求高阅读量和转发量，在事件原貌还未浮出水面或未查清真相的情况下，以偏概全传递信息，引发公众非理性讨论。随着事态发展，真相一步步披露，进而出现舆情反转。

二、微博意见领袖参与下的舆情演化

（一）事件梳理

2020年5月30日早上6点43分，微博网友刘某在微博账号"小岛里的大海"发布长文，称自己的女儿被教师刘某体罚，并放出带有血迹的校服、女儿输液打码后的图片。此外，该网友还称教师刘某曾向其索要"照顾费"，半夜潜伏对其进行威胁和袭击，尝试各种维权方法均未果，呼吁公众帮忙转发，具体情况梳理见图1。

广州市白云区教育局发布声明，成立专项调查组对该事件进行调查。 — 5月30日 12:31

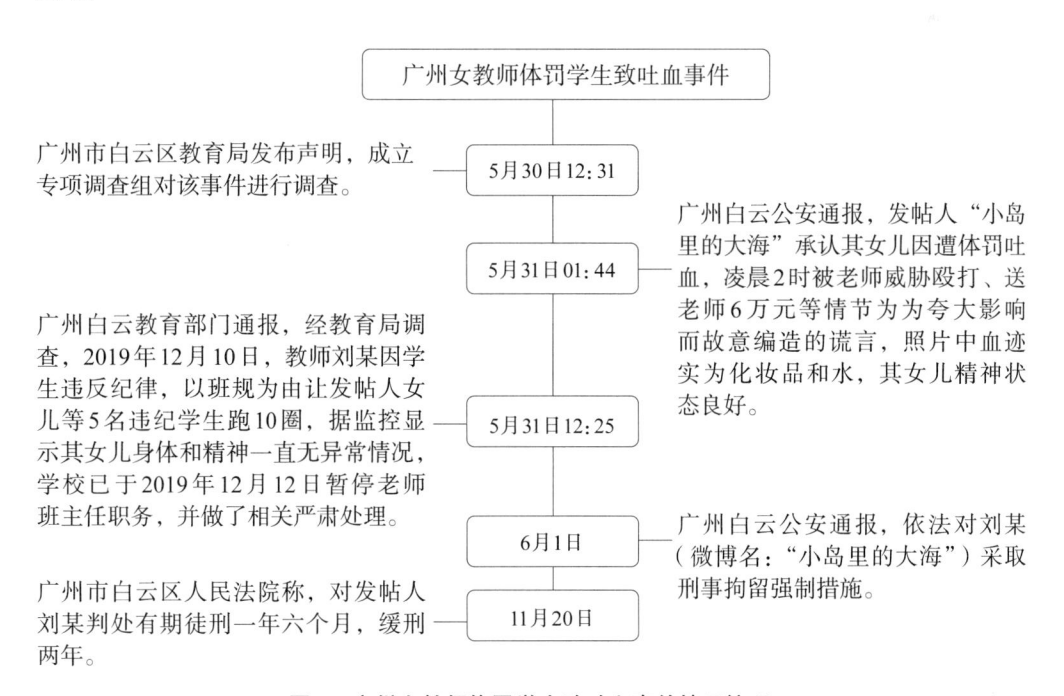

5月31日 01:44 — 广州白云公安通报，发帖人"小岛里的大海"承认其女儿因遭体罚吐血，凌晨2时被老师威胁殴打、送老师6万元等情节为为夸大影响而故意编造的谎言，照片中血迹实为化妆品和水，其女儿精神状态良好。

广州白云教育部门通报，经教育局调查，2019年12月10日，教师刘某因学生违反纪律，以班规为由让发帖人女儿等5名违纪学生跑10圈，据监控显示其女儿身体和精神一直无异常情况，学校已于2019年12月12日暂停老师班主任职务，并做了相关严肃处理。 — 5月31日 12:25

6月1日 — 广州白云公安通报，依法对刘某（微博名："小岛里的大海"）采取刑事拘留强制措施。

广州市白云区人民法院称，对发帖人刘某判处有期徒刑一年六个月，缓刑两年。 — 11月20日

图1 广州女教师体罚学生致吐血事件情况梳理

（二）舆情分期

1.舆情发酵阶段：普通用户主导舆论

在传播初期，事件当事人即普通用户"小岛里的大海"发博曝光，称女儿从小患有哮喘，不能剧烈运动并和老师多次强调，但在学校却被刘老师罚跑操场，导致剧烈咳嗽、大口吐血。该用户在微博中还配有带血校服、孩子输液的照片，并呼吁公众予以转发。在不到半天时间内，原微博被转发次数超过100万次，评论超40万条，舆情热度持续发酵，形成#广州一小学体罚哮喘儿童至吐血抢救#等多个相关微博话题，公众情绪激动，质疑学校、教育部门涉嫌不作为，包庇教师体罚行为。

在舆情发酵阶段，"小岛里的大海"在一定程度上属于"即逝性意见领袖"。其在微博平台上，对公众产生的影响力仅限于这一事件，当事情过去，其发博所引发的热度也会随之下降。"小岛里的大海"原微博转发量达128万以上，评论数达41.3万以上，点赞数达366万以上。其微博评论区也形成螺旋式的态度走向，网民态度呈现一边倒的态势。

2.舆情爆发阶段：意见领袖影响舆论

基于发酵期的热度持续提升，主流媒体、自媒体、网红博主开始转发、跟进事态发展，提升了事件的曝光度，公众开始广泛关注并热烈讨论。由于"广州女教师体罚学生致吐血事件"本身的话题性极强，微博又存在及时互动性，因此网民的态度、观点容易受到微博意见领袖的煽动与引导。虽然网民的人生经历、价值取向等存在不同，但在舆情爆发时，公众面对扑朔迷离的事情发展，常常会基于从众心理，接受或表达相同的观点。但如果公众受到错误、非理性的观点引导，容易使舆情发展走向错误的方向。

30日中午，广州市白云区教育局表示成立专项调查组对该事件进行调查。网红博主、专家学者等微博意见领袖纷纷发布和话题相关的微博。

表1所示为三类代表性的网红博主意见领袖：一类是直接表达对教师的质疑与谴责的；一类是希望尽快调查真相，并呼吁网友理性看待的；一类是从医生专业角度客观分析，引导网友理性看待的。在不同微博意见领袖的微博下，网民的态度也有差别，在特定情境下，意见领袖的发声影响了网民态度的表达。

表1 博主相关微博语料

序号	微博账号	粉丝数量	发博时间	微博主题	网民态度
1	何珊瑶	16.3万	5月30日 12：16	谴责教师行为	支持博主
2	新蜜蜂alex182	491.6万	5月30日 23：22	希望当地公安及教育局调查事情真相，呼吁网友理性对待	质疑家长有夸大事实、造谣嫌疑
3	深海博物馆	13.3万	5月30日 17：07	以医生角度分析血迹为伪造，呼吁网友理性看待	支持/反对博主

3.舆情反转阶段：主流媒体跟进报道

在舆情反转阶段，多家主流媒体持续跟进事件调查进程。官方通报调查结果显示，"小岛里的大海"微博内容为故意编造的谎言。随后，公众态度发生转变。其中，澎湃新闻微博账号连续发布了5篇微博，对事件进展加以披露，从而影响了网友对于事件的态度，引导了舆论走向（见表2）。

表2 澎湃新闻发布微博情况统计

序号	微博账号	发博时间	微博主题	网友态度
1	澎湃新闻	5月30日 14：20	正在调查教师涉嫌体罚学生事件	质疑学校、教育局涉嫌不作为；怀疑家长有造谣嫌疑；谴责女教师
2	澎湃新闻	5月31日 02：30	警方通报，家长微博为夸大影响故意编造的谎言	谴责家长所作所为
3	澎湃新闻	5月31日 12：58	教育局通报相关情况，并表示2019年12月12日已对教师进行处理	家长造谣要严肃处理，老师也存在一定问题
4	澎湃新闻	5月31日 14：14	女教师确曾罚跑10圈，但学生身体并未出现异常	谴责家长，呼吁严惩造谣者
5	澎湃新闻	5月31日 16：59	警方通报发现存在雇人炒作证据	谴责、严查炒作产业链；批判此类行为消费网友同情心

事件开始，主流媒体的微博一直持续跟进，及时发布相关内容，多为事实陈述，内容理性客观，但网民态度始终存在质疑、谴责与不满，主流媒体对舆论的引导效果不显著。然而，自表2第二条微博，即警方通报发布后，公众态度迅速发生转变，对事件双方的评价趋于客观，认为家长要严肃处理，教师也存在一定的问

题。由此可见,网民对于公共事件中各类主体的态度在一定程度上会随着主流媒体的发博内容发生转变,公众情绪也会随着事件的反转而改变。

4.舆情消退阶段:意见领袖促成共识

6月1日,广州市白云区公安局再次通报,对刘某采取刑事拘留强制措施,该微博被转发2.3万次,评论数达1.5万,绝大多数公众对这一处理结果表示认同。"广州女教师体罚学生致吐血事件"引发的舆情风波到此基本结束,主流微博意见领袖的发声对舆情的平复起到了重要作用。此后,公众对事件的关注度开始下降。随着舆情热度降低,该事件悄然退出了大众视野。

三、舆情反转事件中微博意见领袖的作用机制

在"广州女教师体罚学生致吐血事件"的发酵过程中,存在着大量推波助澜、以自诩正义的方式引导公众的微博意见领袖。他们从信息传播层面、认知层面、情感层面、态度层面,由浅入深,影响着公众对事件的关注点乃至观点和态度变化。"小岛里的大海"发布的微博中配有带血迹的衣服、孩子输液的照片,迅速点燃公众的愤怒情绪,引发公众对孩子的同情,以及对涉事女教师的抨击;而当官方通报出来后,公众态度立马发生转变,将矛头纷纷指向伪造信息的家长。由此可见,微博意见领袖在舆情反转现象中起到了关键作用。

(一)信息传播层面:扩大传播范围,改变舆情走向

在信息传播过程中,微博意见领袖的发声扩大了事件的传播范围,为舆论发展奠定基础。微博意见领袖具有舆论引导功能,一些自媒体、微博个人账号为了追流量,故意捏造谣言,发布未经证实的事件经过,导致公众观点、态度出现对立情况,伴随着一方声势的扩大,"沉默的螺旋"效应越发明显。德国学者冯·诺依曼提出"沉默的螺旋",简言之,就是弱势意见的沉默和优势意见的表达,这种情况下容易形成"一边倒"的观点。[1]在互联网环境中,意见领袖的言论、观点得以迅速、广泛地传播,公众接触信息十分便捷,因此容易出现"沉默的螺旋"甚至是

---

[1] 李宛嵘.网络反腐的舆论形成机制探究[J].新闻研究导刊,2016(10):60.

"群体极化"现象。同时微博意见领袖的观点"集权性"尤为明显，可以设置新的议题，改变民众关注的焦点，从而改变舆情走向。[①]

在"广州女教师体罚学生致吐血事件"中，"小岛里的大海"作为事件当事人，在网上呼吁网民转发事件消息及评论，随着各主流媒体、自媒体、微博大号等纷纷报道、转发，事件的传播范围在舆情发展初期迅速扩展。当警方调查证实该消息为谣言后，各类微博意见领袖及时发布相关微博，网民态度从抨击女教师转变为谴责家长，改变了事件的舆情走向。

（二）认知层面：合理设置议程，提升讨论热度

美国传播学家麦库姆斯和肖在1972年提出"议程设置"理论，即大众传媒具有一种为公众设置"议事日程"的功能。[②]在微博社交平台，微博意见领袖被赋予了为网民设置特定议事日程的功能，通过对社会事件不同程度的报道，影响公众对事件的重要性判断。当微博意见领袖对事件的关注越高，公众便认为该事件越重要、影响力越大。同时，由于事件的话题性以及其他各类因素的影响，使得公众态度出现多元分化，各类观点相互碰撞、交织，形成舆论场域，促使事件进一步发酵，成为具有一定热度的社会话题。

在此次事件中，当"小岛里的大海"发布微博后，公众出于同情和关注加以转发，不到半天时间，转发和点赞数就突破百万，相关话题占到微博热搜排行榜前几名。各大主流媒体、网红博主、政务媒体等各类微博意见领袖发布相关微博，为公众设置"议事日程"。其中，话题#广州教育局回应教师涉嫌体罚学生#达4.4亿阅读量，7.3万次讨论。在微博意见领袖的呼吁、引导下，公众对该事件越发关注，并展开了热烈讨论。

（三）情感层面：感染公众情绪，加剧意见分化

在当前的互联网环境中，新闻反转不仅涉及事件本身，更包含公众情绪的反转。在社会热点话题的讨论中，公众的情绪容易受到群体的感染，进而出现非理性的情绪表达，继而导致舆情演变甚至发生反转。因此，通过情绪影响公众，有可能

[①] 董玉芝.自媒体时代微博意见领袖的舆论效应及其引导[J].中州学刊，2014（4）：174.
[②] 郭庆光.传播学教程[M].2版.北京：中国人民大学出版社，1999：194.

在很短时间内影响到很多人,并且对于事件的发酵所起到的作用是其他机制无法相比的。[1]在此次事件中,微博意见领袖通过情绪引导,一定程度上加剧了群体冲突,引发了网络暴力。当事人发布的微博利用公众的同情和愤怒情绪,使舆情持续发酵。大多数网民情绪激动,声讨女教师的恶劣行为,质疑教育局、学校对教师体罚学生事件不作为、不重视。当事件出现反转后,不少网民认为自己的同情心被家长利用,转而谴责家长的造谣和炒作行为。

(四)态度层面:利用意见倾向,影响公众观点

在网络社交环境中,网络意见领袖对于整个意见环境有着类似于新闻媒介的作用,即反映并代表民众的意见、有意或无意地引发具有某种倾向的言论,甚至在必要的时候主动引导舆论走向[2],从而促成、强化、改变公众关于热点事件的态度和看法。

在真相未明之前,某些微博大号谴责女教师,不少网民以先入为主的情绪判断事件真相;而当微博内容经核实为家长编造的谣言后,主流意见领袖及时发布相关微博,公众对家长利用网民的善意的行为难以接受,态度迅速发生转变。

四、提升微博意见领袖的舆论引导作用

无论是明星、网红、专家学者还是主流媒体官微等,作为微博意见领袖,都能广泛且及时地传播讯息,吸引公众关注,引发讨论,对舆情的形成和发展具有重要的引导作用。然而,在纷繁复杂的信息洪流中,部分微博意见领袖存在道德失范行为,为追流量、博眼球、抢占话题,散播不实信息,或是夸大其词,煽动公众情绪,造成舆情反转现象。因此,微博意见领袖的专业素养、媒介素养、道德素养亟须提高,以更好地发挥微博意见领袖的舆论引导作用。

(一)增强微博意见领袖的信息传播力

学者胡泳指出,在社会转型震荡不已、社会共识亟待重建的今天,中国迫切需

---

[1] 李宛嵘.微博意见领袖对舆论的影响机制研究[D].西安:西北大学,2018:47.
[2] 李宛嵘.浅析网络意见领袖的影响机制:以微博平台为例[J].西部学刊(新闻与传播),2016(8):28.

要"公共意识和公共利益的看门人"。①公众在海量的信息面前往往会迷失,微博意见领袖作为具有话语权和影响力的"活跃分子",应当扮演"公共意识和公共利益的看门人"这一角色,通过自己的发声代表公众的利益和观点,在发布和传播信息观点时应做到客观真实。同时,微博意见领袖要不断加强道德水平和网络素养,在鱼龙混杂的信息中进行筛选,传递正确的观念,引导健康的信息生产及传播活动,及时报道事件的后续发展,有效引导舆论;应站在理性的角度上,用好手中的麦克风,辨别是非,及时、理性、准确发布信息,做到"言有物而行有恒";当面对事实真相和调查结果尚未明确的事件时,应及时、客观地做出引导,促使网民理性看待、分析问题。

(二)强化微博意见领袖的话语引导力

在舆论传播过程中,要强化主流微博意见领袖的话语引导力,使其成为自下而上的舆论助推者和自上而下的传声筒;应当全方位培育不同类型的微博意见领袖,杜绝微博意见领袖在网络传播过程中的伦理失范行为,让主流声音占据舆论高地。如今,微博已经成为政府与公众连接的有效桥梁,为双方提供了一个理性交流、讨论的平台。主流微博意见领袖要依据事实发声,以客观理性的声音呼吁公众相信政府,理性面对舆情演变。此外,在信息快速更迭的当下,主流微博意见领袖在舆论引导上要注重方法,可以利用短视频等新兴传播形态梳理事件来龙去脉,在舆情尚不明确的阶段,用词要严谨,态度要审慎。

(三)提升微博意见领袖的社会责任感

当前,媒介应用更新迭代,媒介信息日渐超载,公众的话语权得到极大提升,公共表达空前活跃。在微博社交平台上,眼花缭乱的舆情事件扎堆出场,不少媒体、微博账号为了博出位,采用夸张、戏剧化的方式吸引公众眼球,增加公众情绪燃点,使得舆情事件越发易燃易爆。为了实现网络空间的天朗气清,微博意见领袖应当践行社会责任,增强法治意识,自觉地意识到自己的社会地位、话语权威与法治意识、社会责任具有正比例关系。②当重大事件发生时,微博意见领袖要秉持客

---

① 曹慧丹.网络意见领袖与社会舆论的引导[J].今传媒,2014(11):21.
② 毕红梅,黄祐霖.重大突发事件中网络意见领袖行为失范及其治理[J].理论导刊,2020(10):102.

观公正的态度，不造谣，不传谣，不盲目跟风。在真相未明的情况下，应当保持客观理性，凭借自身在专业领域的话语权威性和影响力传播真实、可靠的信息，合理表达公众诉求，提出具有建设性的方案，促成理性对话。

五、讨论与结论

当下的中国舆论场，在一定程度上体现出"后真相"的特征，即"成见在前、事实在后，情绪在前、客观在后，话语在前、认知在后"。[①]面对纷繁复杂的公共事件，公众往往情绪先行，将固有的观点和认知强加于事实真相之上。在受到情绪煽动之后，一些网民基于群体认同，盲目助推谣言在网络平台发酵，导致舆情反转事件频发，令"坐等反转"成为公众对待公共事件的一种具有鲜明时代特征的基本态度。

在纷繁复杂的舆论环境中，媒体应该成为联结各利益群体的纽带，成为表达、沟通、交流的中介和平台，成为理性交往和协调不同利益的公共空间。[②]其中，微博意见领袖在舆论场域应该扮演"公共意识和公共利益看门人"的角色，对所发布和传播的信息进行严格把关，在信息传播、认知、情感、态度等方面发挥自身影响力，引导公众理性分析、讨论社会事件，避免"群体极化"和社会矛盾激化。总之，应重视微博意见领袖的传播力和影响力，强化主流微博意见领袖的话语引导力，使其发声更有深度、更有价值、更有力量，把握好时、度、效，营造良好的舆论环境。

---

① 张华."后真相"时代的中国新闻业[J].新闻大学，2017（3）：30.
② 李良荣，张华.参与社会治理：传媒公共性的实践逻辑[J].现代传播（中国传媒大学学报），2014（4）：33.

媒介技术发展下的受众身体形态变迁
——从自然人到"赛博人"再到元宇宙下的"虚拟数字人"

屈巧巧[*]

【摘要】 伴随媒介技术的不断进步,受众从原来传统媒体时代的自然人,一步步成为智能时代下的"赛博人",并最终走向元宇宙时代下的"虚拟数字人"。身体形态的变迁也给受众带来了正负面的影响,如从传统媒体时代下技能的延伸强化与媒介的截除效应到智能媒体时代中被满足的个性化需求与被奴役的数字劳工,最后在元宇宙时代中进行手拉手的具身交流与遭遇个人隐私的边界液化的问题。身体形态变迁在本质上是人与技术关系的变迁,通过对此问题进行研究,本文试图帮助受众认识在使用媒介时坚持人的主体性的重要性。

【关键词】 身体形态变迁　赛博人　元宇宙　虚拟数字人

从印刷时代到电子时代,媒介技术不断推动人类社会向前发展进步,并对整个社会生态产生巨大的影响,正如麦克卢汉所言:"我们的任何一种延伸(或任何一种新的技术),都是要在我们的事务当中引进一种新的尺度。"[①] 而其中受到这种"新的尺度"影响最为突出的便是媒介技术的直接使用者——受众。由此来看,所谓媒介技术发展史,也可以被称为是一部受众身体形态变迁史。在媒介技术不断进步的

---

[*] 屈巧巧,北京联合大学网络素养教育研究中心,2021级新闻与传播硕士研究生;主要研究方向:网络文化与新媒体。
① 麦克卢汉.理解媒介:论人的延伸[M].何道宽,译.南京:译林出版社,2019:3.

同时，受众从原来传统媒体时代的自然人，一步步与媒介技术融合成为智能时代的"赛博人"，最终走向元宇宙时代下的"虚拟数字人"。

一、传统媒体时代：自然人

（一）身体形态：被延伸的独立自然人

著名传播学者麦克卢汉曾在1964年出版的《理解媒介：论人的延伸》一书中提出著名论断，"媒介即人的延伸"。也就是说，一切技术都是肉体与神经系统增加力量和速度的延伸。由此，在传统媒体时代，受众常用的媒介诸如报纸、电视、广播等都是对受众的视觉、听觉等感官的延伸。麦克卢汉还在书中将媒介的概念进一步泛化，他认为不仅仅大众传播媒介是媒介，所有能够对人类器官以及中枢神经系统起到延伸作用的工具、科技也都是媒介，例如，轮子是腿、脚的延伸，服装是人体肌肤的延伸。无论是何种媒介，它们对人体的延伸都是外化于受众身体的，即没有与身体产生直接的粘连。

正因为此时的媒介作为人的延伸是外化于人体的，嵌入人体的程度较轻，在受众的眼中媒介所创造的虚拟世界与现实世界依然是泾渭分明的。比如，无论电视画面拍摄得多么高清、广播声音制作得多么真实、报纸杂志将故事描绘得多么生动，公众依然能够清晰地感知到媒介创造的世界是另一个世界，是外化于人体本身的。一旦关掉电源键、合上书本，就能立刻回归于现实世界中，此时的受众依然作为单个的自然人存在，可以随时随地拿起、放下媒介。

（二）影响：技能的延伸强化与媒介的截除效应

传统媒体时代的媒介虽然是外化于人类身体的，但它并没有忘记自己天然的职责即不断强化人类的各项机能，正如麦克卢汉所说："一切技术都是肉体和神经系统增加力量和速度的延伸。"[①] 从传播的角度来看，可以说一切媒介技术的出现都是为了使人类的传播交流活动更加便捷，例如，广播是对人听觉系统的强化，借助麦克风与录音设备，受众能够拥有中国古代神话中的"顺风耳"，听到远隔万里之

---

① 麦克卢汉.理解媒介：论人的延伸［M］.何道宽，译.南京：译林出版社，2019：3.

外发生的事件。同样，受众也可以借助广播等媒介去展示自己，让自己为更多人所认知。

与此同时，在人类逐渐享受媒介技术带来的福利时，截除效应悄然而至。"媒介即人的延伸"的下一句便是"延伸意味着截除"，而这种截除可以被简单地看作是一种退化，即当受众习惯于将自己的某些技能、感官、感觉交付于某个媒介技术时，受众便会依赖于该媒介的功能，逐渐忽视自身原有的技能、感觉、感官，进入一种"麻木"的状态，而公众就在这种麻木、丧失知觉的状态下被媒介截除了自身的技能。例如，电视通过五彩缤纷的画面、刺激性的情节以及可以随时切换的频道给电视观众营造了娱乐的环境氛围，长此以往，使受众彻底截除了父辈形成的理性思维，成为注重感觉的电视人。

二、智能媒体时代："赛博人"

（一）身体形态：虚实交织的"赛博人"

在物联网、人工智能、云技术等新技术的推动下，一个万物皆媒的泛媒介智能时代正在到来，在这样的时代中，人与物的关系将成为共生、协作的关系，甚至会进一步出现人机合一的样态，也就是说人与机器可以构成同一个系统，包括"人体"这个系统。人体上将有越来越多的"机器"，它们以可穿戴设备、传感器和其他芯片形式存在，甚至某些芯片可以植入人体。"人"将被机器重新定义。[①] 而这个人机合一的产物则被称为"赛博人"，"赛博人"又称电子人。该术语最早起源于20世纪五六十年代的科学家所进行的太空飞行试验。进行实验的两位科学家将被实验的小白鼠称为赛博格，即"自动调整的人类机器系统"——"控制论的"（cybernetic）与"有机生物体"（organism）两个词语的组合。而后在1985年，哈拉维提出著名的赛博格宣言，她将赛博格定义为无机物机器与生物体的结合体，例如，安装了假牙、假肢、心脏起搏器等的身体。这些身体模糊了人类与动物、有机体与机器、物质与非物质的界限。国内的孙玮老师则将"赛博人"定义为被技术所穿透、数据所浸润的身体。[②]

---

① 彭兰.万物皆媒：新一轮技术驱动的泛媒化趋势[J].编辑之友，2016（3）：5-10.
② 孙玮.赛博人：后人类时代的媒介融合[J].新闻记者，2018（6）：4-11.

从其定义中不难看出,"赛博人"是技术与人体相结合所创造出的产物,它的出现昭示着当下的受众已从传统媒体时代中掌握媒介的个体自然人,演变为智能时代下技术嵌入肉身的"赛博人"。此时的媒介技术逐渐内化,与人体结合创造出新型的电子器官。其中最为常见的电子器官便是手机,它以微小、便携的体型依附在人身体之上,适应了人的日常活动。同时手机也延伸了人的嘴巴、眼睛、大脑等身体器官,[①]让我们的沟通交流更加便捷、娱乐玩耍更加轻松。最后的结果便是,手机越来越成为我们无法割舍的智能器官。除了手机以外,各种智能设备也成了我们身体的一部分,被我们穿戴在躯体上,例如智能眼镜、智能手环等。这些智能设备与电脑相连,能够随时随地收集上传我们的身体、位置信息,帮助我们及时发现身体的变化以及提供各种地理位置信息,拓宽了我们对于自己的认知。

(二)影响:被满足的个性化需求与被奴役的数字劳工

智能媒体时代,媒介不再从事同质化的块状传播,而是分众化的个性传播。从受众层面来说,在智能媒体时代,传播权利下放,受众已从传统媒体时代下的信息被动接受者转变为智能媒体时代下的信息生产与消费者,受众的注意力便成为媒介的战场。从技术层面来说,随着"移动终端""社交平台""大数据""定位系统""传感器设备"等五大要素不断普及发展,受众逐渐进入到场景时代,媒介通过传感器设备获知受众进入了哪个场景、平台,受众的一切行为都会被数据化,这些数据能够帮助媒介完成用户画像并及时发掘受众需求。最终受众与技术二者合一,使得"赛博人"的个性化需求在智能媒体时代到了充分的满足。

但是从上述过程可知,人们对于"赛博人"个性化需求的满足是基于"赛博人"数据收集的基础之上的,媒介需要通过大数据、物联网去不间断收集佩戴电子器官的"赛博人"的个人数据,以此完成个性化的内容生产与推送,那么如此庞大的数据来自哪里?自然是"赛博人",所以此时的"赛博人"已然成为智能媒体时代的数字劳工。数字劳工概念主要是对于受众商品理论的发展,也被称为是数字化的劳动力,主要指的是以资本主义模式进行的数字内容生产行为,这些行为虽然会产生一定的影响力,但是它却不被认为是一种"工作",其最主要的特征就是模糊了工作与玩耍的界限。带入到"赛博人"身上我们就可看出,沉溺于智能媒体的

---

① 邵婉霞.智能媒介技术与人的互构延伸方式分析[J].传播力研究,2020,4(4):2-3.

"赛博人"看似是在娱乐消磨时间,实际上则沦为了媒介的免费数据、内容生产者。媒介再利用这些数据、内容来分析、满足"赛博人"的需求,导致本身应该用于自我发展的休闲时间和自我享受的自由时间都被用于为媒介生产数据与内容了。

三、元宇宙时代:虚拟人

(一)元宇宙的概念

"元宇宙"一词出自尼尔·斯蒂芬森(Neal Stephenson)在1992年出版的科幻小说《雪崩》(*Snow Crash*)。在小说中有这样一句话,"名片背面是一堆杂乱的联络方式:电话号码、全球语音电话定位码、邮政信箱号码、六个电子通信网络上的网址,还有一个'元宇宙'中的地址"。"元宇宙"脱胎于现实世界,又平行于现实世界。从构词上来看,Metaverse一词由Meta(超越)和Verse(宇宙)组合而成,二者合在一起的意思就是"超越现实空间的另一个宇宙"。也就是说,元宇宙是一个平行于现实世界运行的人造空间。[1]后来的维基百科、元宇宙深度研究报告等也对元宇宙进行了概念的界定,即元宇宙就是在XR(Extended Reality,扩展现实)、5G等新技术基础之上所出现的类现实世界的人造空间,即超越现实宇宙的另一个宇宙。综上所述,元宇宙的定义可被简单总结为:"元宇宙就是借助XR、5G等新技术,脱胎于现实世界且平行独立于现实世界的另一个虚拟数字化的人类社会,人们可以通过数字化身的方式在元宇宙中完成与现实世界相当的一系列生产活动。"

麦克卢汉曾在《理解媒介:论人的延伸》中提道:"既然已经将我们的中枢神经系统延伸进或转化为了电磁技术,那么将我们的意识迁移到电脑世界中去,只不过是再走一步罢了。"[2]这不失为是麦克卢汉对互联网发展的新形态——元宇宙的一种预言。虽然目前互联网业对"元宇宙"这个新时代的最终形态没有详细的定论与阐述,但是综合长期研究元宇宙的风险投资家马修·鲍尔(Matthew Ball)的观点以及各元宇宙相关报告的论述,可从四个方面讨论元宇宙所带有的特征:首先是开源开放的永续化发展,用户可以根据自己的需求在元宇宙进行自主的创造与生产,

---

[1] 喻国明.未来媒介的进化逻辑:"人的连接"的迭代、重组与升维——从"场景时代"到"元宇宙"再到"心世界"的未来[J].新闻界,2021(10):54-60.
[2] 麦克卢汉.理解媒介:论人的延伸[M].何道宽,译.南京:译林出版社,2019.

形成原生虚拟世界，不断扩展元宇宙边际；其次是闭环运行的经济系统，在元宇宙中，用户生产和工作活动的价值将以平台统一的货币形式被确认和确权，用户在元宇宙中的生产和工作活动将以平台统一的货币被认可，玩家用户可以使用货币在平台内消费内容，也可以通过一定比例置换现实世界的法定货币；再次是强沉浸式的交互体验，随着VR输入输出设备以及5G技术等元宇宙基础物理设施的发展，用户可以通过创建虚拟的形象在元宇宙中实现与现实相近的交互体验即同步性与真实性；最后是去中心化运营机制，借助区块链去中心化的运作方式，使得元宇宙不归属于某个公司或者国家所有。与此同时，扎克伯格也认为元宇宙必须具有互通性和可移植性："你有自己的虚拟化身以及虚拟物品，可以瞬间移动到任何地方，而不是被困在某家公司的产品中。"像W3C万维网标准协议一样，元宇宙需要构建一个通用协议让每家公司在互通的宇宙进行开发。①

（二）身体形态：完全数字化的虚拟人

当受众身处这样的元宇宙时代之时，他们的身体上会开始"长满"各种VR设备以及传感器设备，通过这些设备受众可将自己的意识运送到元宇宙中去，即在元宇宙中塑造自己的数字化身，此时的受众已从智能时代下虚实交织的"赛博人"彻底转换为元宇宙下完全虚拟化的数字躯体，技术已经彻底取代受众的肉身，并在元宇宙世界中塑造出全新的传播主体。而这个全新的传播主体最大的特点便是其外观形态完全由受众创造，性别、年龄、肤色、种族等都可任意设置，受众可以创造出自己满意的传播主体，弥补他们在现实世界中的缺憾。并且借助传输设备，虚拟人可以还原现实主体的各种动作、姿态甚至是微表情，给受众提供完全拟真化的体验。

（三）影响：手拉手的具身交流与个人隐私的边界液化

伴随网络时代的到来，公众开始借助互联网进行匿名式的非面对面交流，他们互不面识却相互交心，正如《纽约客》所刊载的漫画说的一样"在互联网上，没人知道你是一条狗"。此时的交流仅仅是通过文字、图片、视频、语音等符号来完成信息的传递，而各类姿态、肢体、非语言符号等则被隐匿了，如此极易导致编码解

---

① 极客公园.扎克伯格：元宇宙，就是下一张互联网［EB/OL］.（2021-08-05）［2021-11-15］.https://36kr.com/p/1304450830473223.

码的错位，最终影响传播的效果。学者约翰·彼得斯曾说："身体是我们感受爱欲或者对话的唯一方式。"[①] 过去交流成功的标志是触摸灵魂，现在是触摸肉体。当我们从"赛博人"转变为完全虚拟化的数字人后，受众的身体回归了，不过此身体非彼身体，或者称其为数字躯体更为恰当。相较于互联网时代隔空神交的"心连心"式的传播，切身体验下"手拉手"式的传播变得更加难能可贵，而元宇宙时代中数字虚拟化的全新传播主体则使"手拉手"的传播变得更加唾手可得。受众可以在元宇宙世界中借助数字人完成面对面的数字化具身交流，在科技创造的数字躯体上，通过实时同步肉体的各种细微动作，一方面，原来被隐匿掉的符号信息得以重现，此时的肢体动作更好地弥补了"心连心"式交流的不足，提升传播的效果。

当受众借助虚拟人完成数字化的具身交流时，另一方面的影响逐渐浮现，恰如前文提到，元宇宙是一个由数据组成的世界，分布式数据存储成为维持元宇宙持久运转的基本方式。它需要对用户的身份属性、生理反应、行为路径、社会关系、人际交互、财产资源、所处场景甚至是情感状态和脑波模式等信息进行深度挖掘和实时同步。同时，用户只有让渡自己的隐私权利，才能享受元宇宙中的各项服务，[②] 也只有让渡隐私，受众才能制造出自己的数字虚拟人。

四、总结思考：身体形态的变迁实质上是人与技术关系的变迁

所谓媒介技术发展史，就是一部受众身体形态变迁史，公众不断从传统媒体时代中的自然人变为智能时代下虚实交织的"赛博人"，最终成为元宇宙世界里完全虚拟化的"数字人"。在媒介技术的帮助下，受众日益完成线上的数字化具身交流，改变了以往互联网时代只注重"心连心"的精神交往式的传播，不断提升传播效率。但是我们更要注意的是受众身体变迁的历程也是受众日益沉溺于技术塑造的虚拟环境的过程。

也就是说技术与人的高度结合，一方面给人类的生活带来了巨大的便捷，推动了人类文明走向新的高度；另一方面也在慢慢显露端倪，技术与人的关系面临着

---

① 彼得斯.对空言说：传播的观念史［M］.邓建国，译.上海：上海译文出版社，2017.
② 王儒西，向安玲，等.2020-2021年元宇宙发展研究报告［R］.北京：清华大学新媒体研究中心，2021.

失衡的危机。此时我们更应该强调人的主体性，不断提升公众媒介素养，帮助公众明确无论技术能够在多大程度上给予我们便捷，在人与技术的关系中，人始终要占据主导地位，坚持技术以人为主、为人所用的理念与观点，以此紧紧抓住技术的缰绳，带领人类文明驶向更加广阔的未来。

我国青少年网络素养研究综述[*]

赵金胜[**] 杭孝平[***]

【摘要】 网络在当前青少年群体的学习生活中扮演着越来越重要的角色,一方面,网络开拓了青少年的眼界,并为青少年的发展提供了多样的技术支撑;另一方面,网络上各种鱼龙混杂的内容也在影响着青少年的身心健康,给社会发展带来了阻碍,因此对于青少年网络素养的研究显得愈加迫切。本文将试图梳理近年来我国网络素养的相关研究成果,并结合国外研究与实践经验指出有待进一步深入研究的问题,为以后我国在此方面的研究提供参考。

【关键词】 青少年 网络素养 文献综述

一、网络素养概念的研究

(一)国外网络素养概念研究

网络素养这一概念首先要追溯到"媒介素养"。在互联网出现前,网络素养与

---

[*] 本文系北京市属高校高水平教师队伍建设支持计划长城学者培养计划项目——北京市中学生网络素养教育实践研究(项目编号:CIT&TCD20190326)的阶段性成果、2020年度国家社会科学基金重大项目——我国青少年网络舆情的大数据预警体系与引导机制研究子课题:我国青少年网络舆情的基本理论和历史演进的阶段性成果。

[**] 赵金胜,北京联合大学应用文理学院新闻与传播系2020级硕士研究生;主要研究方向:网络文化与新媒体传播。

[***] 杭孝平,通讯作者,北京联合大学网络素养教育研究中心主任,教授。

媒介素养有从属关系；在互联网出现后，网络素养逐步有了相对独立的概念。

媒介素养最早源于20世纪30年代，英国学者列维斯和汤普生在《文化与环境：批判意识的培养》一书中首次提出将媒介素养教育引入学校课堂，被认为是英国乃至世界关于媒介素养研究的开始。①自此，"媒介素养"这一概念登上学术舞台，逐渐受到学界的重视。1992年，美国媒介素养研究中心（Centre for Media Literacy）将媒介素养定义为："人们面对媒介各种信息时的选择能力、理解能力、质疑能力、评估能力、创造和生产能力以及思辨的反应能力。"②随着网络技术的不断发展，人们使用各种网络媒介的频率日益增加，网络媒介对人们的影响也日益加深。与此同时，学界对于媒介素养的研究方向和结果也呈现出新的变化，网络素养的研究由此诞生。

1994年，美国学者麦克卢尔（McClure）首先用"网络素养"（Network Literacy）的概念来描述个人"识别、访问并使用网络中的电子信息的能力"。伴随着社会实践的进一步展开，网络素养的内涵被进一步廓清。网络在影响社会生活各方面的同时，也承载了包含数字技术、资源整合、信息传播等多个维度的通路。③

（二）国内网络素养概念研究

近20年来，国内对"网络素养"的研究重点是网络素养概念内涵和理论渊源等基础性研究。相关研究发端于1997年。学者卜卫将网络素养界定为媒介素养，认为主体在使用媒介的同时，不仅要具备判断和分析信息价值的能力，还应掌握有效创造和传播信息的能力。该定义强调了网络素养的能力维度。④

自2000年以来，国内学界对网络素养的概念逐步明晰。特别是需要具备哪些与网络相关的技能有了较为明确的归类。郑春晔对网络素养进行了分类，认为网络素养除了指用户正确并有效使用网络的能力之外，还包含网络媒介的认知、信息识别、网络安全、网络道德、网络技术应用、网络参与、协作和利用网络促进自我发

---

① 强月新，陈星.我国媒介素养的研究视角及其现状［J］.新闻与写作，2017（6）：5-11.
② 韩靖雯.思想政治教育视域下大学生媒介素养提升路径研究［J］.潍坊学院学报，2018，18（6）：102-105.
③ MCCLURE C R. Network literacy: a role for libraries?［J］. Information technology and libraries,1994, 13(2):115-125.
④ 钱婷婷，张艳萍.青少年网络素养：概念演进、指标构建与培育路径［J］.上海教育科研，2018（7）：42-46.

展等。①该网络素养的分类在学界具有一定代表性，影响了后来学者对网络素养概念的研究。

中国人民大学彭兰教授针对社会化媒体时代对媒介素养进行了重新定义，认为以往媒介素养的定义更多是针对传统媒体时代的受众，也就是作为纯粹的消费者的受众。但是，在社会化媒体时代，受众不仅是消费者，更是内容的一种生产者，是媒介活动的积极参与者。因此，媒介素养的内涵应体现在六个方面，即媒介使用素养、信息消费素养、信息生产素养、社会交往素养、社会协作素养、社会参与素养。②

喻国明等人认为网络素养是媒介素养、信息素养和数字素养三个层面与网络的社会性、交互性和开放性的叠加，表现出更加宽泛的视角。③至此网络素养最终构成一个相对独立的概念范畴。

二、网络素养相关研究综述

与西方国家相比，我国对于网络素养的研究起步较晚，同时也比较薄弱。但是近几年，社会中对于网络素养的关注也在逐渐加大，网络素养以及网络素养教育逐渐成为学术界的重要议题。

2021年6月，在中国知网（CNKI）中以"网络素养"为关键词进行检索后共得到2900篇相关文献。由图1可知，CNKI期刊文献关于网络素养的研究数量呈现逐年增长的趋势。由1979年的2篇上升到2021年的275篇，印证了随着网络社会的不断发展，学界对于网民"知网""用网""融网"能力的关注度在不断提高。

在对2900篇文献进行关键词共现分析后，形成了网络素养关键词共现图。由图2可知，国内的网络素养研究对象主要聚焦于大学生群体，对于青少年群体的网络素养研究数量还远远不够，且大多集中于从思想政治教育角度对网络素养进行主观性论述。此外，学界对学校网络素养教育的研究还有待深化。

---

① 郑春晔.青年学生网络素养现状实证研究［J］.当代青年研究，2005（6）：31-35.
② 彭兰.社会化媒体时代的三种媒介素养及其关系［J］.上海师范大学学报（哲学社会科学版），2013，42（3）：52-60.
③ 喻国明，赵睿.网络素养：概念演进、基本内涵及养成的操作性逻辑——试论习总书记关于"培育中国好网民"的理论基础［J］.新闻战线，2017（3）：43-46.

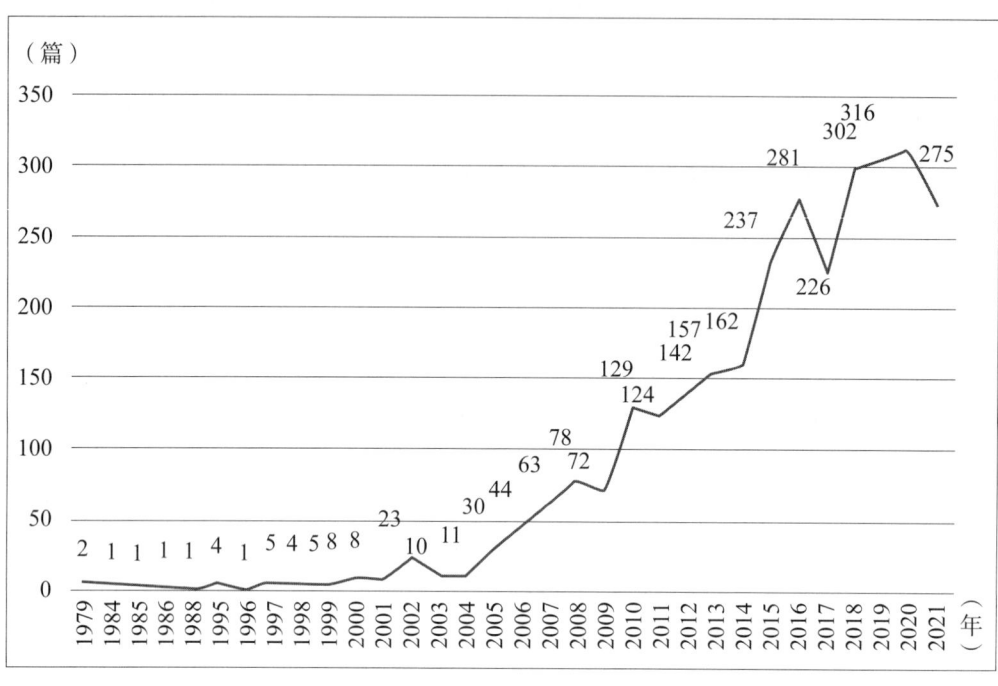

图1　知网文献数量统计图

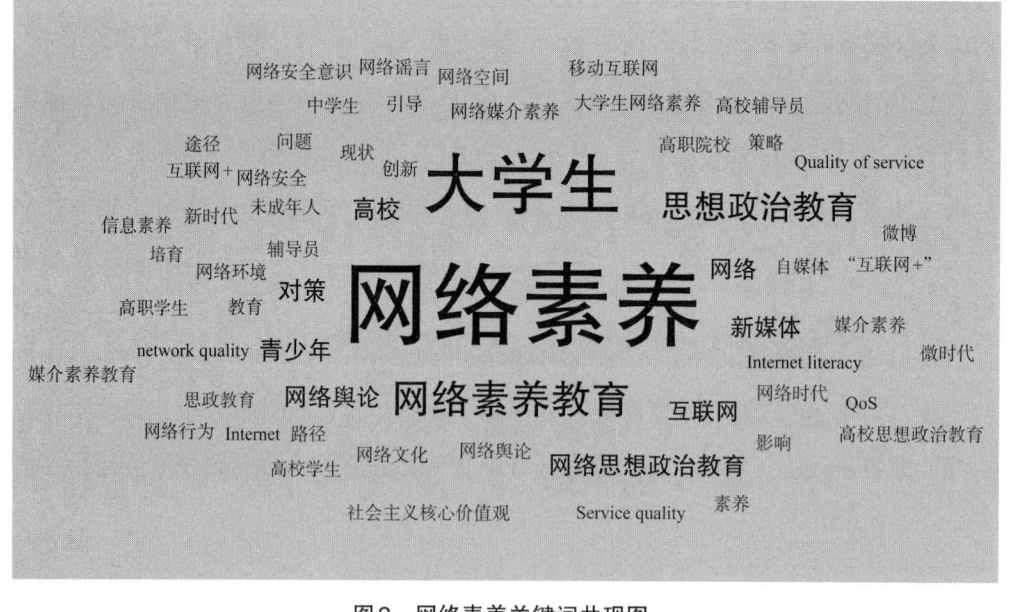

图2　网络素养关键词共现图

三、青少年网络素养教育综述

（一）网络素养教育有益于青少年的健康成长

已有研究表明，网络素养与学生学业认知表现密切相关，特别是那些能够定位、浏览和访问不同信息资源的青少年，以及那些对信息创建环境具有一定知识的青少年，在学业表现自我知觉方面更好。[1]最近的一项研究发现，更多地使用互联网与更好的阅读技能相关，尤其是最初阅读技能较低的年轻人。[2]总之，青少年的网络素养越高，他们经历的互联网风险就越小。

（二）关于青少年的网络素养教育的发展目标

臧海群认为，媒介素养在当代青少年的素质教育中尤为重要，其首要任务在于培育具有信息理性的公民，国外媒介素养教育的经验启示我国应在媒介教育方面突破专业教育的局限，让素养教育成为通识教育。[3]秦永芳指出，我国青少年的媒介素养教育既要借鉴国外媒介素养教育的理念与原则，又应实现本土化，使之具有中国特色。[4]

（三）青少年网络素养的影响因素综述

我国媒介素养研究中关于影响因素一般关注的主要是家庭背景、媒介环境、学校教育等方面。

韩璐以中学生及其父母为研究对象，研究家庭中各因素对中学生媒介素养的

---

[1] LEUNG L, LEE P. Impact of internet literacy, internet addiction symptoms, and internet activities on academic performance[J]. Social science computer review, 2012, 30(4): 403-418.

[2] JACKSON L A, WITT E A, GAMES A I, et al. Information technology use and creativity:findings from the children and technology project[J]. Computers in human behavior, 2012, 28(2): 370-376.

[3] 臧海群.媒介素养：青少年素质教育的重中之重[J].中国青年政治学院学报，2003(6)：22-25.

[4] 秦永芳.青少年媒介素养教育研究[M].南宁：广西人民出版社，2008：187.

影响。从媒介认知能力、媒介使用能力、媒介信息分析能力、媒介信息思辨能力以及媒介创造能力、媒介参与能力几个方面对中学生和其父母的媒介素养水平进行调查。研究发现：父母的受教育程度对于中学生的媒介素养水平有着显著正向影响；不同的家庭沟通模式对于中学生的媒介素养有着显著影响；良好的家庭媒介规范对中学生的分析思辨能力和创造参与能力有显著影响；家庭氛围的良好程度对于中学生的媒介素养水平也有着显著正向影响；家庭相处模式对于中学生的媒介素养水平同样具有影响，相处越平等，媒介素养水平越高。①

连娴在对苏中农村中学生媒介素养调查后得出：农村初中学生的家庭中，手机、电脑等媒介工具基本普及，针对媒介使用能力也都具备，但是在媒介信息认知、批判两种能力仍然表现欠缺。大部分学生群体出现信息获取需求时，都会主动借助于各类媒介来实现。②

方增泉等人在对国内外以学校为主体的网络素养教育实践研究后得出，我国学校的网络素养教育还在起步阶段。与发达国家几十年的学校媒介素养教育发展历史相比，中国包含网络素养的青少年媒介素养教育还在实践探索阶段。学校教育作为青少年网络素养教育的主渠道，目前在打造专业化课程模式和融合类课程模式方面做出了初步探索。③

四、青少年网络素养测量工具综述

王伟军等人在对国内外学者关于网络素养评价指标体系的研究进行梳理总结后，构建出我国中小学生网络素养评价指标体系，并在此基础上通过采用协商一致的质性研究方法对指标体系进行了验证和完善，从而使得此份中小学生网络素养评价指标体系更具参考价值。④

苗天长等人在修订适用于中国文化背景下的青少年网络素养问卷（Internet

---

① 韩璐.自媒体环境下青少年媒介素养家庭影响因素的实证研究［D］.南京：南京邮电大学，2016.
② 连娴.苏中农村初中学生媒介素养的调查研究［D］.扬州：扬州大学，2020.
③ 方增泉，祁雪晶，王佳鑫，等.基于学校主体的中外青少年网络素养教育实践探索［J］.青年探索，2019（4）：31-39.
④ 王伟军，刘辉，王玮，等.中小学生网络素养及其评价指标体系研究［J］.华中师范大学学报（人文社会科学版），2021，60（1）：165-173.

Literacy Questionnaire）的过程中，通过翻译 Stodt（施托特）等人编制的网络素养问卷，选取 1200 名青少年进行测试然后进行问卷修订，得出 ILQ 中文版可以作为测量我国青少年网络素养的有效工具。网络素养问卷（Internet Literacy Qustionnaire, ILQ），Stodt 等人编制并修订的网络素养量表共 18 个条目，包括技术专长（ILQ-TE）4 个项目，生成与交互（ILQ-PI）5 个项目，反思与批判分析（ILQ-RC）4 个项目和自我管理（ILQ-SR）5 个项目[①]。

田丽等人在探究学校因素对未成年人网络素养的影响研究中，设计了一套涉及未成年人网络素养与学校、教师、朋辈关系的问题，在对未成年人网络素养水平的环境影响研究中具有一定价值。[②]

五、提高青少年网络素养的对策综述

综合近十年来的研究，我国学者根据各自的研究视角普遍提出了构建和完善网络媒介素养教育体系，即"政府—社会—学校—家庭—个人"。具体来说，就是政府部门要厘清各部门职责，多方面配合立法以纯洁网络信息环境，为网络素养教育提供政策支持，支持学校将媒介素养纳入教学体系中，支持该领域的研究与实践并定期对教师进行培训以有效提高教师的网络素养。社会要多建立积极健康的青少年专用网站，积极进行网络对中学生影响的研究，提出解决问题的办法和途径。学校是网络素养教育的主阵地，除了网络素养教育进课堂外，应结合生活实践，开展多种形式的课外网络素养教育活动，并且学校和家长应合力去引导孩子的媒介接触行为，转变对媒介素养教育不重视的观念；学校还需加强媒介素养教育的基础建设，包括对师资力量、教材编写、教学设备的资金保障。家长要注意孩子的成长需要，及时沟通，讲究策略，关注教育结果，有意识地学习和掌握一些上网的知识和技能，采取措施，引导孩子正确利用网络。中学生自身也要主动提高意识，对自己的上网时间、网络接触内容等进行必要的反思。当然，在很大程度上这也取决于学校

---

① 苗天长，杨槐.青少年网络素养问卷的修订及信效度检验[J].成都中医药大学学报（教育科学版），2021，23（1）：113-116.
② 田丽，张华麟，李哲哲.学校因素对未成年人网络素养的影响研究[J].信息资源管理学报，2021，11（4）：121-132.

和家长的引导与帮助。[1]

六、研究方法综述

通过对我国中学生网络素养方面文献的阅读发现，我国中学生网络素养方面的研究方法集中在问卷调查法、文献资料法、访谈法、实证研究法。张芹采用不等概率抽样方法抽取了浙江省的20个样本县进行问卷调查，问卷包括中小学生的基本情况、媒介接触和媒介影响等三部分内容。[2]陈维利用问卷调查和个案访谈的方式基于对湖北省两所农村中学学生的调查对农村初中生媒介素养现状进行了分析。[3]钟伟珍等人参考和借鉴了我国大陆及港台地区通用的问卷调查法，对中学生网络接触的情况进行调查，并采用科尔伯格的道德认知发展阶段两难法，以故事的方式测试了他们的道德认知水平，对有效问卷的原始数据利用国际通用的社会科学统计软件SPSS13.0做统计处理，采取频数分析和相关分析等方法对调查结果进行了分析和研究。[4]甘泉采取问卷调查法、文献法、访谈法、田野调查对沧州市中学生网络偏差行为进行实证研究分析中学生网络生存化现实。[5]

七、青少年网络素养研究现状总结与展望

（一）我国网络素养的概念及评价体系尚未建立

鉴于我国二元经济结构的格局以及区域经济发展不均衡的长期存在，导致中学生在媒介接触环境、现有的网络素养教育环境存在明显的差异性。不同地区不同层次的初中、高中在对中学生进行网络素养教育时，应结合中学生实际接受需求，网

---

[1] 董小玉，金圣尧.青少年媒介素养的内涵与培育：基于新媒体时代的讨论［J］.青年记者，2019（25）：20-21.
[2] 张芹.关于浙江中小学生媒介使用的调查［J］.新闻实践，2008（5）：40-41.
[3] 陈维.农村初中生媒介素养现状分析：基于对湖北省两所农村中学学生的调查［J］.新闻天地（下半月刊），2010（9）：58-60.
[4] 钟伟珍，刘宗青.从大学生的媒介素养状况看高校思想政治教育的不足：基于广西五所高校学生的调查与分析［J］.贺州学院学报，2010，26（4）：4.
[5] 甘泉.沧州市中学生网络接触偏差行为实证研究［D］.保定：河北大学，2017.

络素养评价手册的形成，可更好理解我国中学生网络素养教育的需求。这一切基于一个可以量化的网络素养评价体系，与国外相比，我国中学生网络素养评价体系相对匮乏。美国、英国、加拿大等国家网络素养教育起步较早，已形成完善的体系，可适当借鉴。

（二）量化研究是我国青少年网络素养研究的重点领域

青少年进行网络素养教育前的网络素养意识的特定水平和经过网络素养教育后中学生网络素养水平有多大的提高需要量化研究的参与，当然这还需要学校的支持和学校网络素养教育课程的开展，从科学的角度来探讨网络素养教育对青少年发展的影响。

但我国还缺乏相对权威的青少年网络素养量化指标体系，因此对于不同时段不同地区的量化调查结果无法放在一个水平上进行相应的分析，也就意味着当前的调研过程中还存在着一定的局限性。

（三）网络素养教育对青少年的健康成长有着积极影响

青少年群体作为网络社会中的弱势群体，对于社会事物的认识往往需要通过受教育习得，在围绕青少年教育的各个主体如学校、家庭、社会媒介等角色教育过程中，青少年会对网络技术以及内容形成一个基本正确的认识，例如在生活中平衡虚拟对现实的不同影响，或者是利用网络媒介来进行满足自我需求，让网络成为获得情感和知识等有益于自身健康成长养料的工具。

但我国的网络素养教育还在初步探索阶段，在各个单元内部尚未形成有效施行网络素养教育的理念和技术手册，在不同单元间也还未形成有效的互动体系，在青少年的网络素养教育过程中存在着单打独斗的现象，不能有效利用各个社会单元的优势，因此也未能在为青少年提供更好的网络素养教育目标上形成规模效应。

推行青少年网络素养教育的重要性及其策略

褚婉宏*

【摘要】随着5G时代的到来,青少年的网络素养问题逐渐被社会关注,表现为网络信息辨识能力不高、网络自主学习能力不足、网络行为自我管控能力差、网络行为道德规范缺乏等问题。所以,新媒体时代亟须加强网络素养教育,使青少年在网络中获取真正有价值、有意义的信息。高校作为培养青少年的主阵地,应当重视网络素养教育工作、强化网络引导作用、完善网络监督机制、建立健全网络素养培育课程体系、强化学生心理健康教育、提升新时代青少年的网络素养。

【关键词】网络素养　自媒体时代　青少年教育

网络素养(Digital Literacy),又称数位素养,是指运用电脑和网络资源所具有的功能对信息进行组织、定位、理解和分析。[1]网络素养的内容包括了对网络信息的判别能力、对网络知识的检索运用能力、网络创新意识、网络安全意识及正确的网络道德这五个方面。[2]

---

* 褚婉宏,北京联合大学应用文理学院新闻与传播系2020级硕士研究生;主要研究方向:城市影像传播。
[1] 张洋.浅谈大学生网络素养教育及实施路径[J].国际公关,2020(9):150-151.
[2] 张鹏飞.自媒体时代大学生网络素养培养研究[J].山西青年,2020(11):92-93.

一、文献综述

（一）国外研究现状

网络素养教育由媒介素养教育研究发展而来，国际上对媒介素养教育的研究涉及教育学、传播学、心理学等多个学科领域，对媒介素养教育的理念、定义、内容及方法等都存在着不少分歧，对网络素养教育的研究大多体现在媒介素养教育之中，尚未形成基本的学科理论体系。

1994年，美国学者麦克卢尔在其著作中首次对网络素养的概念进行了明确界定。他认为，网络素养包括网络知识与网络技能两个层面，它是指"人们足以充分、合理地利用检索工具获取有价值的网络信息和资源，并且能够对所得信息进行筛选、加工的能力"[①]。可见，他理解网络素养主要是一种个体获取和利用网络信息的能力。学习网络基本知识、掌握网络操作技能也并不是对传统文化素养进行单纯地补充，而是网络时代对网络素养的基本要求。

2000年，美国学者阿特·西尔弗布赖特（Art Silverblatt）将网络素养的内涵进一步丰富为以下七个方面：有能力识别、判断、分析以及利用各种网络信息；善于解读网络文化；能够享受、理解和欣赏网络的魅力；通晓网络传播的运行机制和道德行为规范；深刻地认识网络对社会和个人发展的意义与影响；负责任地向他人传播真实有效的网络信息；能够自主决定网络消费。[②]与麦克卢尔相比，阿特·西尔弗布赖特更加强调网络素养中的信息分析能力以及网络道德责任。

2013年，美国斯坦福大学教授、"虚拟社区"概念的提出者——华德·莱茵戈德（Howard Rheingold）在其著作《网络素养：数字公民、集体智慧和联网的力量》一书中，介绍了网络素养包括"注意力、对垃圾信息的识别能力、参与力、协作力和联网智慧"在内的五种素养，并认为只有当足够多的人掌握这些网络素养成为"数字公民"，以聪明的、人性的、用心的方式使用社会化媒体时，我们才不会被网

[①] 戴丹丹.大学生网络素养现状及教育对策研究[J].国际公关，2020（3）：125.
[②] 谢孝红.当代大学生网络素养教育研究[D].成都：四川师范大学，2017.

络中的虚假信息、垃圾信息所淹没。[①]

（二）国内研究现状

在我国，网络技术是在1993年才开始普及应用的，媒介素养概念也是在20世纪90年代以后才逐渐被国内学界接受的。1997年，中国社科院副研究员卜卫在《现代传播》第1期上发表了《论媒介教育的意义、内容和方法》，被认为是中国第一篇系统的论述媒介素养教育的论文，并以此作为我国媒介素养研究问题关注的开端。在后续发展的13年内，西方历时态的四个理论范式在中国大陆几乎是共时态地涌入研究者的视野，对于有关媒介素养理念、目标、实践形态和社会意义等各维度，经历了从国外论著的引介到本土化阶段，从理论研究到基于实践的实证研究阶段，到不同的研究者开始了基于不同学科视野与价值取向研究的逐步深入的过程。

近年来，与网络素养教育相关的研究开始逐渐得到学界关注。据中国知网检索，与网络素养直接相关的文献逾300篇，与网络媒介素养直接相关的文献近200篇，与网络素养教育直接相关的文献仅有近百篇。据中国国家图书馆书目检索，与网络素养直接相关且由国内学者撰写并出版的著作屈指可数。2012年，清华大学出版社出版了由共青团中央中国预防青少年犯罪研究会编写的《青少年网络素养大讲堂》。2013年，上海交通大学出版社出版了由曹荣瑞主编的《大学生网络素养培育研究》，这也是国内第一部专攻研究大学生群体的网络素养教育的著作。

总体而言，我国的网络素养教育属于尚且年轻的研究领域，目前需要学术界对其进行全方位、多角度的研究，攻克网络素养水平的衡量标准、教育的意义与教育体系建构等研究难题。

二、网络素养的构成

（一）核心：高度的网络安全意识

理念决定行动，网络素养的核心是要有高度的网络安全意识。当前我国公众

---

① 莱茵戈德.网络素养：数字公民、集体智慧和联网的力量[M].张子凌，老卡，译.北京：电子工业出版社，2013.

网络安全意识不强，网络安全知识和技能急需提升，特别是青少年网络安全基础技能、网络应用安全等意识亟待加强。青少年网络安全意识包括意识形态安全意识、个人信息安全意识、网络技术安全意识等内容，涉及大学生网络学习、网络社交、网络购物、网络娱乐等方面。这要求青少年既能做到设置网络账户密码保护并定期更换，时常注意病毒扫描，重视网络资料备份，严谨网络支付行为，不随意注册网站或下载软件等，也要具有高度的政治敏锐度，在互联网迅猛发展的现阶段，网络空间的控制与反控制、渗透与反渗透、颠覆和反颠覆的斗争异常激烈，大学生必须增强防范意识。

（二）基础：较强的网络技术水平

网络将高校、研究机构、图书馆等信息资源联动起来，丰富了青少年学习资源。网络使自主学习成为现实和时尚，给青少年提供了一个可操作、可自学的环境。青少年可根据自己的需要和兴趣选择学习内容，根据自己的能力和水平确定学习进度，学习不再被时间、空间等条件限制。但这对青少年网络技术水平提出了更高的要求，需要大学生能够跟上信息时代的发展，要会使用当前较为流行的教学、学习、阅读、生活服务等软件和应用，真正融入网络时代；要会熟练掌握日常网络办公系统，方便快捷地利用网络与人沟通交流，会制作一些便于学习和记忆的图像、视频等资料，并做一些学习生活资料的整理。同时，也需要青少年学习掌握一些网络安全方面的技术知识，能甄别一些网络木马等病毒，较好地保护个人的网络信息安全。

（三）根本：高尚的网络道德情操

网络道德情操是网民的社会关系和共同利益的反映，是个人在网络空间行为所应该遵守的道德准则和规范的总和，更是一种网络行为规范。网络空间的建设需要用法律去惩治网络违法行为，更需要网民们能自觉形成一定的道德约束。青少年是网民的主体，青少年网民的道德情操深深影响着校园网络空间环境，也能影响社会网络环境。青少年的网络道德情操就是需要青少年能够自觉抵制网络色情暴力等负面信息，在网络交往中彼此真诚相对、不欺诈不作假；能够冷静面对网络不良诱惑；能够筛选网络信息，做到不信谣不传谣；能够积极主动发声，在网络空间凝聚正能量。

三、推行青少年网络素养教育的重要性

（一）青少年是推行网络素养教育的主体对象

《2019年全国未成年人互联网使用情况研究报告》显示，我国未成年人互联网普及率已高达93.1%，但在互联网技能学习与应用方面，65.6%的未成年网民主要通过个人摸索学习上网技能。[①] 随着数字技术和互联网科技的发展，青少年网络用户逐渐增加，青少年用户占据了网络平台用户的绝大多数。由于青少年本身思辨能力不强，其价值观塑造尚未成型，对客观事物缺乏理性思考，在网络使用过程中极易受到多元价值观的影响从而导致信仰模糊，责任感缺失的现象，并且青少年用户善于借用互联网的隐蔽性特点来尽情地发表自己的观点或宣泄自我的负面情绪，这是一种极其不负责任的逃避行为。经调查得知，青少年群体非常乐于为社会热点事件发声，但其发表的言论大多感情色彩浓厚、价值观错误，这对发展网络素养教育来说是非常不利的，各高校应该顺应时代发展，不断更新网络素质教育的内容，致力于营造一个风清气正的网络空间。从培养青少年的行为责任感到提升网络素养理性思考逐步成长，把维护健康网络思想根植于心中。

从一般意义来看，大众媒介一方面反映了现实，另一方面也在构建现实。我们所接触的信息是大众媒介所呈现出来的"拟态环境"，这些信息决定了我们的认知以及判断，在这种情形下，通过网络素养教育来培养青少年的认识和使用大众传播媒介的能力以及培养其理性思维能力显得尤为紧迫和重要。

（二）通过网络素养教育积极培养青少年自主思考意识

网络作为传播媒介依赖信息在人与计算机网络之间建立关系。没有信息，就没有网络。在鱼龙混杂、泥沙俱下的网络信息成为网络对青少年构成负面影响的主要原因时，我们不能因噎废食，全盘否定网络的正功能，而应培养青少年建立起对网络信息的批判反应能力。

现如今多元化的网络平台在丰富青少年学习生活的同时也在潜移默化地影响青

---

① 方增泉.健全未成年人网络素养教育体系[N].中国青年报，2020-06-01（3）.

少年们的思维能力，导致青少年过于被动地、一味地接受信息从而对信息的自主思辨能力不足。青少年用户也许意识不到他们的发言会给他人带来怎样的伤害，也并不具备要对自己的言论负责的意识，其经常在还没有掌握客观事实的情况下一味地发泄自身的不满情绪与不负责任的言论，以至于对他人造成伤害，更有甚者导致了网络暴力的形成，引发负面舆论，而媒介本身对于此类信息审查的不严格更加助长了这类信息的蔓延。现如今青少年网络用户遍布各大平台，缺乏适当的网络素养教育是如今网络暴力现象频发的主要原因。通过加强青少年的网络素养教育，可以从小培养其自主思考、理性判断的辩证思维，从源头上杜绝网络乱象的发生。

（三）通过网络素养教育杜绝媒介依赖现象

现当代青少年是伴随着智能科技与电子设备的不断升级而成长起来的，他们可以充分适应并很好地融入网络生活当中。互联网带来的便利不断弱化青少年的现实沟通交流能力，使他们依赖网络带来的便利的同时，越发地逃避现实，媒介依赖现象越发严重。在大数据时代的催生演变下，网络用户所浏览的信息都是在他们认知定式之内更乐于接受的内容，而青少年本身自控力较弱，很容易沉浸在这种信息茧房中享受捆绑式的精神愉悦，使其关注内容越发单一且不可自拔。青少年大多数以碎片化的方式接收网络信息，缺乏纵深度，且不利于其深度思考，从而导致了他们对网络的使用更加偏向于对娱乐的满足。

另外，由于青少年缺少社会经验和人生阅历，更加容易落入虚假信息和错误思潮的陷阱之中，被不法分子利用，受其煽动性情绪的影响从而转发不实消息或发表具有诱导力的观点引起网络舆情，容易将自身置于舆论的旋涡之中。并且，近年来网络诈骗行为越发猖狂，许多大学生落入校园贷的陷阱之中，积极推进网络素养教育也可以提前防范这种现象的发生，加强青少年网络自我保护意识，从根本上保护自己的利益。

四、推行青少年网络素养教育所面临的挑战

（一）自媒体蓬勃发展为网络素养教育提出新课题

新媒体时代信息技术发展迅速，其传播速度快、范围广、使用门槛低、交互性

高等特点，吸引了越来越多的群众使用互联网来获取便利以及娱乐。后真相时代，网络暴力现象频发，舆论反转、舆论审判现象层出不穷，很大一部分原因是民众缺少网络素养教育，不具备理性辩证思维导致的。同时网络用户低龄化现象越发突出，这便对网络素养教育推行的广度和深度提出了更高的要求。自媒体时代各种信息良莠不齐，网民数量逐年增加，为媒介工作者的把关控制增加了难度，这也为推行网络素养教育提出了新课题。

（二）网络素养教育的社会认知度不足

目前来说，积极培养青少年网络素养的理念还未深入人心，社会认知度不足，普及程度不高，对网络素养教育的研究还不系统、不完善。网络素养研究的课题尚未引起广泛、充分的重视，缺乏真正有建树、有创新的观点。网络素养教育的教育体系还不明确，没有一套切实可行的方案。我国各高校尚没有针对网络素养教育的正式教材，虽少数高校有开设网络素养课程，但其并没有在全国高校中普及开来。归根结底还是目前对网络素养教育重视不够深刻，社会认知度较低。

（三）网络素养教育者总体缺位

目前各高校对网络素养教育的重视程度不够，网络素养理念和教育体系也没有一个标准的评估体系。自媒体时代网络交流的最大特点便是虚拟化，在虚拟的网络世界内，青少年一方面可以不受任何约束地自由表达自己的观点，另一方面因为网络的虚拟化以及不受任何约束限制导致青少年淡漠了自我网络道德意识与社会责任感。高校没有专门设立网络道德素质教育相关课程，对学生网络素质进行教育只在少数思政课上略有提及。多数高校网络素质教育专业的师资匮乏，课程体系不够完整，许多教师对网络熟悉程度远不如学生，教师很难去真正理解学生的网络行为并有针对性地对其进行网络素养教育。

五、推行青少年网络素养教育的措施

（一）完善法律法规，加强道德素质教育

网络素养教育应从小开始，把握源头才能不断促进发展，从小培养青少年网络

素养就要积极推动网络意识形态建设，通过完善相应的法律法规建设来有效地完成交互沟通形式，避免简单的思想教育和舆论强制，要从根本出发培养青少年的网络素养。另外，加强培养青少年网络道德，网络道德作为网络文化的产物，虽与现实道德有区别，但是两者也有联系。其联系在于两者都需要通过个人信念，风俗习惯和社会舆论等来对个体行为进行规范约束，区别在于网络道德比现实道德隐蔽性更强、覆盖面更广，更加难以掌控。对于网络用户而言，必须具备一定的网络道德观念，规范网络行为，具备良好的网络道德意识和社会责任感，以确保在网络使用过程中，能够尊重他人，规避网络暴力等不良现象。

在进行网络素养教育的过程中应充分发挥青少年自我教育的作用。引导青少年正确地认识网络，在网络接触行为的过程中进行自觉内省和领悟。培养青少年学会正确地分析、理性地选择网络信息，提高辨别网络信息真假的能力，注意正常而有规律地生活，养成良好的上网习惯；增强网络的法律意识、政治意识和安全意识；加强道德修养，提高自身的免疫力。把网络作为获取知识的一个重要来源和学习的工具，作为实现终身教育的一个重要平台和载体。

（二）线上线下呼应教学

青少年群体各种社会认知刚刚启蒙，处于实现自身社会化，即将步入成人社会的重要阶段，各种社会机构、组织群体对青少年群体产生至关重要的作用。因此，各类社会机构、群众性组织理应并可以在大学生网络素养教育中发挥重要作用。如健全网络法律法规，规范网络行为，加快国内媒体网站建设，加强网络文化管理，营造健康向上的网络文化氛围，防止网络"文化殖民"的威胁，利用社会机构、群众性组织开展网络素养的教育。

线下根据实际所需建立适合教师发展的网络知识培养模式，通过知识讲述、宣传讲座、专家指导等方式强化教师对网络基本知识、操作技术等内容的认知。定期开展与网络相关的技能和业务培训，以实践操作、技术指导、虚拟构建等手段提高教师的信息化业务能力和网络技能，同时要通过定期考核的方式来检验教师的学习情况。并且要注重信息化、网络化人才的聘用，以此壮大师资队伍，强化师资力量，全面满足网络素质教育提出的各项要求。[1]线上积极优化各类新媒体网络平台，

---

[1] 张洋.浅谈大学生网络素养教育及实施路径[J].国际公关，2020(9)：150-151.

打造网络育人矩阵，利用"两微一端一短"等多种传媒渠道传输网络素养相关知识内容，在紧扣学生思维定式、偏爱角度的前提下，以学生更加喜闻乐见的方式向他们普及知识，完成从说教灌输式教育者向引导辅助式教育者的逐渐转变。加强学生在新媒体平台上的良好互动，逐渐形成线上教学线下引导的相互衔接。

（三）技术规范与家长教师合力共进

在知识化信息化的时代，学校应以高度发达的计算机网络为核心技术支撑，以信息和知识资源的充分共享为手段，以培养善于获取、加工、处理和利用信息与知识的学生为主要目标，以校园成为整个社会知识、信息的基本创新与传播中枢为主要社会效应。从确立提升个体生命质量的教育价值观出发，建立学校思想政治教育网站、加强校园文化建设。

家庭是青少年最直接、最初、最传统的社会化方式的主要途径。家长在技术方面有可能不如孩子，但在网络道德素养、网络接触行为和自我控制能力、网络安全意识等方面，家长一般都有更为成熟的观念和认识，而这些也是青少年网络素养的重要方面。家长在这些方面的影响和教育作用是不可忽视的、不可替代的。因此，家长应尽可能地学会使用网络，借助现代传输方式加强沟通与联系，与孩子一起提高网络素养。

2019年3月国家网信办指导组织各大短视频、游戏平台上线"青少年防沉迷"模式，以实名认证的形式来约束未成年人网络沉迷现象的发生。但现今看来其规范效果不大，"防沉迷"模式形同虚设。就此看来，"防沉迷"模式该升级了，不仅需要硬件技术上的升级，更需要家长"软约束"方面，从根本上规范青少年的沉迷行为。新技术运用可以让防沉迷系统变得更成熟——如人脸识别、强制公安实名校验等技术手段的运用，有利于加固防沉迷的技术防线、堵住漏洞，更好地引导未成年人合理用网。[1]要想加强青少年网络素养教育，便需要老师、家长本身加强学习网络素养知识，才能更好地教育孩子，在实际生活中言传身教，家长和老师需以身作则规范自己的网络行为，先行一步提升自己的网络行为素质，才能更好地便于教育青少年的网络素养。

2017年国家网络安全宣传周中所提道：提升网民网络素养是强化国家网络安全

---

[1] "青少年防沉迷"该升级了[J].教学管理与教育研究，2020，5（14）：126.

保障的必然要求，要把握广泛性，着力构建面向不同地域、不同年龄段、不同职业人群的网络素养教育体系，不断扩展网络素养教育覆盖面。由此可见，加强网络素养教育的重要性，提升网民的网络素养为营造一个风清气正的网络空间提供了良好的开端，只有不断提升网民的知识素养才能打造一个绿色网络空间。

拥抱与差距：老年数字素养适用性路径探索

任 静* 杭孝平**

【摘要】 数字素养日益成为数字化生存的必要条件。不同年龄人群的数字素养存在差距，老年人群由于技能缺失、数字化生活认识简单，属于最薄弱群体。当前学界对老年数字素养研究尚不充分，未能提供清晰的认知框架与指导方略。本文从观念、使用、保护层面搭建框架，基于老年数字素养存在的问题，从社区、适老化设计、企业等角度提出适用性建议，旨在帮助老年群体融入数字生活，共建数字时代的公序良俗。

【关键词】 数字社会 数字素养 数字化生存 老年群体 适老化

绪论

（一）研究背景及意义

据 Quest Mobile 公布，截止到 2020 年 5 月，我国 50 岁以上中老年群体移动设备活跃用户规模超过 1 亿。我国中老年群体呈现出积极拥抱数字化生活的态势。不同于媒介素养、网络素养代表下的传统媒体、电脑多媒体时代，数字素养是数字化时代的新表述。如何在数字化时代实现全民数字素养的最终提升也给人类提出了新要求。

---

* 任静，北京联合大学网络素养教育研究中心，2021 级新闻与传播硕士研究生；主要研究方向：网络文化与新媒体。
** 杭孝平，通讯作者，北京联合大学网络素养教育研究中心主任，教授。

当下，我国老年网络素养教育的关注焦点已经从最初的信息获取、理解接收的初步媒介使用情况转移到对互联网设计适老化改造的进程中，更加注重理论与互联网实践的结合。老年群体作为这个时代的缓行者，在社会生活中时常遭遇碰壁的状况。2020年新冠肺炎疫情期间，不少老年人因使用"健康码"遇到困难，一时间关于"老年群体出门难"的讨论冲上各个平台热搜，于是针对老年群体的互联网适老化改造逐渐被提上日程。现如今，"健康码""行程卡"已成为出行的"硬核"要素。

数字化社会，老年数字素养的提升要依靠的不仅仅是媒介单向度的知识传输，也不仅仅是年轻一代向年老一代的数字反哺，而是需要从渠道、内容、文化上进行破壁，整合互联网服务。这对于老年人提升数字素养与技能，卷入数字化时代有着重要意义。

（二）研究综述

在中国知网（CNKI）以"数字素养"作为主题进行检索，在主要主题为"老年人"中，总共得到12篇文献，硕博论文2篇，报纸文章3篇，期刊文章7篇。而以"老年数字素养"作为篇关摘进行检索，得到期刊33篇，硕博论文3篇，会议文章1篇。通过对这些文章进行分析发现，现有的老年数字素养研究主要从中外数字素养教育、数字鸿沟、传播理论视域下的研究数字融入路径等视角进行。

1.关于国外老年数字素养的研究综述

学者罗艺杰采取网络调查的方式，将欧盟、澳大利亚、美国和中国老年群体的数字素养教育模式进行对比，分析得出国外数字素养教育体系已较完善，而中国对老年数字素养教育重视度不够。[1] 为了深入探索国内外老年数字教育体系的发展进度，罗艺杰又以中美两国老年人为研究对象，发现两国在培训模式上有显著的差异，并呼吁要借鉴美国成熟的教育经验，为我国老年数字素养教育服务。[2]

2.国内研究综述

（1）数字鸿沟视域下的技术研究

学者黄晨熹发现接近或使用信息的机会不足会造成数字素养水平低下，提出要

---

[1] 罗艺杰.国内外老年人的数字素养教育模式研究［J］.图书馆学刊，2018，40（5）：20-26.
[2] 罗艺杰.中美老年人数字素养教育对比研究［J］.四川图书馆学报，2018（6）：75-79.

推进乐龄科技，实现以人为本的数字包容。[1]卜卫、任娟通过分析媒介、信息和数字素养的不同背景和趋势，阐释数字素养鸿沟的特殊性，并提出技术包容和社会心理包容构建以人为本的数字素养的可持续发展框架。[2]

（2）受众分析视角下的教育研究

学者向川子、方伟在"使用与满足"理论视域下，基于实地调查雄安新区农村老年居民，探究农村老年居民数字素养的现状。[3]曹海涛、宋蕾、余佳采用传播过程的受众分析视角，对老年群体数字接触、数字解读、数字传播进行分析，提出要采取体验式、个性化、参与式教育方式，培养老年人数字素养。[4]

（3）老龄化视点下的路径研究

谢秋山、岳婷提出要从开发"适老化"新媒体产品和推进全方位"数字反哺"维度推进积极老龄化。[5]刘述将香港地区作为个案，从优化数字环境、开展信息素养培训、采取激励措施和发展适老化产品四个维度，综合分析香港地区数字教育，以期推动老年人数字融入。[6]周裕琼采用对比和对话的双重视角，从个人、家庭、国家三个层面提出老年人数字融入的"中国式解决方案"。[7]

通过对以上文献进行分析梳理，发现：第一，现今对于老年数字素养的文献研究较少，对于数字素养概念的界定尚未有明确的答案。相比之下，老年数字素养的研究视角较为丰富，不论是理论、社会视角，还是研究内容多集中于数字鸿沟这一大的视域下。第二，现有文献多集中体现我国国内的现状。然而，在数字化时代，数字素养提升离不开各国之间的相互学习。

此外，我国数字素养发展评估框架一直处于缺失状态，对于公民数字素养提升暂未有评价标准。本文针对数字素养评价体系进行假设，深入分析老年人数字素养

---

[1] 黄晨熹.老年数字鸿沟的现状、挑战及对策［J］.人民论坛，2020（29）：126-128.

[2] 卜卫，任娟.超越"数字鸿沟"：发展具有社会包容性的数字素养教育［J］.新闻与写作，2020（10）：30-38.

[3] 向川子，方伟.基于"使用与满足"理论的农村老年居民数字素养研究：以雄安居民的调查为例［J］.今日科苑，2021（6）：63-75.

[4] 曹海涛，宋蕾，余佳.传播理论视阈下的老年数字素养教育［J］.今传媒，2021，29（9）：17-22.

[5] 谢秋山，岳婷.积极老龄化背景下老年人数字融入的必要性及路径研究［J］.当代继续教育，2019，37（4）：10-16.

[6] 刘述.积极老龄化视角下我国香港老年人数字融入路径研究［J］.中国远程教育，2021（3）：67-75.

[7] 周裕琼.寻求老年人数字融入的"中国方案"［N］.社会科学报，2021-06-10（2）.

的瓶颈与问题，并围绕评价体系提出优化老年人数字素养的适用性路径建议。

一、数字素养解读

对于数字素养的概念，不同学者对其提出不同意见与观点。1994年学者约拉姆·艾希特-阿尔卡莱最早提出数字素养六大框架，即图片图像素养、再创造素养、分支素养、信息素养、社会情感素养、实时思考技能。这个理论框架被认为是数字素养最全面的模式之一。1997年美国学者保罗·基尔斯特认为数字素养主要包括获取、理解和整合数字信息的能力，具体包括网络搜索、超文本阅读、数字信息批判与整合等技能。[1]

数字素养是从其他素养提取出的新概念，是一个多维的概念，需要一个综合测量指标。《中国公民数字素养研究报告》指出，人类在数字社会中必须具备数字素养，通过熟练应用各项数字技能，对数据进行收集、评估、整理、利用和生产，进一步培养批判精神与判断能力。

鉴于我国学界对于"数字素养"的相关研究还比较薄弱，对概念的内涵认识模糊，导致对数字素养独立价值预估偏低。综合多方面考量，笔者认为，数字素养应分为观念、使用、保护三个环节评估指标，观念指对数字环境的认知、评估以及由此带来的价值观念选择；使用指老年用户在数字环境下对数据的收集、整理、利用和再生产的能力以及建立在客观判断基础上的批判性思考；保护指对数据信息的保护和自主版权的维护能力，是老年用户对数据隐私与安全的防范措施和运用数字技术解决数字产品确权的相关行为。

二、老年人数字素养的"拥抱"与"差距"

随着互联网技术的快速发展，人类已进入数字化社会。在这个社会里，我们的身体、社会关系、政治和经济都被数据精密地记录着，老年群体就像显微镜下的一颗颗微粒被观察、分析、评价。在老年数字化生活问题凸显过程中，社会给予了老年群体诸多帮助，也显现了新的差距。

---

[1] 吕佳燕.数字素养视阈下农家书屋助推乡村振兴的路径研究[J].情报探索，2020（12）：38-43.

（一）老年人数字素养的"拥抱"

1.相关政策扶持

2018年开始，公民数字素养发展的目标首次在我国官方文件中明确下来，此后，"年龄鸿沟"问题得到重视并提上议程。2021年3月，"十四五"规范纲要提出，要加强全民数字技能教育和培训，普及、提升公民数字素养。加快信息无障碍建设，帮助老年人、残疾人等共享数字生活。

2.推进适老化改造

2020年和2021年，工信部相继发布"互联网应用适老化及无障碍专项行动"与《关于进一步抓好互联网应用适老化及无障碍改造专项行动实施工作的通知》。2021年10月28日，《移动互联网应用（App）适老化改造调研报告》显示，以微信、今日头条、抖音为代表的社交通讯、新闻资讯、生活购物娱乐类App成为中老年群体使用频率最高的App。随着互联网技术的快速发展，移动互联网App已经融入中老年群体生活。

根据适老化政策要求，抖音、快手、微信、今日头条等社交App相继推出老年人模式，旨在提供简化的界面操作和直观的视频操作教程，方便更多老年人迈入数字社会。但在"器物"上进行改革往往只停留在熟悉操作的简单逻辑，并未触达培育数字素养的深层逻辑，这需要我们认识到老年人的数字素养现实差距，以便在"思想"上为适老化设计提供指导思路和方法论，提升老年人数字素养。

（二）老年人数字素养的"差距"

1.观念沟

观念沟源自老年人对数字时代的认知差异，数字时代的自身逻辑是通过海量数据的抓取和基于最新通信技术的云端计算形成的远程互联时代，通过对个体的赋权以及自身议程的自主设置实现高自由度的连接选择，其本质是通过媒介化的逻辑实现对社会生活方方面面、线上线下相结合的改造。老年人往往保留特定时代所产生的传统习惯，面对媒介化社会的改造力不从心，无法适应观念思维的迭代，产生畏难情绪，甚至强化固有观念，并未树立很强的学习思维，仅认为数字化时代停留在通信便利，对生活其他方面的数字化利好缺乏深入了解，对新应用内心信任存疑、学习动力不足，产生观念上的差距。

2.使用沟

一方面，老年人因缺乏相应的硬件配置和软件知识，对App的使用技巧和应用范围缺乏了解，以及操作的不熟悉和信息环境、群体的陌生使老年人很难获得较好的参与体验，产生孤独感，在使用上与其他年龄网民逐渐产生差距。而随着家庭反哺现象的出现，"数字原住民"家庭成员的指导帮助老年人提升移动软件使用能力，差距有所缓和。但适老化设计不完善以及针对性App的市场占有量小使老年人在使用上存在不适，加之数字软件学习周期较长，大多数老年人学习模式仍以自主学习为主，缺乏系统的使用培训，在使用上与数据素养所要求的数据收集、评估、整理和利用能力存在较大差距。

另一方面，微粒化社会的观点的多样性与裂变式传播为信息的核判增加了难度，老年人由于不熟悉网络交流的方式，缺乏信息求证的多样手段，对于信息爆炸理性认知和分类能力不足，容易轻信谣言，产生恐慌情绪，在传播信息时也可能因情绪化成为集合行为的助推者。面对媒介审判引发的冲突与后真相产生的信任断裂，缺乏相应的媒介素养寻求对策，也将成为加剧老年人使用沟的重要因素。

3.保护沟

一方面，数据的搜集和计算都是无形的权力，这一权力把持在平台手中。老年人初入数字化社会，并未提高数据安全与隐私意识，对数据的价值逻辑认识不足，在平台的不对等协议和隐蔽的隐私设置前提下，容易误导产生假性同意，自身成为数字劳工，当产生保护意识时又无奈缺乏相应的维权途径认知，往往需要重新学习，耗费大量时间精力，久而久之产生消极的自我保护态度。

另一方面，由于对知识产权认识不足，缺乏有效的确权途径，老年人对自主生产的内容缺乏保护意识，往往存在知识产权剽窃、内容抄袭等风险，打击老年人自主创作的积极性，增加老年人参与知识分享的难度，老年群体作为平台申诉的弱势群体应得到更多相匹配的提醒与设置。

三、老年人数字素养提升路径探索

（一）社区应成为数字素养教育的主阵地

社区作为生活环境的实体存在，是强关系连接的生活群体，老年人圈层固化，更容易受到群体影响。将数字素养教育与社区联系起来，既是利用社会资本和关系资源进行群体教育的有效方式，又能增加老年人数字素养学习的趣味性，通过群体加入网络更使老年人方便通过自身所属群体理解数字化时代连接的底层逻辑，这种强互动行为减轻老年人对陌生信息环境的孤独感，更为数字化日常生活服务的全面普及提供了良好契机，符合老年群体生活便利的呼声将吸引更多的中坚分子参与进来，通过使用与满足实现态度转变，提升老年人数字素养教育的效率，发挥政策落实的社区主阵地的先锋示范作用。

（二）加强数字生活适老化、特殊化设计

数字化素养提升仍需针对性的适老化设计，目前参与数字化生活的重要途径是通过平台注册账号作为数字生存的微粒化单位。对于缺乏一定操作经验的老年群体来说，要优化相应的平台设置，针对老年人提出关怀模式或特殊服务，简化流程，提供更直白的操作提醒，老年人在熟悉操作的过程中体会到平台带来的乐趣才会产生一定的用户黏性，更进一步提升多样化的使用技巧，弥补使用沟。同时，对老年群体进行阶段性调查，不断解决适老化实践的客观问题，在体验上优化，服务上开设老年专用反馈渠道，安排具有经验的客服进行答疑，使用上设置提醒，方便老年用户甄别信息真伪，以及设置特定词条弥补知识沟带来的理解困难。

（三）鼓励扶持企业积极参与提升老年数字素养建设

企业作为运营的主体和算法的应用者，本身应承担起相应算法所带来的社会责任，可通过政策倾斜激励企业在算法公开透明和老年用户协议合理合法上做出更多调整，明确用户自主决定信息上传权利，注重通过技术手段保护用户的隐私信息和安全问题、针对应用技能不足的用户进行界面优化。督促企业关怀老年群体，推送

更多公民数字素养建设的相关内容,以流量和知识变现激励UGC生产更多帮助老年群体的优质内容。建立老年专区,垂直分类特定内容并引导组建相应的趣缘群体,根据地理位置打造老年互动社区,营造友好亲切的信息环境。简化老年人内容创作的步骤并在醒目处公示学习视频和版权保护指南,培养老年人的版权保护意识,简化申诉流程,保护老年人的知识产权利益,综合提升老年人数字素养关怀。

结语

本文通过数字素养的框架拟定,对老年人的数字素养进行了问题分析和针对性施策。总的来说,数字素养是数字时代下必需的行为准则。它不仅提供了媒介逻辑下回归人的主体性的发展指南,且对于维护社会和谐稳定具有重要意义。老年人身为数字社会的薄弱群体,既要重视其数字化生存的既有权利,又要保护这一群体在数字化生存中的参与热情。中国的数字化社会不会让任何一个人掉队,共享社会的福利也是我们党以人为本,执政为民的本质要求。本文仅在有限范围内进行了思辨讨论。由于个人能力以及研究的时间有限等原因,本文在结构、内容上难免存在很多不足,对于一些问题的分析也不够透彻,希望后续再进行深入研究。

自媒体时代下审丑文化的产生与异化研究

罗　凯[*]

【摘要】 自媒体赋权使得人人都有麦克风，人人都有发声的权利，这种权利的解放使得亚文化有了生长的空间。本文针对当前极具热度的文化现象——审丑文化进行研究。这一文化现象的产生与发展有其背后的社会原因：乡村青年的自我表达与价值认同，"草根"青年的心理满足与仪式抵抗，现实孤独者的亲密群体氛围需求，审美疲劳后的急速转向，注意力经济时代下的流量争夺，社会高速发展阶段的撕裂与兼容。这种文化现象在传播中的再生产呈现出多平台、社会共筑的链条形式：短视频平台赋权激发创作，微博及社交媒体转发扩散，网民二次创作进一步挖掘，商业利用赋权与主流文化吸收转化。然而审丑文化却在发展过程中出现了异化：从批判到以丑为美，从真实流露到虚假逢迎，从多元文化到主流价值观扭曲。审丑文化的异化已经对社会造成严重的负面影响，因此应对其采取规制。

【关键词】 审丑文化　自媒体　短视频

引言

关于审丑文化的研究自20世纪就存在，但当时对于审丑文化的分析与探讨多是针对中外文学作品和艺术影片。这种研究多认为"审美"与"审丑"是有共性的，认为"丑"是一种特殊的美。而审丑作品的出现，则是以丑鉴美，正视"丑"，挖

---

[*] 罗凯，北京联合大学网络素养教育研究中心，2021级新闻与传播硕士研究生；主要研究方向：网络文化与新媒体。

掘"丑"的价值，从而追求"美"、挖掘"美"。在社会思潮的演变以及审丑现象的异化下，审丑文化被赋予的价值取向也逐渐扭转。学界研究审丑文化的视角发生了转变。

如今对于自媒体时代下审丑文化的研究有以下呈现：一是随着媒介技术与文本的发展，承载审丑文化的媒介形式发生变化，从书籍形式的文学与艺术作品、影视作品、电视节目逐渐演变为网络节目、网络用语及表情包再聚焦到如今的短视频，这顺应了媒介发展史。二是对于审丑文化的研究，越来越具象化，即以某人为例子，如崔雪峰[1]、邓天虹[2]、唐静[3]、陶佳宁[4]等学者皆以"郭老师"为例进行研究。三是学者对于审丑的态度多为批判，他们认为"审丑"是与"审美"相对立的一种特殊的美学范式，并不认为"审丑"是从特殊的角度欣赏"丑"，也不认为"丑"是一种特殊的美。

本文也以"审丑"是与"审美"相对立的视角出发，不单纯以某个个体为例，研究自媒体时代下的审丑文化。

一、审丑文化出现的社会原因

文化是社会症候的一个折射面，当前自媒体时代下的审丑现象频发，人们对于审丑的需求在创作与积淀中形成一种文化，这种文化的出现与火热背后有着复杂的社会原因。

（一）乡村青年的自我表达与价值认同

许多乡村青年没有接受过高等教育，他们难以接触到丰富的文化资源，也缺少发声的渠道。在媒介赋权之前，他们少有在社会上表达自我的机会，在传统文化环

---

[1] 崔雪峰.从"迷人的郭老师"看抖音短视频审丑现象的原因[J].新闻传播，2020(15)：13-15.

[2] 邓天虹.短视频时代的审丑狂欢现象分析：以抖音"郭老师"为例[J].科技传播，2021，13(16)：168-170.

[3] 唐静.话语狂欢与审丑异化："郭语"网络走红现象分析[J].新媒体研究，2020，6(12)：80-82.

[4] 陶佳宁.拟剧理论视域下"审丑主播"的行为解读：以"迷人的郭老师"为例[J].科技传播，2021，13(13)：160-164.

境中一直处于失语状态。短视频平台的出现，使得他们拥有了发声的可能性。他们渴望表达自我，寻求自我价值，寻找群体认同。而贴合他们自身特质的审丑文化，被其高度认可，这种文化的传播获得了社会的瞩目。急需展现自我、获取存在感的社会底层人民迫切地需要博得他人的眼球，在点赞、转发、播放量等数据下实现价值认同，彰显个人价值，完成身份构建。

（二）"草根"青年的心理满足与仪式抵抗

审丑文化不但被乡村青年追捧，部分城市青年也是其重要传播者，他们大多感受着社会带来的巨大压力，需要排解苦闷，寻求释放，而审丑文化正是充当了这样一个排解工具。对于审丑文化，这些"草根"青年或许报以优越感对其批判讽刺，或许感到情感共鸣，自我下沉，借此宣泄，无论哪种都满足了该人群的内心需求。

审丑文化的兴起，消解了精英文化和平民文化的隔阂，使"草根"青年获得话语权。他们将传播审丑文化视作一种狂欢的仪式。老师、同学和明星都可以随意调侃，他们在"广场"上漠视秩序、插科打诨、纵情恣肆，这是他们对浮躁商业社会的温柔抵抗，也是对现实生活的无奈逃避。[1]表面上看青年网民是抨击社会现象，抗争社会不公，但对现实社会存在的问题并无深入剖析或理性认识，也无意寻求解决之道，仅仅运用"游戏"方式沉溺于抵抗的幻觉中。[2]这种失去了战斗性的抵抗最终只能麻痹自我，获得的心理满足也不过是一时的痛快，最终仍要面对残酷的现实。

（三）现实孤独者的亲密群体氛围需求

媒介技术的发展虽然使得人们的生活更加便利，但也导致了媒介依存症，用户过度沉溺于媒介接触而无法自拔，其个人价值需要从媒介中获取，满足于虚拟互动而远离逃避现实，从而在现实生活中孤独自闭。这样的人群并不在少数，他们难以从现实生活中获得亲密关系，便转向网络世界，企图从网络世界中寻找归属感，满足自己的亲密群体氛围需求。

---

[1] 陈亚威.底层表演与审丑狂欢：土味文化的青年亚文化透视[J].东南传播，2019(4)：76.

[2] 蒋建国，李颖.网络涂鸦表情包：审丑狂欢抑或娱乐的大麻[J].探索与争鸣，2017(1)：135.

很多审丑网红都有自己的粉丝团，这些粉丝团的成员因欣赏该网红而聚集在一起。以斗鱼主播"不二不叫周淑怡"为例，她的粉丝被称为"周家军"，其成员是类似于"大家族"的存在，他们每天在直播间等待周淑怡上线直播，一起守护着自己喜爱的主播。以类似于现实好友"互黑"的行为来"黑"周淑怡，无论是"取笑"周淑怡出丑的经历，还是发她的黑照，甚至是在其录播视频中刷屏玩梗，嘲讽周淑怡的土味和口音问题，在这些一起以"黑"周淑怡为乐的行为中，"周家军"成员彼此建立起了极强的纽带，成为话语共同体。当然，在周淑怡需要他们的时候，他们也会挺身而出。这些"周家军"的成员会在周淑怡与其他主播连麦的时候，以发弹幕的方式为周淑怡提高声势，这种全员出动的行为使其群体成员更加坚定地建立联系。而周淑怡也会以"家人""兄弟""老铁"等代号与其相称，这种称呼拉近了周淑怡与其粉丝的距离，从而使得周淑怡与"周家军"、"周家军"成员之间都建立起了亲密而坚定的联系，从而更加热情地传播其直播间文化，即审丑文化。

（四）审美疲劳后的急速转向

人们对于美的标准是类似的，而这种相似性容易让人产生审美疲劳。在过去一段时间，审美标准高度统一化，为了博得眼球，无数工业化美女在网络上展示自己的美貌，长时间的审美固化使得人们产生了审美疲劳，进而刺激产生多元的审美观，而"丑"打破了"美"的规则，以"不讲道理"的方式占据了人们的视野，这种冲击带来了巨大的新鲜感，缓解了人们的审美疲劳，从而达成了急速转向。在这种突转中，甚至出现了"以丑为美"的价值倾向，这种价值倾向是对主流审美观的挑衅，也是亚文化对于主流文化在审美方面发起的攻势。

（五）注意力经济时代下的流量争夺

当前注意力经济时代下，对于流量的争夺已经到了白热化的状态。平台为了商业利益，无视社会责任，以流量热度为唯一评定因素，集中推送数据可观的话题、图片或视频，将热度集中拔高，从而收获用户的注意力，再将这种注意力变现，把用户出卖给广告商。在没有明确目的的情况下，人类缺乏自主学习或欣赏高雅文化的主动性，因为欣赏高雅文化是有门槛的，没有一定的知识储备、艺术理解和理想追求，人们难以真正欣赏高雅文化，甚至作为门外汉还会被学者、精英嘲笑。而通俗文化相比起来则亲民了很多，尽管没有过多的文化内涵，但这也正是其好处之一，人们无须过多地付出即可理解，并且通俗文化的娱乐性较强，这契合人们休闲放松的需求。因此，审丑文化作为一种通俗文化必将获得较高的热度，在以经济效益为先的推送机制下得到了推广和发展。

二、审丑文化传播中的再生产

审丑文化之所以能够在社会上迅速发展，形成火热的局势，是因为其背后有一条传播链条，在这条传播链条上，许多人参与其中，在多平台的流动中，共同对审丑文化进行再生产。

（一）短视频平台赋权激发创作

随着科技发展，传播环境变化，技术不再被少数传播者掌控，成为多数受众的消费品。这种赋权使得用户的媒介接触方式从"接受媒介"变成"控制媒介"。短视频平台以较低的技术门槛和制作成本激发了网民的创作欲，这赋予了社会边缘群体与精英阶层同样的表达机会，短视频平台的文化包容性也使得社会底层人民更加敢于表达自己，这些都为审丑文化的创作奠定了基础。视频本身相较于文字，就无须使用者拥有较高的文化素养，声音加画面的传播方式更加直观易懂，而短视频更具有娱乐性，这使得短视频平台拥有巨大的社会底层用户，在这样的用户圈层里，带着土味气质的审丑文化便更容易被认可。加之短视频本身就具有碎片化的特性，易于传播，这些因素都促成了审丑文化的生产与传播，从而使得短视频平台成为审丑文化的发源地。

（二）微博及社交媒体转发扩散

虽然短视频平台是审丑文化的发源地，但由于不同文化之间的传播存在壁垒，审丑文化难以突破它固有的受众群体，走进城市青年乃至精英阶层的视线里，而微博及社交媒体的转发扩散成为打破壁垒的重锤。微博以其突出的社交性、碎片化的传播模式，在长时间的发展后，拥有了大量的用户，这些用户相对于短视频平台的用户则更加的主流化、大众化。"热搜"虽然一定程度上被资本控制，但仍然可以在一定程度上聚焦当时的热点话题，微博也成为很多人获取信息的重要渠道之一。2017年以来，微博出现了很多土味"种草"账号，它们转载大量的土味视频吸引了微博用户群的目光。微博上的城市青年以猎奇的眼光看待这些视频，他们或对其批判、或深感刺激新奇，在投以注意力的同时，推动了这些视频的传播。而这些所谓的土味视频也是塑成审丑文化的重要"养料"之一。且微博及社交媒体的强社交性，使得审丑文化进一步传播，从而扩散到不同的社会层级，使得大众对于审丑文化有了更多、更深、更全面的了解与接触。

（三）网民二次创作进一步挖掘

网民使用媒介工具进行传播的能力随技术发展大大增强，从段子到表情包乃至视频，用户二次创作的能力越来越强，他们不甘于仅仅分享转发，还想参与创作，将自己觉得有趣的东西赋予更多的意义价值，在彰显个性与才华的同时，获得更多的社交资源，企图在传播自己认可的文化的同时，实现自我价值。

新媒体"新世相"在2016年7月19日发起了一项"24小时不用表情"的实验。共有约5300名志愿者参与，其中约30%的人挑战失败，无法离开表情包进行社交生活。[1]表情包实质是网络社交过程中的替身。这些表情包代替主体的"我"在社交过程中表达话语。这种虚拟替身，可以在网络中相对自由表达自己所认同的非主流政治、文化符号，同时又能逃避现实权力规训的风险。[2]这便契合了用户需求，从而在传播的道路上越走越远，越来越侵入生活。

（四）商业利用赋权与主流文化吸收转化

正如桑顿所说，亚文化终究会被收编，审丑文化作为当代青年网络亚文化的重要表现形式之一，也无法逃出被商业和主流文化收编的命运。平台的打赏机制使得审丑网红获得了一定的收益，非但如此，在注意力经济时代，注意力本身就是一种价值，商业机构看到了审丑主播获得的大量流量，或与审丑主播签约合作榨取其价值，或在自己的产品中植入审丑文化，蹭上这波热度，以此吸引客户的注意力，而

---

[1] 蒋建国，李颖.网络涂鸦表情包：审丑狂欢抑或娱乐的大麻［J］.探索与争鸣，2017（1）：136.

[2] 杜丹.网络涂鸦中的身体重塑与"怪诞"狂欢.青年研究［J］.2015（5）：41-50，95.

在这种利用的过程中，为了迎合更广大的受众群体，商业会将原始的审丑文化进行大众化改造，然后赋予其更多的营销价值和商业意义。那些原本大众以为和审丑没有半点关系的精致偶像明星们，为了"接地气"的人设，也会模仿或者与审丑主播产生联系，在立人设的同时对审丑文化进行改造，从而实现收编。

主流文化与亚文化之间本身就存在着密切的联系。一方面，主流文化由无数历史时代中的亚文化改良形成，不断更新补充其文化内涵；另一方面，某一历史阶段的亚文化的生命力是有限的，当其随着社会变化，热度退去，那些不符合主流文化的部分就会逐渐消散，而留存下来的部分则会被主流文化吸纳。为了迎合被审丑文化熏陶的社会大众，主流文化也不得不保有限度地兼容审丑文化，而在这种博弈和妥协中，审丑文化会被具有更强社会引导力的主流文化改造，社会大众也会更加接受被主流文化改良后的审丑文化，从而达成收编。

三、审丑文化的异化

自媒体时代下，审丑文化的风向标与中外经典著作时期相比发生巨变。粗糙的制作与呈现，传达出低俗的内容，逐利心理下的高度模仿，使其成为一种商品化、标准化的大众文化。

（一）从批判到以丑为美

"审丑"并不是现代才有的词，自古代以来"审丑"就一直存在，只不过当时对于"丑"的处理，多为以丑衬美，以丑为戒，通过对于丑陋事物的描述，来警醒世人、启发世人、引导世人追求真善美，这种"丑"只能作为配角出现，为"美"服务。而如今"审丑"发生了异化，人们开始大张旗鼓地宣扬"以丑为美"，让"丑"站在了风口浪尖上，推崇丑，给予"丑"其不该拥有的地位，这种颠覆破坏了人类的审美认知，打破了社会稳定，在这样的观念熏陶下，人们的思想会发生异化，不求上进、浑浑噩噩，正如最近的热词"躺平""摆烂"等，体现出消极的价值观。

（二）从真实流露到虚假奉迎

无论是"美"，抑或是"丑"，凡事都要是真实的才能有生命力，才能真正地引人深思、发人深省。有些"丑"是社会现实，它以一种天然的姿态毫不掩饰地展现在人们面前，接受评价，接受审判，这样真实的"丑"可以在了解认识后进行修正，从而成为"美"。但如今，越来越多的审丑文化其实是被商业包装后，以利益为导向虚构出来的社会存在，它们虚假逢迎人们对于审丑文化的追捧，以所谓"勇敢做自己"的"真实"外衣，掩饰其内在虚伪的逐利私心，且这种伪装后的审丑文化使得大众难以分辨。

（三）从多元到主流价值观扭曲

文化需要多样性以保持活力，但主流文化的地位不可撼动，主流价值观就如同定海神针，在思想观念的层面上维持着社会的稳定。审丑文化可以存在，但只能作为亚文化，且如今这种异化的文化已经造成了巨大的社会负面影响。网络红人们利用自己的身体，抛弃道德底线，通过"扮丑+作秀"颠覆以往的脚踏实地奋斗成名。[①]而这样极端的成名模式逐渐被接受、认同甚至模仿。在如今的后羞耻时代，社会在面对逐渐丢失羞耻感的大众时，不得不降低原本的精神文化底线而提高容忍度。[②]这种文化若是兴起，其对主流文化的强烈冲击必将造成主流价值观的扭曲。取其精华，去其糟粕，文化应以吸收兼并改良的方式得以发展。社会文化与社会政治经济紧密相关，保持主流文化的稳定性才能维持社会稳定。

结语

自媒体时代下的审丑文化作为一种亚文化以其夸张的视觉呈现、特色的听觉符号和"草根"的叙事逻辑冲进了人们的视野，在阶段化的呈现下，构建出了一条完整的传播链条。其中，每一个环节都扩大了其传播的范围，从而使得这种文化在一段时间内达到了前所未有的热度。而这一现象的背后有其社会深层原因。

迪克·赫伯迪格指出，当亚文化的形态过于剥离主流路线，对主流文化的正统构成冲击时，主流意识形态必然会采用多种方式对其进行整合收编。主要方式之一便是主流文化群体对越轨行为贴标签和重新定位，亦即形成"道德恐慌"，以意识

---

① 王网明.抖音网红视频的特征分析[J].大众文艺，2019(12)：149-150.
② 李宇童.异化理论视角下短视频"审丑"现象研究：以"迷人的郭老师"为例[J].新媒体研究，2021(9)：64.

形态统一为主要目的将亚文化纳入并整合到现存统治秩序中，消解其反叛性及颠覆性。①针对当前审丑文化出现的问题，我国已采取相关措施。

移动短视频发展中的审丑问题在《新媒体蓝皮书：中国新媒体发展报告NO.9（2018）》中被提出，又进一步被比喻为毒瘤。2021年2月，国家互联网信息办公室、全国"扫黄打非"工作小组办公室、工业和信息化部、公安部、文化和旅游部、国家市场监督管理总局、国家广播电视总局等七部委联合发布《关于加强网络直播规范管理工作的指导意见》，再一次明确指出了主播在利用网络直播平台开展直播活动时应遵守的法律责任，强调正面引导的重要性。②国家演出行业协会《关于公布第九批警示名单的公告》更是对"铁山靠""郭老师"等违规主播进行公开批评。

国家的高度关注将引领社会各界及个人警戒此现象。平台应履行社会责任和义务，不能只以经济利益为导向；企业应明辨是非，拥有大局观念，积极响应国家政策；个人应提高自己的文化素养，努力实现人生价值。而对待审丑文化，应秉持正确的态度，正视审丑文化，理解其背后因素，发现问题并解决问题。

---

① 陈名艺.审丑与猎奇：土味文化潮流下的粉丝狂欢[J].视听，2020（4）：149.
② 陶佳宁.拟剧理论视域下"审丑主播"的行为解读：以"迷人的郭老师"为例[J].科技传播，2021（13）：163.

社交媒体时代消费符号传播的异化研究
——以小红书"滤镜景点"为例

邹春江[*]

【摘要】社交媒体时代,多元开放的平台和交互的场域改变了公众的生存方式和消费习惯。在鲍德里亚看来,人的物质消费在符号的包围与传播中已经失去了理性的判断与选择能力,转而成为物的形式礼拜仪式。本文从小红书平台上的旅游消费符号入手,着眼于符号唯视觉化、快餐化的表现,以及网络环境中旅游消费者的内外消费动机,进而分析在新的媒介环境中,符号在人们旅游消费活动中的价值,挖掘旅游客体本身的意义,重回消费的主体性。

【关键词】符号价值 消费社会 旅游

引言

小红书平台作为社交媒体时代的生活分享平台,吸引了众多年轻人在此发布和转发生活、旅游、美食、穿搭等不同社区内容。然而,被小红书博主称为"99%海南旅行都不知道的免费打卡地""三亚超好拍秘境"的海南三亚的蓝色小房子由于滤镜过度曝光,成为众人的吐槽点。此外,受众在浏览以图文为主的旅游笔记时较难判断出图片的真实可信度,实地探访后导致视觉上和心理上产生极大落差感。

鲍德里亚在1970年出版的《消费社会》一书中,以符号学为切入点,对消费社

---

[*] 邹春江,北京联合大学应用文理学院新闻与传播系2021级硕士研究生;主要研究方向:网络文化与新媒体。

会进行了审视与诊断，认为消费已不再是物的消费，而是符号消费。他认为，消费世纪既然是资本符号下整个加速了的生产力进程的历史结果，那么它也是彻底异化的世纪。商品的逻辑得到了普及，如今不仅支配着劳动进程和物质产品，而且支配着整个文化、性欲、人际关系，以至个体的幻象和冲动。①同样，对于消费符号之于人的影响来说，学者赵津晶在广告符号的研究中认为，符号有时超越了它原本的社会内涵，最后它跳出了原来的社会内容、外表形式实现自我存续，成为一群人膜拜的图腾，消费者在被动迷醉状态下也被物化成社会存在中的符号。②

一、作为物质符号的旅游消费特征及表现

（一）旅游符号的异化

"跟服装界一样，旅游界也有一个时尚潮流问题。"③网络时代给大众提供了一个拟态环境，消费者无法面对真实的消费环境，不再是以前的所见即所得，而是通过商品的视觉图片符号购买商品。小红书上的一系列"滤镜景点"正是借用了社交媒体传播的特殊性，通过滤镜修饰后的"大片"吸引了大量消费者，在该行为进行的过程中，消费者完成的已经不是对旅游客体本身的消费，而是通过符号的消费与分享获得某种属性的认同感。相较传统媒体，社交媒体平台的传播速度和广度有着显而易见的优势，网络信息也呈现出大爆炸的状态，于此路径上，只要一个热点、一个符号恰好戳中某些网友的痛点，就能快速引起讨论和效仿。以三亚清水湾的蓝色小屋为代表，人们在旅游客体的消费选择上，该符号的流行度与潮流度是一个重要的衡量标准。小红书上的红人为了抓取粉丝的眼球，通过美化宣传、安利种草的方式来刺激消费。身处浪潮中的消费者，只能被动接受社交媒体平台审美取向的建构。

1. 唯视觉化的旅游活动

一般来说，旅游消费行为复杂多样，包括视觉享受、身体感受和心灵沟通，唯

---

① 鲍德里亚.消费社会[M].刘成富，全志钢，译.南京：南京大学出版社，2014：224.
② 赵津晶.论消费社会中的广告符号[J].新闻前哨，2008（2）：62-63.
③ 刘丹萍，保继刚.旅游者"符号性消费"行为之思考：由"雅虎中国"的一项调查说起[J].旅游科学，2006（1）：28-33.

一论的消费是旅游符号消费异化的表现。唯视觉化的旅游活动部分表现在"时尚"的生活方式。在全民健身氛围下，大家改变生活方式选择绿色低碳出行，出现符合新式生活的极简风、素雅风，在互联网环境里也因此出现了许多图文卖弄式的消费。健身房待一天只为拍照，在户外景点的门口拍照打卡后就离开等现象确实体现了品质生活的价值观和对品位的追求，但这样的消费活动对于消费客体本身毫不关心。

另外，专业摄影师的技术至上也是唯视觉化的表现。当下社交媒体上的风景摄影大片是很多消费者参与旅游消费的原因，也是专业摄影师在社媒平台上获得满足感的一大方式。很多时候，部分摄影师过分投入，追求角度、质感、器材设备的好坏，将旅行活动感受抛之脑后，顶级的专业器材和眼下流行的数码产品是他们津津乐道的话题，出片之后的格调和后期正是他们追求的"品位"，从某种层面上来说，蓝色小屋的虚假滤镜其实是摄影师的审美追求。

2.快餐式的景观与消费陷阱

建立在现代性基础上的现代社会是一个高节奏的社会。在这个社会中，生活程式化、人际关系疏远化、工作刻板化。现代性的理性主义、工具主义、福特主义的力量渗透进了社会的各个角落，旅游行为和活动也逐步现代化、商品化、雷同化。[①]社交媒体平台强大的传播力和渗透力影响着大众的审美认知，进而也会带动大众的行为。旅游本身是探寻某种未知，但在今天却变成疯狂打卡，变成千篇一律，某种程度上也变成了一种审美负担。小红书上各路景点如"小瑞士""小冰岛""小圣托里尼"以精致图片吸引大波游客却令人失望而返，在消费社会，旅游已变成一种形式。

旅游活动的盲从除了自身的无知和群体性无意识，跟信息的垄断和误导也有关系。如今，国内外的各大平台型媒体旅游文案大同小异，抛开一直以来在旅游地存在的强买强卖陷阱来说，社交媒体环境下旅游网站的营销便能说是新兴的隐形陷阱。表面上来看，旅游消费者获取信息的渠道好像拓宽了，但实际上信息筛选成本反而大大增加，因为获取的大部分都是未经过滤的碎片化信息，而且其中充斥着大量软文游记和付费的评论，反而变得比以前更难辨真伪。例如，国内部分旅游景点走红凭借后天营销，看似为消费者探路，但实际上忽略了景点自身建

---

① 左晓斯.现代性、后现代性与乡村旅游[J].广东社会科学，2005(1)：179-184.

设。旅游配套建设的速度跟不上游客的需求，因此可能难以满足消费者预期而产生认知矛盾。

3.种草经济沦为虚假滤镜

小红书平台上种草经济的变现得益于其社区生活方式，能够较大程度得到目标用户的信任。网络KOL（关键意见领袖）在线上分享自己的消费体验，引发其黏性较大的粉丝群体共振，随后带动更多受众进行线下消费活动，这个循环持续流动，达到裂变式营销。此外，小红书平台领域细分，用户群体足够垂直，传播者能快速找到目标用户，并准确投放内容信息，从而获取较高的关注度，精准引流。

数篇种草类旅游笔记的评论区中，大多数线上用户表示"有时间我也想要去感受一下"，或者和自己的朋友分享此篇笔记。这些用户或被照片所吸引，或希望向自己的参照群体靠近，而且他们在浏览游记时无形中被KOL游记中的内容所引导，把游记当作对旅游景点的"测评"，从而跟随他们的旅游活动。然而，一些网络游记已经变相地成为旅游推销的软文。通过对这种示范性的生活方式的建构，本来纯粹的旅游记录渐渐演变成一种"时尚"的审美趋向和一种标新立异的生活方式。乍一观，旅行大片里是碧海蓝天、海滩、礁石、带着些许格调的蓝色小房子，现实一看才发现，沙滩上满是垃圾、矿泉水瓶和塑料袋，丢掉滤镜效果的蓝色房子墙壁也是坑坑洼洼的。

（二）旅游原生价值的异化

1.理性消费价值观面临危机

符号的力量在很大程度上影响了社交媒体环境中生存的用户的消费行为。从外在环境的诱导到自身寻求社会认同感的心理需求，整个消费行为异化成为符号的傀儡。消费者自身，是有能动性的主体，理性的逻辑被符号消费行为一步步建构。消费者开始被动地迎合社会集体审美的文化体系与价值，通过符号消费的自我彰显与炫耀得到心理上的满足。由此可得，相较传统的旅游活动的消费，人们的满足感已经从对客体的感知转移到他人的认可上，这样一来，商品时代的炫耀心理、攀比心理以及跟风从众等不健康的心理慢慢滋生，人们一步步被符号奴役，丧失了主体性，催生了无穷无尽的欲望，造成了资源的无限浪费。

2."沉浸式"下旅游客体被忽视

当下,抖音、快手等Vlog、短视频平台的兴起,吸引了很多用户上网发布内容。直播成为风口后,带货、才艺主播亦纷纷开始"以身试法"。"沉浸式"系列是近期结合了直播和短视频的内容形式,以主播的第一视角进行内容创作,让受众体验到沉浸式的在场感。不少旅游博主如今也开始采用这类形式,全程沉浸式直播,受众也能在线旅游。正是因为新媒体以技术为基础,个人可以随时随地在平台上传播与分享,形成了一种跨越时间空间的动态化传播。例如,小红书平台上部分以旅行Vlog为主题的博主,各种专业画面令人赞叹。有的是即时即兴的创作,有的是提前拟好了脚本,到哪里以什么机位拍摄,说什么内容,加上完美的后期剪辑,游记的旅行从文字走向图像,给受众呈现了更为生动、立体、直观的网络视频。但这样的旅行方式是否真诚,沉浸的是旅游消费者还是网络视频消费者,都值得怀疑。如上述,唯视觉化的旅游活动让消费者自觉或不自觉地陷入对技术或审美成片的纠结中,旅游活动的意义被异化,旅游客体也只是作为博主网络游记作品更新的工具而存在。

二、批判话语下的符号消费动机

(一)消费逻辑:丰盛的物质时代

鲍德里亚在《消费社会》的第一章就提到,"今天,在我们的周围,存在着一种由不断增长的物、服务和物质财富所构成的惊人的消费和丰盛现象。它构成了人类自然环境中的一种根本变化"[1]。2021年是"十四五"开局之年,中国经济结构逐步调整优化,发展质量效益显著提升。国家统计局数据显示,我国2021年全年社会消费品零售总额440823亿元,比上年增长12.5%;两年平均增长3.9%。[2] 与以往相比,人们的消费已经从生活必需品消费变成满足精神需要的物质消费,同时,由于商品社会的进步与发展,丰盛的物质时代已经到来,在商品的堆积之中,还有显而

---

[1] 鲍德里亚.消费社会[M].刘成富,全志钢,译.南京:南京大学出版社,2014:1.
[2] 国家统计局.2021年国民经济持续恢复 发展预期目标较好完成[EB/OL].(2022-01-17)[2022-02-17].http://www.stats.gov.cn/xxgk/sjfb/zxfb2020/202201/t20220117_1826441.html.

易见的过剩和浪费，供不应求的时代已经彻底过去，人们进入的是一个供过于求，消费旺盛的商品时代。

（二）技术推手：开放与交互的场域

如今，随着社交媒体的更新迭代，5G、AI、区块链等新技术持续推动数字经济的发展，人们的生存和生活逐渐从线下转移到线上来。截至2021年6月，我国网民规模达10.11亿，较2020年12月增长2175万，其中10.07亿为手机网民，互联网普及率达71.6%。[①]如果说第一代互联网为非专业机构以及个体进入新闻信息的生产领域打开了大门，那么，新一代互联网便是为他们成为新闻传播中的有生力量提供了一个更高的平台。[②]社交媒体时代，人们的信息更容易获取和发布，小红书作为社交媒体平台，为用户提供了多社区的生活模式，横向的多路径传播和垂直类的专业营销实现了社区平台内不同节点交互联系的复杂模式。网络消费时代，通过红人IP强化年轻人与新内容的接触点之外，为了完成消费者从种草到购买，小红书站内提供了多级传播完整的路径。垂直领域种草经济的消费逻辑激发了消费者更强更大的消费欲望，使不同审美和趣缘的用户得以在开放的场域中接触更多圈层的内容。

（三）社会心理：消费行为的价值认同

符号消费不仅仅是一种表层的物质符号获取，更深层次上是消费者对于社会心理的价值取向的认同。作为社会中的个体，人们迈入社会化的进程中有这样或那样意识层面的需求，例如，消费者为苹果手机、进口商品等超出其他平价款的价格空间买单是追求品质的自我生活价值观念；为打造贵妇感的上海名媛拼单群、民族主义高涨下激情消费鸿星尔克的国货品牌拥护者，是通过符号消费界定自身所处圈层，也是完成对自我身份的认同。

不仅如此，人们的符号化消费可能还会落入趣缘、审美趋同的窠臼。审美是左右消费动机的重要标准，也是一个极具主观性的标准。社交媒体时代，消费者通过接受社交媒体平台建构的审美趋向从而塑造了更接近网络的审美态度，在网络空间，人们对物质符号的消费与追求也是对自身个性标榜的需求。

---

① 中国网民突破10亿大关［J］.新闻世界，2021（12）：45.
② 彭兰.新一代互联网环境下新闻传播的变局［J］.新闻与写作，2007（11）：16-18.

三、旅游消费符号优化的共谋

（一）挖掘旅游价值，建构旅游符号的深层意义

社交媒体时代，平台上的内容传播经历了解码与重新编码的过程，互联网信息的碎片化和群众感知力的速度化使得受众的再解码过程存在一定的局限性，导致旅游符号呈现出失真的表现，即符号传达出的真正信息与旅游地物景观不相符。作为传播者的媒体平台，要挖掘旅游价值，建构旅游符号的深层意义就要引导旅游主体对旅游符号的高效解码，例如，提高旅游符号的情景匹配度。无论主动还是被动，无论正向还是反向，传播受体的旅游认知和旅游行为都受旅游情景匹配度影响。[①]旅游情景匹配度高的符号景点能够加强游客对其的价值认知，如藏族文化旅游景观体验过程中，强化藏族的语言系统、服装、饮食、特色符号等，加深旅游景观与游客设想的契合度，就更容易引导旅游消费形成正面的评价，从而能理解旅游符号更深层次的意义。

（二）重塑平台逻辑，回归消费的主体性

小红书成立于2013年，是国内大型的"种草"内容社区和生活方式平台，不同类别博主为了持续抓取其跟随者的眼球，更新了大量图片、博文和视频。正是由于这些UGC的种草笔记，让小红书在此前陷入了"刷量"、"刷粉"和代写笔记的舆论旋涡中。2021年10月17日，小红书发文为"虚假滤镜"道歉，表示已经启动了一系列运营活动，将帮助大家获得更有用、更全面的信息。在社交媒体平台上，传播符号操控了人们的消费意识，用户消除了自我消费的理性，也为自己的非理性买了单。在重塑了平台的传播逻辑和低效推送的同时，旅游消费者回归主体性，等同于把消费自主权拿回自己手中。首先，网民在互联网平台上的信息甄别能力十分重要，这也反映了消费者社交媒体平台生存的网络素养水平。在真假信息鱼龙混杂的今天，网民要能够清晰地辨别信息质量和其适用性，不能由单一的社交媒体平台塑造，盲目跟风。其次，要以正确的尺度衡量消费行为本身，无论是消费实物还是旅

---

① 隋春花.旅游符号传播效果提升研究［J］.合作经济与科技，2018（8）：98-101.

游景点，消费的商品始终服务于人，把消费异化成符号的结果即是逆转了人和商品之间的关系，因此，消费行为要放在物质的内核上而不是符号意义上，重塑自身的消费逻辑才能摆脱被消费。

结语

本文立足于鲍德里亚消费社会的符号消费理论，探讨了复杂的社交媒体环境下旅游符号消费的异化。在论述中，笔者从消费环境、传播渠道和人的消费心理展开了批判性的研究，认为符号的消费是对旅游客体的本身价值的忽视，也是与消费理性的对抗。如果要重返物质的价值和人的主体性消费视野，必须需要平台加以引导和规范，健全人的心理发展，才能反击符号化的消费对于人性的消解和过度商业化的虚假平台宣传，从而营造健康且正面的线上和线下消费环境。

第三空间理论辨析与空间媒介研究

陈 丽[*]

【摘要】 第三空间理论缘起亨利·列斐伏尔空间生产理论下"空间性、社会性和历史性的三元辩证法",之后由爱德华·W.索亚提出。索亚指出"第三空间"是超越"第一空间"和"第二空间"认识论的空间性隐喻。第三空间理论经由米歇尔·福柯饱含丰富想象力的异形地志学开拓了开放与包容性的视角。后现代主义与现代主义在城市建筑上的争论,使第三空间理论发展成为阐释城市空间的研究方法。列斐伏尔等人的研究使空间作为媒介的特征显露出来,使空间延伸到传播学媒介研究中。第三空间理论对研究现代城市空间具有很好的适用性,而关于理论本身的哲理性讨论却让该理论蒙上了迷思的意味。本文深入分析该理论发展各阶段的内涵,致力于为揭开第三空间的全貌做进一步的努力。

【关键词】 三元辩证法　第三空间理论　空间媒介研究

一、亨利·列斐伏尔:三元辩证法

第三空间概念的直接来源是亨利·列斐伏尔。列斐伏尔力图冲破二元对立逻辑的束缚,他在《空间的生产》中提出"空间性、社会性和历史性的三元辩证法",力图解构线性时间观和历史主义对人类思维和生活方式的统治。索亚说:"尽管没有采用具体的说法,但列斐伏尔也许是发现、描述和洞察第三空间的第一人。他把

---

[*] 陈丽,北京联合大学应用文理学院新闻与传播系2020级硕士研究生;主要研究方向:城市影像创意与制作。

第三空间看作是观察、解释并着手改变包围人类生活的空间性的全新方式。"[1]

列斐伏尔在空间生产理论中提出的"表现的空间"是第三空间理论的直接来源。列斐伏尔的空间生产理论落脚于都市在资本主义工业化进程中的矛盾性，他认为资本主义工业化进程对都市空间不断进行重构，而城市作为日常生活与社会再生产的场所，成为都市矛盾与更为隐蔽的文化问题的结合场所[2]。正是由于他对都市空间的反思，使社会空间生产的内容被提了出来。"列斐伏尔空间思想中最为重要的方面莫过于对资本主义的社会空间的反思和批判，他将这一空间命名为抽象空间（abstract space）。而他对抽象空间的分析和批判则主要是围绕着他所谓的社会空间的三个要素来展开的，它们是空间实践（spatial practice）、空间表象（representation of space）和表现的空间（representational spaces）。"[3] "表现的空间"是社会关系在空间的表现，具有物质和精神的特性。"社会空间，也就是逻辑—认识论的空间（再现性空间，Spaces of representation）……社会空间应该是物质和精神空间总体的解构和尝试性重构，从而产生一个新的开放性选择，这个选择与物质空间和精神空间既是类似的又是不同的。"[4]

列斐伏尔的三元辩证法反对二元论的历史唯物主义和唯心主义，开辟了包容差异和他性、开放和创新的第三空间。他拒绝教条与本质主义，以"蜘蛛网"比喻流动的、复杂的创造性第三空间，指出第三空间具有亦此亦彼的开放性，生成于一种永无完结的过程中。总的来说，列斐伏尔对空间的论述偏重于社会生产的意义。

二、爱德华·W.索亚：第三空间理论

20世纪北美地区后现代主义与现代主义概念在城市建筑上的争论，使得城市分析和阐释的适当尺度被提了出来，这是理解第三空间理论的背景。"后现代主义认为高度的现代主义建筑破坏了传统上的城市结构和先前的邻里文化，因为它

---

[1] SOJA.第三空间：去往洛杉矶和其他真实和想象地方的旅程［M］.陆扬，等译.上海：上海教育出版社，2005：35.
[2] SOJA.第三空间：去往洛杉矶和其他真实和想象地方的旅程［M］.陆扬，等译.上海：上海教育出版社，2005：译丛总序第1页.
[3] 郑震.空间：一个社会学的概念［J］.社会学研究，2010，25（5）：177-178.
[4] 赵海月，赫曦滢.列斐伏尔"空间三元辩证法"的辨识与建构［J］.吉林大学社会科学学报，2012，52（2）：24-25.

的乌托邦高度鹤立鸡群,从根本上脱离了周围的环境。"[1]如颇受争议的"波拿文都拉大酒店"。"索亚本人的第三空间和城市规划研究,被认为是典型的后现代方法。"[2]在爱德华·W.索亚(Edward W. Soja)这里,后现代主义的"后"在这里不是历史叙事,指的是超越的视角,重新认识空间性,注意到空间本身的活跃、异质、辩证特征[3]。

索亚在《第三空间:去往洛杉矶和其他真实和想象地方的旅程》一书中提出第三空间概念,并指出第三空间是一种视野。索亚认为,人类生活的空间维度与实践和政治深刻地关联在一起,人们应该用不同的方式思考空间的意义。以往人类对空间的认识处在二元论的模式当中,也就是非此即彼当中,空间不是真实的就是想象的、不是主观的就是客观的、不是自然的就是社会的。由此出现了第一空间认识论和第二空间认识论,前者关注的是空间形式的物质性,关注日常生活中可以看见、观察和感知的对象,如建筑、村落、城市、国家等,是自然地理学、人文地理学等学科阐释的对象;后者在空间的观念中构想出来,基于精神空间的认识论认为主体性和精神对抗于客体和物质,同时也再现了人对空间性的探索和反思,通过许多现代艺术建筑类型可以看到这一观念的呈现。以公共文化设施为例,我们看到的美术馆、图书馆、展览馆等具象真实的空间是第一空间,而从这些公共文化设施的文化建设作用来看,我们说要建设"书香型社会""智慧城市""宜居城市",这就是认知层面的第二空间。如果说第一空间是索亚的真实的地方,第二空间是想象的地方,那么第三空间就是处在真实和想象之外,一种超越空间认识二元论的可能性,具有超越亦此亦彼的开放性。因此,"第三空间被描述为一种创造性的重新组合和拓展,它的基础是聚焦于'真实'物质世界的'第一空间'视野,和根据空间性的'想象'表征来阐述此一现实的'第二空间'视野"[4]。

作为列斐伏尔的学生,索亚把对第三空间的理解建立在前者空间理论的基础之

---

[1] SOJA.第三空间:去往洛杉矶和其他真实和想象地方的旅程[M].陆扬,等译.上海:上海教育出版社,2005:译序第18页.
[2] SOJA.第三空间:去往洛杉矶和其他真实和想象地方的旅程[M].陆扬,等译.上海:上海教育出版社,2005:译序第13页.
[3] SOJA.第三空间:去往洛杉矶和其他真实和想象地方的旅程[M].陆扬,等译.上海:上海教育出版社,2005:185.
[4] SOJA.第三空间:去往洛杉矶和其他真实和想象地方的旅程[M].陆扬,等译.上海:上海教育出版社,2005:导论第7页.

上,"并将他的社会空间生产的'三元辩证法'理解为是'第三空间'"①。他提倡打破对空间的二元认识论,即对空间的思考要不就是物质空间,要不就是空间及其生活意义表征的观念。因此,总的来说,索亚的第三空间源于对第一空间——第二空间二元论的肯定性解构和启发性重构,是对空间认识二元论建立认识论的产物。②他认为第三空间能把主体与客观、抽象与具体、真实与想象、精神与肉体、意识与无意识等全部囊括,它本身解构与建构的锋芒是无穷的开放性。③

但是如何认识和实践第三空间的空间性呢？一方面,索亚借用福柯处理空间和历史关系的观点来说明空间应当所处的位置,福柯认为要打破历史的专制性,并非只有时间是丰富的、辩证的,历来历史主义的传统,阻碍了对空间思想的想象权利,既要把空间放在历史的叙述当中,也要关注空间想象的平等权利,这样才能平衡历史性、社会性与空间性。另一方面,作者认为空间性的批判不代表空间决定论,也要关注人类生活的社会性。他在研究中反对对街景、心理地理学、日常生活和微观世界的偏爱倾向,同时也批判如因城、极城、外城等第二空间观念表征的霸权话语。④索亚认为,对第三空间的探究,要引导一种具有解放潜能的实践形式,将知识转化为行动,有尊严地改善世界,例如,围绕种族、阶级、性别和其他展现人类不平等和压迫形式的问题,或者是随着全球经济和政治重建和与此相关都市生活带来的问题等。⑤

索亚在研究城市空间中所采取的多种视野,就集中体现了他在第三空间认识论上的观点,让观念更加开放,不要非此即彼。索亚把对洛杉矶与阿姆斯特丹两个城市的考察经验作为参考,认为其中一个是都市中心主义,一个是解中心主义；一个是内城,一个是外城；一个不成功,一个成功,两个城市呈现出了极端的差别。它们展现了国际大都市城市规划上的普遍表现,因此索亚认为既可以通过研究城市日

---

① 赵海月,赫曦滢.列斐伏尔"空间三元辩证法"的辨识与建构[J].吉林大学社会科学学报,2012,52(2):24.
② SOJA.第三空间:去往洛杉矶和其他真实和想象地方的旅程[M].陆扬,等译.上海:上海教育出版社,2005:102.
③ SOJA.第三空间:去往洛杉矶和其他真实和想象地方的旅程[M].陆扬,等译.上海:上海教育出版社,2005:译序第13页.
④ SOJA.第三空间:去往洛杉矶和其他真实和想象地方的旅程[M].陆扬,等译.上海:上海教育出版社,2005:26-27.
⑤ SOJA.第三空间:去往洛杉矶和其他真实和想象地方的旅程[M].陆扬,等译.上海:上海教育出版社,2005:28.

常的微观环境也可以通过城市的宏观环境,去考察更多其他类似城市空间展现的社会意义。

在索亚的著作中,索亚从蓓尔·瑚克斯、霍米·巴巴、福柯等学者的空间研究中获取了认识第三空间的灵感,并通过论述他们的空间研究形成自己阐述第三空间理论的体系。

索亚以非裔文化批评家蓓尔·瑚克斯的研究为例,他认为对第三空间的理解可以借用瑚克斯对空间认识的开创性和斗争性的视角。瑚克斯从黑人的边缘身份和处境出发,把对第三空间的思考与想象融入《家园地方:抵制的场所》一书中,她关注到了空间的政治性,把表征的空间重构为养育抵抗的场所,这是一种对生活空间的激进意识,真实和想象、物质与隐喻交汇以抵抗一切压迫形式。[1]在《渴望》一书中,《选择边缘性作为彻底开放的空间》一文总结了她黑人身份上一直以来对第三空间的看法,他们群体在开创一个创造性的空间,空间反过来支持人的主体性,给了他们表达对世界感受的位置。[2]

学者霍米·巴巴的第三空间研究根植于后殖民性的经验当中,他认为对第三空间的阐释要关注异质性。他的后殖民理论把立场放在差异文化建构的生产性空间中,放在他者性的精神之中。"对于巴巴来说,文化差异不可能唯独在自由民主的普遍框架里,或者,马克思主义—历史主义的普遍框架里……是在触动引发认同一种异质阐释的'第三空间'。"[3]

索亚还关注到了空间社会生产中,女权主义批判为认识空间带来的开放性视野,这种视野揭示了资本主义城市空间中的性别压迫问题,妇女的抵抗重塑了部分城市空间。比蒂·梅森是通过努力摆脱奴隶角色成为洛杉矶第一个拥有殷实资产的非裔妇女,她在洛杉矶南北大街修建了住房,人们由于尊敬、崇拜她,在她的住处周围修建黑人宗教机构和黑人的就业培训中心,并办展览会纪念她。最后,围绕比蒂·梅森的住所以及这些机构所在的空间形成了一种地方性,这种地方性使她成为一个城市记忆的纪念碑。这种虚拟与实体的展现,深切表达了人们对于这位伟大非

---

[1] SOJA.第三空间:去往洛杉矶和其他真实和想象地方的旅程[M].陆扬,等译.上海:上海教育出版社,2005:15.

[2] SOJA.第三空间:去往洛杉矶和其他真实和想象地方的旅程[M].陆扬,等译.上海:上海教育出版社,2005:134.

[3] SOJA.第三空间:去往洛杉矶和其他真实和想象地方的旅程[M].陆扬,等译.上海:上海教育出版社,2005:181.

裔妇女的尊敬，也让人们思考如何去保留城市的历史性与空间性。[①]

那么怎么去理解和分析第三空间？第三空间是社会学概念，是一个与社会发展息息相关的术语。索亚认为应该围绕着空间的知识、力量以及对于可以感觉、可以想象而又真实存在的城市地点和空间进行辩证诠释。[②]他说："我在最广泛的意义上使用'第三空间'概念。……'第三空间'是一个有意识的灵活的尝试性术语，力求抓住观念、事件、外观和意义的事实上不断在变化位移的社会背景。"[③]列斐伏尔和索亚对第三空间的探索，共性都在于说明了空间的社会性，空间能动态地表现社会问题和社会关系，进而表达了两位作者从空间性出发改善社会环境的期望。

三、米歇尔·福柯：异形地志学

第三空间概念的理论资源主要来自米歇尔·福柯。福柯的异形地志学认为空间是地点之间的关系形式，地点更具体地表现为人的地点或者生活空间，与索亚的空间所指含义相似。空间之所以是异形的，是因为空间交织了权力、知识、性欲，因此空间的历史，始终是知识—权力—性欲交织的历史，是"生命权力的历史"。而"生命权力的空间"是充满了差异的、断裂的空间，是一个异质性的世界，一个表示文化危机的"反面乌托邦"，索亚认为要开放社会学和历史想象，从福柯的"反面乌托邦"中更深切地估价人类生活的空间多元性。

福柯对列斐伏尔的透明幻想与不透明幻想进行了肯定性批判，进一步把空间拓展到了"奇妙的地点"，例如不真实的"乌托邦"，以及之后发展起来的较为真实的"异托邦"。"异托邦"是一个真实地从社会中建构起来的地点，包含所有地方和其他空间。福柯用镜子举例，镜子内的空间是虚拟的，始终是乌托邦的存在，透过虚空的镜子，"我在那里，那里我不在"；物质现实在于，镜子真实存在，透过镜子自己的凝视，人将目光转向真实的自己，从镜子外现实所在的地方重构自己。

---

① SOJA.第三空间：去往洛杉矶和其他真实和想象地方的旅程[M].陆扬，等译.上海：上海教育出版社，2005：244.
② SOJA.第三空间：去往洛杉矶和其他真实和想象地方的旅程[M].陆扬，等译.上海：上海教育出版社，2005：296.
③ SOJA.第三空间：去往洛杉矶和其他真实和想象地方的旅程[M].陆扬，等译.上海：上海教育出版社，2005：2.

索亚指出福柯在《关于其他空间》中描绘的异形地志学类似于第三空间,异形地志学以其离经叛道的特点使第三空间脱离束缚,呈现更开放的姿态。福柯的"异托邦"的特征具有丰富的内容。第一,它是遍在的、形态各异的。第二,它具有文化的"共时性"特点,会随着时间的变化而改变自己的功能和意义,例如,西方的"墓地"从城市中心被迁往郊区,其含义也从关注灵魂不朽的神圣性转变为代表疾病、安息之所等的内容。第三,它在一个真实的地方联系不同的空间和不相容的地点,比如,电影院里的银幕、东方园林、展览会、巴黎式样的拱廊、迪士尼世界等。第四,"异托邦"与"异时间"有特别的联系,它们与传统的时间性分道扬镳,它们记录时间与空间的交汇,或者在"异托邦"里不断积累时间,同时却又处于时间之外,比如图书馆和博物馆等;还有不稳定的时间性空间,比如集市、节庆地点等,它们既是对时间和文化的废除又是保护它们、既是短暂的也是永恒的。第五,"异托邦"是有开合系统的公共空间,彼此相互孤立又相互渗透,比如宗教净化仪式等维护边界的形式,它们表现出领地的特点,对行为和界限作了同时具有保护性和选择可能性的说明,这也被福柯称为"权力运作"和"规训技术"。第六,福柯认为"异托邦"对外在空间有更全面的功能。海船是一个范例,是拥有最自由想象力的无地之地,从此到彼无所不历。

索亚用自己的经历阐述了异形地志学中独特的空间思维。1989年,索亚在加利福尼亚大学洛杉矶分校组织关于巴黎和洛杉矶从1789年到1989年的地理变迁史的展览会,他把洛杉矶两百年来有象征意义的城市景观在营造的时空里展现出来,进而为探索第三空间问题创造了条件。以展览中关于巴黎发展和革命的公众演讲部分内容为例:第一,多拉·韦纳的"神圣和世俗的空间:1789年到1820年期间宗教大楼向医学大楼的转变";第二,让·鲍德里亚的"革命和乌托邦的终结";第三,约瑟夫·W.康维茨的"空间的转变和权力的集中:革命前后的巴黎"等。[1]由此可见,真实的社会空间既有显在的权威文化,也有隐匿的文化,物质的内容综合了态度、习惯等非物质的内容。

福柯的异形地志学缺乏逻辑,表达含混,但正是他打开了第三空间开放与包容的大门。

---

[1] SOJA.第三空间:去往洛杉矶和其他真实和想象地方的旅程[M].陆扬,等译.上海:上海教育出版社,2005:240.

四、第三空间理论下的空间媒介研究

目前，第三空间理论相关研究进入了社会学、地理学、经济学等学科研究的视野，在多学科视角下该理论运用得较为广泛成熟，尤其在传播学中，第三空间理论开阔了传播媒介研究的视野，是当前较为热点的研究方向。通过整理文献发现，学者们逐渐看重空间作为媒介的功能，传统功能性的传播媒介不再垄断对传播活动的解释。本文以第三空间理论为基础，选择空间作为媒介的观点，从辩证诠释的角度理解城市空间，将既往相关研究分为以下几个维度。

（一）对空间的媒介意义展开的本体论研究

从空间本身出发，解释和强调空间具有传播媒介的内涵，仍然是当前空间媒介研究的主要内容。空间传递社会信息，"人类社会活动赋予了实在空间以社会内涵，实在空间也因此被纳入社会信息的自我表达体系之中，成为社会的皮肤"[①]。对空间的媒介意义进行解释说明时，学者们通常结合案例，对现代社会生活背景下多种公共文化空间类型去做丰富的阐释。学者王晴以图书馆为研究对象，把开放式的图书馆作为媒介，认为它传递了信息流、情感、思想，以媒介功能的发挥塑造公共信息交流中转站的文化想象。[②]学者En-Ying Lin以咖啡馆举例，探究作为媒介的咖啡馆传递的消费文化理念与当代生活方式呈现出正相关性。[③]现有研究突出空间的媒介意义，使各种类型的公共文化空间变成意义传播者，如果深入利用信息传播的作用并借此开展各类传播活动，对塑造公共文化空间形象、城市文化身份以及城市名片有作用。

（二）对空间的媒介互动展开的研究

第一，脱离实体空间本身，研究空间与外在媒介的互动关系是当前空间媒介研

---

① 李彬，关琮严.空间媒介化与媒介空间化：论媒介进化及其研究的空间转向[J].国际新闻界，2012，34(5)：41.

② 王晴.论图书馆作为公共文化空间的价值特征及优化策略[J].图书馆建设，2013(2)：78.

③ LIN E Y. Starbucks as the third place: glimpses into Taiwan's consumer culture and lifestyles[J]. Journal of international consumer marketing, 2012, 24(1/2): 119-128.

究的另一个重点。一方面，外在媒介具有主动性，它不断扩大能表达的空间范围。学者高婷婷以城市独立书店为研究对象，认为在媒体推广的表达作用下，书店是传播阅读文化的媒介场域，是形成新的交往互动和社会关系的场所。① 另一方面，城市空间和社会生活空间的变化、组合与拓展，也需要不断更新的媒介技术去描述。学者 Jaeho Kang（康在镐）和 Jilly Traganou（伊利·特拉加诺）认为奥运盛事及北京国家体育馆的形象展现依赖社交媒体的进步性得到充分表达，进而使国家体育馆在社交媒体的探讨中被开辟成了新的公共领域。② 学者 Christian Heath（克里斯蒂安·赫斯）和 Paul Luff（保罗·勒夫）认为现实环境中人际沟通和社交存在交流不对称现象，视听技术会较好解决此类问题。③

第二，空间与外在媒介互动的另一个方面是借助媒介生成虚拟空间。媒介不再仅限于前文所表达的不断适应新型的城市空间和社会空间，而是在空间本身之上形成一种虚拟化的空间。一方面，媒介引导人们认识更广阔的空间形象和内涵，这种形象是虚实相生的。另一方面，在当前发达的网络环境中，新媒介基于实体空间，塑造让人们产生新感知和展开活动的虚拟空间，从而为更多人服务，形成更广阔的空间意义。学者霍嘉炜以喜马拉雅"万物生"线下体验店为研究对象，指出"万物生"借助新媒体搭建虚拟空间，为形成人的空间认同，丰富人的日常生活实践具有重要意义。④

总的来说，第三空间理论视角的研究逐步扩展到社会生活空间的方方面面，使研究更具探索性、实践性和应用性，凸显空间的媒介属性。学界运用第三空间视角，开始关注书店、图书馆等公共文化空间的研究，对于理论的运用较为成熟，采用的方法多是定性研究，如深入访谈法、个案研究法等，现有研究展现了第三空间理论在具体空间上的较强适用性。

---

① 高婷婷.空间转向视角下城市独立书店的阅读文化传播[D].恩施：湖北民族大学，2020.
② KANG J, TRAGANOU J. The Beijing national stadium as media-space[J]. Design and culture, 2011, 3(2): 145-163.
③ HEATH C, LUFF P. Media space and communicative asymmetries: preliminary observations of video-mediated interaction[J]. Human-computer interaction, 1992, 7(3): 315-346.
④ 霍嘉炜.空间媒介视角下喜马拉雅万物声体验店的传播实践意义考察[D].西安：西北大学，2020.

结语

　　通过上文的论述，可得知第三空间概念具有以下几个方面的含义。首先，第三空间激励人们用不同的方式来思考空间意义。其次，第三空间根植于后殖民性的经验当中，是后殖民主义对文化帝国意识形态的反抗，是女性主义对父权中心主义的挑战。最后，第三空间代表了当代思想对传统空间的观念以及对空间思考方式的质疑。第三空间理论因而带有以下特征。第一，索亚指出第三空间要超越空间二元认识论，因此，第三空间具有打破二元对立和包容性的特征。第二，列斐伏尔力图解构线性时间观和历史主义对人类思维和生活方式的统治，因此第三空间具有开放性和创造性的特征。第三，福柯的"异形地志学"是"生命权力的空间"，这个空间同时是由异质性构成的反面乌托邦，因此第三空间交织着生命权力的空间的异质性、多元性，具有异质性、多元性、辩证和虚实渗透的特征。在传播学的研究中，第三空间的媒介视角，具有反映社会变化的功能，具有现实性。

视听文化传播与创新

新媒体语境下中国当代集锦片研究

张逸琳*

【摘要】 近几年，集锦片这一电影类型在我国电影市场上取得了亮眼的票房表现，在大众面前刷足了存在感。然而，新媒体语境下的中国当代集锦片仍然存在着内容挖掘不深、主题相对单一、风格配合不足等问题。本文以集锦片为研究对象，探讨了集锦片具有特殊美学特征及光影魅力的原因，分析了其不同于其他电影类型的独特特征，总结了集锦片在当代的文化价值和类型意义，为集锦片的持续健康发展提供了理论支持，为其创作提供了有价值的参考。

【关键词】 集锦片　历史传承　新媒体语境　《我和我的祖国》

随着集锦片的不断创新与快速发展，在新媒体语境下，探究集锦片的发展原因和特征是非常必要的，不仅对集锦片自身的持续健康发展具有重大意义，更能为其他类型影片的创作提供有价值的参考。

一、集锦片的概念及发展

在中国知网上搜索"集锦片""集锦电影"，仅得到54篇文献，说明目前国内学者对这一电影类型的研究较少，这与集锦片在我国电影市场上一直未占据主流地位有关。宋东亚的《台湾集锦式电影研究》将集锦片与分段式电影进行了简单对

---

* 张逸琳，北京联合大学应用文理学院新闻与传播系2021级硕士研究生；主要研究方向：影视文化。

比，认为不同的创作团队、多重角色和电影主题是区分两者的主要标志。[①]车雪莹的《从集锦电影〈11分9秒01〉看全球艺术家对"九一一事件"的反思》强调集锦片虽各个部分风格迥异，但又统一于同一个主题。[②]汤嘉卉的《浅谈民国电影中的集锦片创作》从集锦片的发展历程中归纳出其三个特点：一是打破传统的局限，具有强烈的革新精神；二是个人风格化的创作；三是多元化的表现形式。[③]燕俊的《结构的意义：电影板块式叙事结构研究》则给集锦电影下了比较明确的定义，强调集锦片由不同团队制作，指出集锦片中各个短片的主题可无逻辑关系。[④]综合以上学者对集锦片的介绍，我们可以得到集锦片定义的共通性：由不同创作团队创制而成，包含风格迥异的多个短片，播放时长跟电影一样，一般具有统一主题。

早在民国时期，我国就出现了集锦片这种电影艺术形式，如《女儿经》《联华交响曲》等。民国时期的集锦片多由大型电影公司基于商业目的出品，主题与社会议题息息相关。21世纪以来，我国集锦片内容题材越来越丰富，2005年上映的《恋爱地图》讲述了发生在东京、台北、上海的三段爱情故事，类似讲述爱情的还有《命运呼叫转移》《恋爱中的城市》《奔爱》等。而《我和我的祖国》《我和我的家乡》则是用片段式风格表达主旋律，通过几个小人物的故事来烘托主题，无疑是电影史上一次大胆尝试和创新。除了题材的创新，两部集锦片在我国电影市场上的亮眼表现也证明集锦片这一类型已逐渐成熟，可以在电影市场上独当一面。

二、集锦片的结构

集锦片在电影结构上主要有以下两个特点：同时异地、时空异化。这两个结构类型是集锦片区别于其他类型影片的重要特征，也是集锦片具有特殊美学特征及光影魅力的重要原因。

---

① 宋东亚.台湾集锦式电影研究［D］.南京：南京师范大学，2016：1.
② 车雪莹.从集锦电影《11分9秒01》看全球艺术家对"九一一事件"的反思［J］.首都师范大学学报（社会科学版），2010（S1）：287-293.
③ 汤嘉卉.浅谈民国电影中的集锦片创作［J］.宿州教育学院学报，2013，16（1）：162-165.
④ 燕俊.结构的意义：电影板块式叙事结构研究［J］.电影评介，2009（24）：81-84.

（一）向心：同时异地

集锦片相比于其他电影的一个重要特点就是主题统一，一般会选取同一时间来进行叙事，但是具体的叙事地点可能存在一定差异。比如集锦电影《恋爱地图》便讲述了同一时间段全世界三个地方的恋爱故事。在这部电影中，时间被淡化，三个故事的发生地分别为东京、台北、上海，这三个地方发生的爱情故事虽然没有联系，但是却十分紧密地围绕着爱情这同一个主题。又如《我和我的家乡》中的五个故事分别发生在中国大陆上东西南北中五个地方，但这些故事都有一个共同的时间背景：中国脱贫攻坚取得阶段性成就的今天。再如《命运呼叫转移》，这部电影分别讲述了四段发生在当代社会的爱情故事，表现了命运的阴差阳错。这种同时异地的表达方式可以让集锦电影的剧情内容更加统一。

（二）拼贴：时空异化

集锦电影在创作过程中一定程度上受到超现实主义①的影响，其最大特色在于对拼贴手法的使用，使集锦电影呈现出时空异化的结构特征。

《我和我的祖国》以中国崛起为主题，七名导演选取了七个中国现代历史上的重要时间点，记录了中华大地上发生的激动人心的大事。《前夜》片段记录了新中国成立前夕，人们为成功举办开国大典进行的努力；《夺冠》片段记录了上海弄堂里庆祝女排夺冠的热闹场面；《回归》则记录了香港回归的重大历史时刻。

《我和我的父辈》以几代父辈的奋斗经历为主线，讲述了在革命、建设、改革开放和新时代不同时期中国人的努力拼搏。《乘风》片段刻画了一幅抗日战争中冀中人民顽强抗敌的军民群像；《诗》片段讲述了1969年，为了研制长征一号火箭、发射首颗人造卫星，居住在内蒙古的航天人一家为我国航天事业做出的贡献；《鸭先知》片段讲述了在改革开放浪潮中的上海弄堂，赵平洋成了第一个"先下水的人"，拍摄了中国第一支电视广告的故事；《少年行》片段则放眼于2050年的未来，机器人邢一浩用特殊的方式激励了少年小小，鼓励他追求科学梦想的故事。

这种时空异化的拍摄手法相比于传统的拍摄手法来说更容易围绕同一个主题来

---

① 超现实主义脱胎于达达主义，在绘画领域常表现为将不同时空并置在同一幅画里，给人一种迷茫和不确定感。

拍摄更多的故事，使不同风格的短片杂糅在一起，让电影更加富有韵味，对于导演来说，叙事也变得更加得心应手。

三、当代集锦片的特征

集锦电影与其他类型电影有着极大的差异，其在具体的表现形式和呈现的样貌上均具有典型特征。

（一）内容丰富但挖掘不深

集锦电影区别于其他电影类型的一个显著特点是，其由不同的创作团队共同完成。不同的制作团队有不同的审美取向和表达偏向，因此集锦电影可以轻松地拥有丰富的故事构成和情感表达。

《恋爱地图》由下山天、易智言、张一白三位导演拍摄，他们分别讲述了在东京、台北、上海三座城市里发生的爱情故事。《东京篇》讲述了一心成为漫画家的台北少年小姚和刚经历失恋痛不欲生的日本女孩美智子之间不期而遇的邂逅；《台北篇》讲述了台北女孩阿思在好友日本男孩阿铁的陪伴下告别失恋，获得短暂温暖的故事；《上海篇》讲述了上海女孩蕴蕴爱上房客日本男孩修平，两人却最终错过的故事。三个完全不同的故事很好地满足了观众的观影需求。

《我和我的家乡》则以脱贫攻坚为主题，五名导演共同谱写了我国在脱贫攻坚战役中取得的成就。五部短片《北京好人》《天上掉下个UFO》《最后一课》《回乡之路》《神笔马亮》分别讲述了发生在北京、贵州、望溪、陕西、东北五个地区的故事，抒发了中国人民的家国情怀。

正因集锦电影常通过多个故事表现主题，其在推动与堆叠情感方面较之传统电影更具有力量感和冲击力。如《我和我的祖国》《我和我的家乡》通过多片段展现了我国的时代巨变，每个片段的高潮都能引发观众强烈的民族自豪感和认同感。

又如《命运呼叫转移》，围绕着命运不可预知、难以改变这一共同主题，每部短片分别刻画了主人公的命运、爱情、生命遭遇困难挑战的时刻，展现了命运的多舛与难测，以及爱需要倾诉和信赖，善良才是拯救命运的唯一良药。

由于电影时长的限制，一部电影中包含的片段越多，导演越难在每个片段的时长内制造足够多的戏剧冲突来塑造人物、挖掘内容。如《我和我的祖国》中的《护航》片段，片段对飞行员吕潇然跟她的男朋友分手时的犹豫、放弃飞行机会前的挣扎仅用了极少量的镜头带过，在片段中只突出了她的专业能力，使这一人物的性格不够丰满。《我和我的家乡》也存在着这一问题，虽然影片中设计了诸如得了阿尔茨海默病也忘不了孩子的老范、憨厚倔强的表舅等多个鲜明人物，但其他重要角色如小秦、唐老师等却较为扁平化，人物缺乏应有的复杂性。

（二）主题鲜明但相对单一

一部集锦电影的不同片段虽然讲述的故事不同，片段主人公所处的地点都可能不甚相同，但都是各个创作团队从主题出发，选取拍摄的最为典型的素材。以集锦电影《奔爱》为例，这部影片共分为五段，每段故事发生在不同的国家，如第一段故事发生在日本小樽，刚分手的苏乐琪在寿司师傅冯裕健的帮助下走出了情伤；第二段故事发生在土耳其伊斯坦布尔，小女孩彤彤的走失让她原本矛盾重重的父母认识到了彼此的珍贵；第三段故事发生在美国66号公路，假夫妻陆杰和关月在"逃亡"途中产生了真感情；第四段故事发生在挪威，女孩莉莉来到小镇尤坎治疗情伤；最后一段故事发生在塞班岛，蓝波生前的妻子和情人因为一颗心从敌人变成了朋友。虽然五个故事中主人公所处地方完全不同，但故事均围绕着爱情这一主题展开，将爱情主题表现得淋漓尽致。

比起其他类型电影以题材或技巧的独特性分门别类，集锦电影是在结构上与其他电影进行区分，以本就存在的题材为主题进行创作。目前我国集锦电影多聚焦于爱情，风格也多为小清新的"伤痛影像"，以《恋爱地图》《奔爱》等为例，故事多开始于女子受到情伤，再前往风景优美的度假胜地邂逅新人。长此以往，观众们对集锦电影的题材和风格均见怪不怪，尽管集结的明星名导越来越多，还是无法得到观众的认可，收获观众的喜爱。直至"我和我的"系列的出现，才使得集锦片摆脱了伤痛爱情的烂俗题材，找到新的发展方向。

（三）风格各异但配合不足

普通长片只能让观众了解一位导演的风格，而集锦片可以将几位甚至几十位导演集结在一起，让观众直观感受不同导演对同一主题的不同表达。在电影《恋爱中的城市》里，主创们充分发挥个人风格，五部短片呈现出完全不同的特色。

浪漫的午夜巴黎、神秘优雅的布拉格、现代化的美丽都市上海、唯美的北海道小樽、艳阳下的佛罗伦萨，观众们随着人物在不同风情的城市中穿梭，感受着爱情的美好。

这些韵味不同、拍摄风格差异较大的片段出现在一部电影中，并不总是相得益彰、互相配合。《我和我的家乡》以《北京好人》开篇，葛优的表演为其注入浓烈的京味喜剧感；《天上掉下个UFO》借用唐探IP，延续喜剧风格。然而续接两部喜剧短片的是温情片段《最后一课》，观众在观影时不免感到情绪转折略为生硬。《让世界充满爱》的歌声一结束，影片又回到喜剧风格，以由邓超主演的《回乡之路》和开心麻花团队创作的《神笔马亮》收尾。从整部电影的整体结构来看，几部短片之间的情感转变略显突兀，把温情片段《最后一课》插入四部喜剧短片中，显然没有仔细考量观众的观影感受。

四、新媒体语境下集锦片的价值与启示

集锦片的出现有多方面的原因，它所呈现出来的面貌也有其自身的特点。虽然它们在电影总量中所占据的比例不高，但是它们的存在价值不容忽视。随着中国电影市场容量和票房收入的快速增长，集锦片对我国电影生产和艺术表达有着重要的参考价值。

（一）集锦片的文化价值

集锦电影可以集合尽可能多的导演对公共事件抒发看法，为公共议题表达态度。过去，电影人曾拍摄过纪念电影诞生100周年的《卢米埃尔与四十大导》，鼓励香港民众乐观面对非典的《1∶99电影行动》等集锦片。在当代，集锦电影也承担着团结电影人，反映社会议题的功能。

2014年，制片人孙阿美从电影《天堂电影院》中找到了灵感，她想专门为贫困孩子们制作一部电影。于是，她集结了电影导演杜波、易小星、李睿珺、王大庆等拍摄了一部由九个故事组成的公益电影，讲述了九名弱势群体儿童追梦的故事。

新中国成立70周年之际，献礼片和献礼剧发挥了反映人民群众社会生活、展现中华民族伟大复兴成就的重要作用。其中，集锦电影成为献礼片的突出代表，在口

碑和票房上都取得了亮眼成绩。《我和我的祖国》集结了中华儿女的爱国热情，《我和我的家乡》反映了我国脱贫攻坚战的伟大成就，《我和我的父辈》表现了中国人民祖祖辈辈为了来之不易的幸福生活进行的世世代代的伟大奋斗。

（二）集锦片的类型意义

电影的类型不仅有故事片，还有纪录片、动画片等。所有电影类型繁荣发展，才是良好的电影生态圈。目前，商业电影充斥我国的电影市场，艺术片和纪录片等作为小众的电影类型，受众比较有限。由于投资少、制作周期短等优势，比起商业电影，新人导演更多考虑拍摄艺术片或者纪录片作为处女作。集结众多新人导演拍摄集锦片，更能扩大影片影响、增加投资信心。因此，鼓励集锦电影创作，可以帮助提升艺术片、纪录片等的数量。

近年来，虽然集锦电影产量如雨后春笋般增长，但是给我们留下深刻印象的并不多，借助集锦片跻身著名导演之列的新人导演更是少之又少。此外，虽然我国有很多电影节和电影竞赛，但这些电影节大多由商业机构举办承办，与电影产业的结合并不紧密，由此进入电影界的人才很少。从形式上来看，集锦电影具有发掘和培养优秀电影新人的自身优势。鼓励新人导演联合拍摄集锦电影、对优秀集锦电影进行奖项评选、资金补贴，是挖掘有才华的新人进入电影业的一剂良方。

结语

在新冠肺炎疫情的冲击下，我国影视行业的整体状态堪忧，疫情对电影产业的负面影响比我们想象的更为严重，我国影业的低迷状态也比预想中持续的时间更久。在后疫情时代，《我和我的祖国》《我和我的家乡》等集锦片也许能为我国电影市场转型提供创作参考。

集锦电影作为电影艺术中的新兴类型，已经逐渐成形，它极有可能借助时代节点成为今后影视类型建立的重要表现形式。多团队创作的模式决定了其具有投资少、制作周期短等优势，多故事构成的内容特征使其更能满足更多观众的口味，多片段构成的形式也更适合在移动端等非院线平台播放。集锦电影本身具有的天然优势在其所处的特殊历史时期，或许可以成为中国电影的下一个增长点，能够有效推动中国电影产业的良性发展。

虽然影视行业的整体健康状态堪忧，但诞生百余年的电影艺术不会因此停滞。就电影艺术发展的内在规律而言，当它发展到现下这个特定阶段时，需要一些崭新的形式与内容为其注入新鲜血液，而在此之前取得良好表现的集锦片已经具有类型突围的能力，能够参与并推进中国电影产业的不断革新与繁荣。

空间理论视角下的《寄生虫》电影解读

朱梦瑶*

【摘要】《寄生虫》这部韩国影片接连斩获多个大奖，引起了不小的议论。在"空间转向"热潮之后，列斐伏尔空间的概念逐渐引起学者们的关注。空间理论视角既往常常用于分析文学作品，本文将引用空间理论，从地理空间、人物刻画、思想层面和气味空间四个角度对《寄生虫》这部影片进行深入的分析。

【关键词】《寄生虫》 空间理论 符号 空间转向

兴起于20世纪中后期的"空间转向"改变了文学研究领域以时间为主要切入点的传统理论思维方式，空间理论逐渐进入人们的视野并得到学者的重视。在这场"空间转向"的热潮中，亨利·列斐伏尔的《空间的生产》一书推动了空间理论的进一步完善，使之更加系统化。列斐伏尔认为空间包含三个方面：物理空间、精神空间和社会空间。既往基于马克思的二元对立论，人们多是在与物质和意识两个维度相对应的物理空间和精神空间两个维度进行深入的探究，但是随着空间理论的成熟，人们逐渐意识到空间在一个层面上是一个物理层面的场景，但在另一个层面上来看，这些公共空间因为有人的存在，这个空间又被赋予了一定的社会意义与价值，即社会空间。空间理论常常用于文学作品的叙事分析，而"电影的结构原则是空间，电影采取假定的实现，通过空间的安排形成它的叙述"[①]。本文将把空间理论

---

* 朱梦瑶，北京联合大学应用文理学院新闻与传播系2020级硕士研究生；主要研究方向：城市形象策划与塑造。

① 布鲁斯东.从小说到电影[M].高骏千，译.北京：中国电影出版社，1981.

运用于分析影视剧的取景和深层含义。

电影《寄生虫》是由奉俊昊导演的一部以韩国的穷人和富人生活对比题材的剧情片。该片获得第72届戛纳电影节金棕榈奖最佳影片、第92届奥斯卡金像奖最佳影片、第92届奥斯卡金像奖最佳国际影片等多个奖项。电影巧妙地运用地上的豪华别墅、潮湿脏乱的半地下室和不见天日的地下室三个空间，鲜明地交代三个家庭的情况，并以这三个主要场景为背景呈现了朴社长一家、基泽一家和保姆一家三个不同背景家庭的故事交织。以下将从地理空间、社会空间、身体空间和灵魂空间四个维度对《寄生虫》影片进行分析。为了通过朴社长一家与基泽一家的差异来影射韩国社会贫富两极分化的现实问题，除了影片的情节，影片的场景、光影、服饰和道具等多模态符号都在侧面辅助着人物塑造与剧情发展。

一、地理空间：鲜明的阶级差距

地理空间即影片中的三个主要情节发展背景，以及衔接半地下室和别墅之间的辅助室外场景。三个家庭在以别墅为主、地下室为辅的场景中展开了一系列的交织，这为地理空间赋予了新的符号意义。

在电影的开始，一个固定机位的变焦镜头以窗户为框架，窗外的人和车辆为内容，开篇就向观众传达交代了基泽一家住所位于地下室的信息。一个下摇镜头暗示了基泽一家作为底层家庭的地位之低。与基泽家窗外常常有醉汉小便不同，朴社长家落地窗外却是一片祥和的绿地和大树。除了通过两个家庭窗外景色的对比，还通过基泽一家从朴社长家慌乱逃回家中路上的一组镜头来体现两家地位之差。影片用了长达3分钟的镜头来展示基泽一家顺着湍急的积水一路下坡和下台阶的场面。由此也体现了基泽一家与朴社长一家不仅仅是半地下室和地上别墅的沟壑，还隐喻了低洼平民区和高山富人别墅区之间不可逾越的差距。当暴雨来临时，朴社长一家虽然因暴雨毁掉了露营的原计划，但并未因大雨而受到多大的影响，还能安然回到家里，坐在沙发上安安静静地喝一杯酒，看着窗外的瓢泼大雨。而基泽一家一路仓皇而逃，回到家中面对的却是家里的水已然漫到胸部，马桶在不断喷射着污秽液体的无奈。朴社长一家因暴雨过后的晴朗天气感到开心，而基泽一家人在暴雨后没有了家，只能住到临时搭建的难民营。朴社长一家在紧锣密鼓地筹备着儿子的生日会，女主人在华丽整齐的衣橱里挑选着衣服，而基泽一家人这边却在难民营争抢着一些捐赠的衣物。

  对于住在地下室的前保姆一家，是相对基泽一家来说更加底层的家庭。保姆的丈夫因负债不得不躲在地下室里终年不见天日，被赶走的前保姆回到别墅哀求忠淑开门的落魄，这些都体现了这个家庭的困窘与艰难。地下室这一空间原本是南宫贤子为了日后预防朝鲜进攻和债主追债而设计的，却羞于启齿未告知朴社长一家。地下室中家具应有尽有，这一私密场所不仅烘托了富人身份的尊贵也为更底层的前保姆一家的身份背景进行了衬托。

  三个场景中的光影也有所不同，营造出的氛围有着极大的差异。朴社长家别墅阳光明媚，每个角落都被照得十分敞亮，青草绿树，整体颜色很丰富，饱和度极高，一片安静祥和。基泽家半地下室灯光昏暗，色彩单一，一股市井气息。地下室微弱的灯光，不见天日，有种阴森恐怖的感觉。光影在三个空间的打造中占据了很大的比重，如若用相同的光影来体现三个场景，效果会大打折扣。

二、人物刻画：阶级的难以跨越性

  剧情成就空间，空间陪衬剧情。人物是构成影片的重要元素，人物推动剧情的进一步发展，人物是产生矛盾的源头，也是解开矛盾的关键。基泽有一句台词说道：一个警卫职缺都有500个大学毕业生应征的时代，我们却全家都找到了工作。这句台词不仅交代了时代背景，使得基泽一家与前保姆一家为岗位的争斗顺理成章。

  在影片中有一条暗藏的主线，基泽一家想跻身于上层社会。影片中很多细节和情节都在为塑造影片中的每个人物服务。在展示基泽家居住环境时，一个镜头展示了基泽家妈妈曾获得过女子链球项目银牌。影片中的每个镜头，即便是只有1秒钟，都有着其存在的意义。用一个简短的镜头来展示这个奖项，无疑是打造忠淑形象的一部分，目的是体现忠淑既有成就与现有处境的反差。影片对基泽一家其他人物的塑造也在刻意营造着这种冲突。寄居于朴社长一家的计划从基宇经朋友介绍去为朴社长女儿补习英语开始展开，这里是整个影片故事的开端。基泽读过书，有着一定的知识水平，但是即便是这样，披萨店小时工的工作也无法得到。基婷帮哥哥伪造首尔大学的证书，一方面是推动剧情发展，另一方面也是对基婷人物的刻画。基婷来到朴社长家，三言两语就将朴太太说服了。这些都体现了基婷十分聪慧，掌握着作图的技术，又有着一定的艺术造诣。基泽被基婷推荐给朴社长做司机，但是朴社长圆滑心细，在乘车时故意端着一杯咖啡考验基泽开车是不是够稳，基泽顺利地完成考验，不仅在转弯时没让咖啡洒出来，而且对市区的道路十分清楚。但是基泽一家人在影片的开始却一家四口都没有稳定的工作，只能接披萨店低佣金折纸盒的兼职工作，所以基泽一家一直在奋力地、不顾道德地运用一切手段争夺朴社长家提供的几个工作岗位。

这种人物本身形象与环境的冲突就是导演想要的效果，"有才无处用"便是影片营造冲突所要体现的社会影射。这种冲突也为影片最后十分血腥的场面提供了过渡。在朴社长一家因暴雨取消露营返回家的这一段时间内，基泽家与前保姆家两个家庭展开了激烈的争斗，在前保姆马上就要爬上地下室台阶，真相险些披露的时刻，忠淑一脚将前保姆踹了下去。这一脚与打斗的激烈似乎没有可比性，但是前保姆却因此死掉了。看似是因为忠淑的一脚，实则是因为前保姆触碰了跨越阶层的界限。这也激怒了前保姆的丈夫，致使在朴社长家小儿子的生日会上，基泽家和前保姆家两个家庭展开了激烈的打斗。驱动这一切的已不再是欲望，而是仇恨。打斗场面血腥又恐怖，似乎人人都将几千年文明累积的人性抛诸脑后，剩下的只是仇恨与愤怒主导的肢体打斗。

三、思想层面：底层冲撞阶级的心路历程

看完整部影片，大概每个人都会留下三个疑问：基泽一家为什么只有基婷死了？基泽为什么要杀掉朴社长？影片开始和结尾都在频频出现的石头到底是什么寓意？这就是影片的灵魂空间，给人以无限遐想的空间。而对于这三个问题的回答，只能通过影片的细枝末节进一步推断。

第一个问题，基婷是思想和气质上最接近上层社会的人，所以为了破灭跨越阶层的可能性，影片不得不终结基婷这一人物。基泽一家趁朴社长一家外出，一家人在别墅里享受，在这个过程中似乎只有基婷融入了别墅中，悠闲地在浴缸里泡澡。基宇也说，妹妹跟这个富人家的氛围很搭。

第二个问题，基泽为什么要杀掉朴社长？是因为朴社长对底层人气味的反感，多次提及基泽一家身上的气味，这对基泽的刺激达到了顶峰。朴社长多次提到基泽一家身上有穷人地铁里的气味，满是鄙夷。最终在朴社长捏着鼻子翻动吴克勤身体的时候，累积的对朴社长看不起自己的怨气得以点燃爆发。

第三个问题，反复出现的石头有什么寓意。石头的到来是一家人噩梦的开始，最后也沦为了凶器。不过也因为石头是假的，基宇才没有被石头砸死。最终基宇将石头放回水里，也象征了其对美好生活的期待，也是代表着其放下了这段时间的感情、经历以及冲动。石头一共出现了四次，影片开始基宇的朋友送给他这块石头说这块石头能转运，基宇也信以为真，认为这块石头真的能为自己带来好运；暴雨后，石头漂了起来，基宇一眼就看到了它，虽然对朋友送给自己的石头是赝品感到些许的失望，但基宇仍然将转运的希望寄托于这块石头；基宇抱着石头想到地下室看看，不料石头滚落地下室，基宇不顾安危地下去捡更是体现了他对这块石头的看重，不料被吴克勤勒住了脖子用石头将他砸晕了；最后基宇将石头放到河里，这块石头与其他石头并无差异，也喻示着基宇在经历了所有的一切后，不再将希望寄托于这块石头。石头这一物体现的是基宇反抗命运的无力感，更是底层家庭孩子挣脱底层命运的无力感。像这样偶然失手的"滑脱""掉链子"，是奉俊昊电影中常见的桥段，在《雪国列车》《杀人回忆》中不乏这样的操作，看似偶然的掉链子却似乎隐喻着必然的失败，影射穷人跃升阶级的不可能。不仅如此，穷人还要被跃升的愿景和欲望反噬。①

四、气味空间：隐含的阶级歧视

气味指的是我们能够闻到的气味，是真实存在的气味。这部电影中的气味可能是洗衣粉的味道、地下室的味道或者是没有洗澡的味道，但其中隐藏的深层含义却是穷酸味。影片自始至终都在用气味划分权贵与贫穷的界限，朴社长一家不止一次地提到气味，使得气味成为整部片子的隐藏导火索。电影的开头拍摄的一堆袜子（袜子本身有着气味的象征意）、处于高位的马桶、折纸盒的画面中出现的脚和脚趾、酒鬼的小便与呕吐、地下室画面色彩的阴暗、潮湿感（整体偏青色）、室内杂乱的鞋柜与杂乱的衣服等，这些画面元素都体现了地下室的气味。在基泽一家与朴社长一家的交往过程中，朴社长、小儿子和妻子都不止一次地点出基泽一家身上有奇怪的味道。小孩子是天真的，不会隐瞒的，所以在发现基泽一家人都有一样的味道时，在基泽夫妇的面前就讲出来了，说司机和保姆还有他的艺术老师身上都有一样的味道。在基泽载朴社长的车上，朴社长形容没有保姆打理家里，家里会变成

---

① 铁锴.电影《寄生虫》中的隐喻性符号分析[J].剧影月报，2020(3)：34-36.

垃圾场，自己的衣服也会发出臭味。这里的"垃圾场"和"臭味"都体现了本电影的主题——气味。在基泽一家聚在朴社长家的客厅喝酒后，朴社长一家因为行程变动突然返回家中，朴社长躺在沙发上说沙发上有金司机的味道，形容这种味道是葡萄干放久了的味道，暗示基泽一家身上的味道其实正像基婷所说的地下室的味道。基泽在这里进一步受到刺激，拉了衣服嗅了嗅。基泽载朴太太采购生日会用品的路上，朴太太将脚跷到前排座椅上，却开始突然捂起鼻子，嫌弃地看了一眼司机，随手打开窗户。而此时的基泽再一次因为气味被刺痛，低头嗅了嗅自己的衣服。这些都践踏着基泽的自尊，直到朴社长捏着鼻子去拿压在忠淑丈夫身下的车钥匙时，基泽压抑的情绪爆发了，举着刀冲向了朴社长。所有的涉及气味的情景串联起整部影片，贯穿首尾，成为本片的一条线索。

整部影片体现的中心思想除了气味体现的阶层差异，还有朴社长十分看重的"界限的不可逾越性"。影片的矛盾主要来源于朴社长与基泽之间，二者矛盾的导火索是气味，但是"逾越界限"这一关键点也多次出现，这一点正是朴社长最不能忍受的，而基泽却没能意识到，自己的言行多次处于逾越界限的危险边缘。包括前司机被辞退，也是因为朴社长无法忍受其逾越了界限，坐到了后座。从这一细节能够反映出整部影片体现的意识上不允许逾越的阶层性与贫富差距。

电影的叙事空间是用以承载所要叙述的故事或事件中的事物的活动场所或存在空间，本质上仍是一种空间；而电影的空间叙事，则是运用或借助空间进行叙事，把空间作为一种叙事手段。①整部电影围绕贫富两个阶层展开，通过极具冲突的地理空间、人物形象、心路历程与影片元素，反映了韩国社会阶层之间的种种矛盾、不可逾越性与阶级歧视，具有一定的现实意义。奉俊昊导演的这部作品思想、艺术和商业三个方面都具备了，实乃佳作。本文从地理、身体、灵魂和气味等方面，以空间理论的视角来对影片的影像构成进行分析还有些片面，这部作品值得进行多重维度的分析与借鉴。

① 黄德泉.论电影的叙事空间［J］.电影艺术，2005（3）：18-24.

文化记忆理论下刘家成京味儿电视剧研究综述

乔 谦*

【摘要】本文以刘家成执导的五部京味儿电视剧作为研究样本,从文化记忆的角度来分析刘家成导演的京味儿电视剧,探索其电视剧创作的独特性。同时也提出一些有关刘家成导演在这五部京味儿剧的创作中存在的问题,以期为国内同类型电视剧的创作提供某种借鉴。

【关键词】刘家成 文化记忆 京味儿文化 京味儿电视剧

文化是一个国家、一个民族的灵魂。当前中国正处于百年未有之大变局中,如何加强民族文化认同、增强民族凝聚力已然成为我们的重要任务。北京是我国的首都,是世界闻名的古都名城。京味儿文化作为北京文化的基本形态之一,有着极其重要的地位,也是北京全国文化中心建设的重要一环。文化记忆作为帮助建构文化自信、促进民族文化认同的理论工具和有效途径,一直以来颇受学界的重视。文化记忆能够立足当下的时代语境,突破时空的限制,将过去发生的焦点事件进行再现,为京味儿文化记忆的创新发展与传承提供了可能。电视剧作为大众喜闻乐见的艺术形式之一,毫无疑问是传承文化记忆的重要路径。

刘家成导演在业内素有"京味儿导演"的美誉。他的京味儿电视剧以鲜明的地域特色和浓郁的个人风格深受观众和市场认可,不仅为观众再现了各个时代的京味儿文化,更是唤醒了老北京人的京味儿文化记忆,让人们重新感受到了京味儿文化

---

* 乔谦,北京联合大学应用文理学院新闻与传播系2020级硕士研究生;主要研究方向:城市影像创意与制作。

的魅力。论文以刘家成执导的五部京味儿电视剧作为研究样本,从文化记忆的角度来分析刘家成导演的京味儿电视剧,探索其电视剧创作的独特性。同时也提出一些有关刘家成导演在这五部京味儿剧的创作中存在的问题,以期为国内同类型电视剧的创作提供某种借鉴。

一、研究背景

北京既是古都,又是我国的首都和全国文化中心,保护好、传承好北京文化,是建设全国文化中心的重要任务。而京味儿文化是北京文化的重要内核之一,最能展现北京文化的魅力和特色,是未来北京文化发展、创新的活力源泉。怎样把北京的传统文化传承好、发展好,而且能够在满足现代人们对文化需求的基础上做出创新,使其变得更有魅力和韵味,可以说是北京建设全国文化中心的重心。

在如今这样一个多媒体传播的时代,电视剧通过它辐射性强、传播面广的传播优势,成为人们最喜闻乐见的艺术形式之一。文艺是时代的记录员,电视剧是反映社会生活的一面镜子。党的十八大以来,电视剧领域涌现出一大批优秀作品。这些电视剧作品在反映现实的基础上,开始着重讲述中国故事、抒发民族情感、彰显中式美学,以影像的方式记录着祖国大地的每一次改变。

目前,电视剧市场各类型、各题材电视剧层出不穷。穿越剧、历史剧、宫廷剧、校园剧、谍战剧等充斥着屏幕和人们的生活。但是真正赢得观众掌声的、契合观众心理的电视剧却少之又少。随着我国经济的快速发展和国际地位的显著提高,人民的生活水平不断提高,老百姓的审美水平也大幅提升。之前那种为了搞笑而硬抖包袱、为了情节去抄袭、去"融梗"的电视剧,观众已经不再买账。老百姓越来越喜欢展现中华民族优秀文化、具有时代特色、民族特色和英雄气概的电视剧。

刘家成导演的很多作品都深受观众的喜爱。他的电视剧没有"顶流",也没有几亿资金的大制作,而是以鲜活的人物形象,动人的故事情节,高度还原的服、化、道而取胜。他的电视剧往往聚焦小人物,没有什么宏大叙事,以小人物在大时代中的拼搏故事来观照现实,描述北京胡同里的平凡人、普通人在时代洪流中的生存状况,挖掘那些胡同、四合院里蕴含独特"京味儿"的故事。同时,这些电视剧也为我们展现了一部部北京民俗风情志。不仅唤起了老北京人的时代记忆,而且传承了京味儿文化,让土生土长的北京人感受到了归属感和身份认同。更重要的是,在今天看来，他的京味儿电视剧彰显了中华民族的文化自信，凸显了文化记忆在今天的重要性。

二、研究意义

刘家成导演的京味儿电视剧在业界一直深受好评。在跨文化交流不断增强的情况下，如何做到树立文化自信，传播好我们的中华文化，促进中华文化"走出去"，加强全世界中华儿女的文化认同尤为重要。

（一）理论意义

记忆本身是一个聚合型的概念，它的研究范围十分广泛，涉及的学科也非常丰富，因此国内外关于记忆、集体记忆、文化记忆等方面的研究都处在大热阶段。不过，随着技术的发展、社会的进步，越来越多的新型媒介成为传承文化记忆的载体，研究空白也随之产生。

"京味儿文化"是"北京文化"的重要组成部分，是北京文化民众化、生活化的延伸，它依托于北京文化，并成为北京文化结构中颇具活力的文化基因。因此，围绕京味儿文化的基本内容、主要表现方式和主要范围以及京味儿文化对北京城市生活、社会形态的影响进行探讨和交流，便显得格外重要。就像扬·阿斯曼提到的，文化记忆是需要重复的。而且文化记忆不是无须解释或者说明就可以自己按照原有的文化意义传承，它是需要有人来引导的。[①]所以，论文对京味儿电视剧和京味儿文化的研究是比较有意义的。因此，论文以刘家成京味儿电视剧为文化记忆载体，从五部京味儿电视剧中所体现出的京味儿文化符号出发，对其构建文化记忆的过程进行分析，力图丰富文化记忆的研究领域。

（二）现实意义

如今我国经济飞速发展，主要矛盾也已经转化，在人们日益增长的美好生活需求中，对文化的需要越发丰富、越发强烈，对文化产品的要求也越来越高。论文对

---

① 阿斯曼.文化记忆：早期高级文化中的文字、回忆和政治身份[M].金寿福，黄晓晨，译.北京：北京大学出版社，2015：48-49.

刘家成京味儿电视剧的研究，不仅积极践行文化自信的号召，而且也顺应我国建设社会主义文化强国的大势。

京味儿电视剧兴起于20世纪80年代，继承了京味儿文学的一些传统表达。京味儿电视剧从诞生开始，一直注重对京味儿文化的表达，凝聚了各个历史时期那些难忘的、充满"京味儿"的记忆。刘家成的京味儿电视剧在业内颇具代表性，深受国内观众的喜爱。其中《情满四合院》还入选"2018北京优秀影视剧海外展播季"，与其他25部优秀的影视作品一同走出国门，与希腊和英国的观众见面，实现国际传播。

从近些年的电视剧生产来看，在一些都市情感剧、家庭亲情剧、年代剧等类型的电视剧中，都会出现京味儿文化的身影，也一直备受观众的喜爱。电视剧作为承载文化记忆的媒介，将一个个京味儿故事从过去的枯燥文字或者口耳相传，转变为有声音、有画面的影像，加深了人们对于京味儿文化的真实感受，同时也能够引发观众对于京味儿记忆的讨论，激发人们的兴趣。因此，在一些电视剧中融入京味儿文化，是人们寻找京味儿信息的重要来源，也是建构京味儿"记忆场"的重要路径。但是，如今的电视剧行业对于京味儿电视剧或者包含有京味儿文化的电视剧都没有一个统一的标准或者形成统一的共识，所以很多电视剧中虽然出现一些京味儿文化符号，但总是被观众诟病不够"地道"，其所带来的"京味儿文化记忆"与真正的京味儿文化之间的裂痕越来越大。

三、研究现状

纵观电视剧市场，京味儿电视剧已然形成了一种独特的文化现象，一直以来都是学界的热门研究领域，而且也具有跨学科性，比如传播学、戏剧与影视学、社会学等，它们运用不同的理论对京味儿电视剧进行分析。但是在搜集资料的过程中，笔者发现在现有的研究成果中，很少有从文化记忆理论切入，以文化记忆为理论视角、理论工具，对京味儿文化记忆在京味儿剧中的呈现和文化记忆的建构等方面进行研究的研究成果，这也进一步突出了本篇论文的研究价值。笔者对与论文研究相关的研究成果进行梳理，具体分为四个部分：一是关于文化记忆理论的研究；二是关于京味儿文化的研究；三是关于京味儿电视剧的研究；四是关于刘家成及京味儿电视剧的研究。

（一）文化记忆理论研究

　　文化记忆进入国内学术界的视野也就二十多年的时间，国内关于文化记忆理论的研究可追溯到1998年，宋伟杰的《身份认同的"混杂"与文化记忆缺失症——管窥金庸的小说世界》是国内对文化记忆理论应用最早的研究，论文分析了金庸小说中经典人物形象"韦小宝"个人记忆的缺失，并由此延伸到中国文化的传承层面。另外，陈平原是国内研究文化记忆的一位重要学者，著有《北京记忆与记忆北京》、《记忆北京》、"都市想象与文化记忆"丛书，以及随笔《北京学》等关于文化记忆的专著和文章。陈平原是以一位文人和学者的角度来认识和解读北京的。他笔触细腻，并且教育学生要"用脚、用眼、用鼻子和舌头，感觉一座城市"[1]，而且他认为，谈论一座城市的文化记忆，光靠回忆是不行的，需要在回忆之外，添加联想、想象、分析和思考，虽然十分艰难，但是一个充满热情的过程。

　　截至2022年2月底，根据知网数据库的检索，以"文化记忆理论"为关键词进行检索时，共有122条结果。其中期刊文章69篇，学位论文51篇，专著2部。在这些现有的文献中，虽然都是从文化记忆理论的视角出发，研究内容包括文化遗产、文化、文物及节日保护、城市空间和文化空间的建设等，但是以文化记忆理论为视角对影视剧进行研究的成果却相对较少。这些学术成果虽然并不是十分系统和全面，然而对本文的研究仍具有一定的参考价值和借鉴意义。

　　王丹在其文章《传统节日研究的三个维度——基于文化记忆理论的视角》中认为："传统节日包含传统要素与现代生活的相互作用，传统既在现实生活中，又与过去的文化记忆关联。传统节日的文化记忆在民众生活需求下，融汇、交织和凝聚着历史与现实的多元关系，也是在各类生活关系推动下，传统节日以仪式为中心建构的文化记忆得到传承。"[2]在本篇论文对刘家成导演的京味儿电视剧的研究中，也不难发现传统节日仪式的传承和文化记忆建构。

　　张顺军和廖声武在他们的文章《城市品牌传播的文化记忆理论阐释维度》中，论述了从"时间维度、空间维度与情感维度三个方面分析城市品牌传播在建构机制、呈现机制及认知机制上存在的传统与现代、异质与同质、乡愁与失忆的矛盾和

---

[1] 陈平原.北京记忆与记忆北京[M].北京：生活·读书·新知三联书店，2008：16.
[2] 王丹.传统节日研究的三个维度：基于文化记忆理论的视角[J].中国人民大学学报，2020(1)：164-172.

张力关系"①。给予了笔者在思考和分析京味儿电视剧时一些新的角度和想法。

龚甜甜和邹惠玲在其文章《失落与复得：文化记忆理论视角下的〈49〉之解读》中，论证了剧中所表现的文化记忆和"专职传统承载者"在北美印第安人重获归属感与认同感过程中起到的重要作用，并探究吉戈玛的写作意图。并且认为"印第安人应当积极地面对困境、不断强化文化记忆、保护好传统文化精粹，并一代代地传承下去。即使天寒地冻、路遥马亡，只要保护并传承文化记忆，就会拥有接受现实、面对困境的勇气和魄力，就能够改变现状，并创造美好的未来"②。吉戈玛的想法，应该也是每一个想要传播好中华文化、讲好中国故事的"刘家成导演"的想法。

（二）京味儿文化研究

北京文化是中国地域文化的典型代表，而京味儿文化又是北京地域文化的内核。京味儿文化承袭北京传统文化，伴随着历史长河的推移，形成了独特的文化形态。国内关于"京味儿"的讨论，从20世纪90年代就开始了。当时京味儿文学备受关注，首先要提到的就是老舍。老舍被学界视为京味儿文学的开创者，他的作品大多讲述的是市民生活，善于刻画城市贫民的生活和命运，尤其是深受封建礼法观念影响的中下层人民。他的文字通俗易懂、诙谐幽默，具有浓郁的京味儿特征。他的作品像《四世同堂》《茶馆》《骆驼祥子》都是京味儿文学的经典作品，至今仍为人称道。后来在文学界出现了一批针对京味儿文学的研究成果，最为著名且堪称对京味儿文学研究最透彻的专著就是赵园的《北京：城与人》，至今仍旧是了解北京、了解京味儿文化不得不看的书籍。不过，京味儿文学作为一种文学现象，也是文化现象的一部分，毕竟是在北京地域产生的特定文化现象，因而京味儿文学很大程度上承续了京味儿文化的传统。

目前学界关于"京味儿文化"的研究，分布在各个领域。截至2022年2月底，根据知网数据库的检索，以"京味儿文化"为关键词进行检索，共有67条结果。其中期刊文章（包括报纸文章）62篇，学位论文2篇，专著1部以及2篇会议报告。涉

---

① 张顺军，廖声武.城市品牌传播的文化记忆理论阐释维度［J］.当代传播，2019（4）：71-75，89.

② 龚甜甜，邹惠玲.失落与复得：文化记忆理论视角下的《49》之解读［J］.戏剧文学，2017（12）：81-85.

及的方向大多是京味儿文化在电影、电视剧等作品中的表现，此外也包括京味儿文化在餐饮、北京城市建设以及课程思政等方面的创新运用，可见京味儿文化在今天依旧拥有重要的地位。

蔡晓芳在其文章《京味儿文化与电影》中对京味儿文化的内涵作了简要分析，并对电影中的京味儿文化与表达进行了阐述。她提到京味儿文化是一个"蕴藉丰厚的文化文本"，它作为北京文化的内核，既需要被关心、爱护，更需要被记忆、传承、表达和创新。此外，她还认为能够被称作是"京味儿电影"的，语言、题材和风格，缺一不可都必须描绘的是北京人的生活，反映的是北京的文化精神。庞黎鑫在其文章《承载传统"京味儿"文化创意包装老字号》中提出，"应该推进'老字号'与文化创意产业相结合，挖掘其传统文化内涵，将'老字号'企业纳入北京文化旅游线路"[①]。这样一来，北京老字号可实现多元化发展，在将"老字号"传承下来的同时更要符合市场的要求，实现创新发展。曾珠在《基于"京味儿"文化的系列动画绘本创作探究》中认为，京味儿文化有两大特征，即文化兼容性和文化稳定性。也正是因为这两大特征，使得京味儿文化韵味更加浓郁。通过对京味儿文化研究成果的梳理，笔者发现，京味儿文化一直渗透在北京的方方面面，影响着一代又一代的北京人。

（三）京味儿电视剧研究

截至2022年2月底，根据知网数据库的检索，以"京味儿电视剧"为关键词进行搜索时，共有12条结果，均为期刊文章。在这12篇期刊文章中，大部分都是某部京味儿电视剧的个案研究。比如卞芸璐的《文化地景、精神图谱与京派电视剧——兼评电视剧〈芝麻胡同〉》，是以电视剧《芝麻胡同》为案例，"通过对北京文化地景的复现、传统民俗的细描以及独特人情世态、文化心理的挖掘，不仅丰富了'京味儿'文化的内涵，而且为当代地域叙事如何与民族心理结构和时代精神需求共振呼应提供了参考"[②]。还有张莉的《京味电视剧的视域扩展——评电视剧〈正阳门下小女人〉》，以电视剧《正阳门下小女人》为例，探讨的是活动场景在北京的地方方言剧，也就是京味儿电视剧，在视角、群像、京味儿文化等方面是怎样形成

---

① 庞黎鑫.承载传统"京味儿"文化创意包装老字号[N].消费日报，2011-03-28（A03）.
② 卞芸璐.文化地景、精神图谱与京派电视剧：兼评电视剧《芝麻胡同》[J].中国电视，2019（6）：44-47.

独特的风格以及怎样表现其价值底蕴的，同时还探讨了京味儿电视剧在新时代依旧深受观众喜爱的原因。以及王靓的《〈情满四合院〉：一幅独具韵味的"老北京"民风画卷》，以电视剧《情满四合院》为案例，从其"丰富的细节设计、生动的人物形象以及如何回应现实问题等方面阐述了其成功的原因与独到之处"①。

此外，也有对近年来的京味儿电视剧进行整体的解读。比如，任庭义的《平民世界与城市镜像——简论近年来"京味儿"电视剧的创作特征》，文章中共总结了三个创作特征，一是聚焦北京普通百姓与老北京传统；二是融合家国叙事与北京的历史变迁；三是突出北京地域文化中的特色元素。文章对近年来的京味儿电视剧中"交织在平民世界与城市北京中的老北京精神、老北京的历史变迁以及北京地域文化中的特色元素等共同建构的'京味儿'"做了详细的分析和总结，让我们再一次认真体会这其中蕴含的"京味儿"。②

（四）刘家成及京味儿剧

截至2022年2月底，知网检索关键词"刘家成"共有64条结果，但与"导演刘家成"相关的文献只有13篇，其中大部分都是刘家成导演的专访，硕士论文只有3篇。这3篇论文分别从人物群像、叙事学以及城与人的角度切入，对刘家成导演的电视剧进行整体分析。

截至2022年2月底，知网检索关键词"刘家成京味儿电视剧"，搜索结果就只有2条。一篇是赵英彬的《刘家成导演电视剧叙事特征研究》，该文从叙事学的角度对刘家成导演的京味儿电视剧的叙事结构、女性形象、主题呈现等角度进行研究，分析刘家成电视剧的成功之处。另外一篇是吴肖肖的《刘家成电视剧胡同人物群像研究（2011—2019）》，该文对刘家成电视剧中胡同人物群像设计的运用以及群像外在特征和内在意蕴、胡同人物群像在剧中的布列特征、承载的主流价值观等方面做整体解读与概括。

国内对文化记忆理论、京味儿文化、京味儿电视剧、刘家成以及京味儿电视剧的研究成果虽然均从不同的角度出发，且涉及多个研究领域，但是依然为论文的研

---

① 王靓.《情满四合院》：一幅独具韵味的"老北京"民风画卷［J］.当代电视，2019（1）：11-13.

② 任庭义.平民世界与城市镜像：简论近年来"京味儿"电视剧的创作特征［J］.中国电视，2019（8）：19-23.

究提供了很大帮助，给笔者提供了众多启发，让笔者能够从多方面去考虑论文的研究主题，具有重要的参考价值。

  北京不仅是我国的首都，更是全国的政治中心、文化中心、国际交往中心、科技创新中心，肩负着建构全民族文化记忆的使命。京味儿文化作为北京文化的基本形态之一，是中国传统文化中不可忽视的一部分，更是北京地域文化灵魂式的存在。传承好、传播好京味儿文化，不仅是引导人们树立文化自信的任务所在，更是建设全国文化中心的职责所在。作为传承文化记忆的载体，电视剧使我们能够跨越时空的限制，对京味儿文化进行深入理解，对京味儿文化的传承和传播进行深入研究和思考。所以，以文化记忆理论为理论工具来研究京味儿文化很有必要且具有重要意义。

文化体验类综艺节目的创新策略研究

——以《遇见天坛》为例

杜怡瑶[*]

【摘要】 新时代下，为响应国家弘扬中华优秀传统文化的一系列政策，各种不同类型的文化类综艺节目不断涌现，形成了一股"传统文化+综艺节目"的文化传播新浪潮，助力文化强国建设，增强民族文化自信。文化体验类综艺节目是文化类综艺节目的新分支，是文化体验和综艺传播的新型结合，通过明星嘉宾的沉浸式文化体验活动来传播中华优秀传统文化。本文主要以《遇见天坛》为例，从节目主体、节目内容、节目形态、节目传播方式等四个方面来详细分析文化体验类综艺节目的创新策略，从中探寻文化体验类综艺节目的未来发展路径，推动文化类综艺节目朝着更加精细化和专业化的方向发展，为文化传播贡献出一份坚实力量。

【关键词】 文化体验类综艺节目　创新策略　《遇见天坛》

中华优秀传统文化是中华民族生存和发展的生命基石，推动着中华民族复兴的伟大新征程。新时代背景下党和国家高度重视传统文化传播和文化强国建设，鼓励高质量文化视听节目的发展，由此引发了文化类综艺节目大浪潮，各种不同类型的文化类综艺节目不断涌现，助力优秀传统文化传播。文化体验类综艺节目是文化类综艺节目的新类别，将文化体验和综艺传播进行了融合，让明星嘉宾深入历史文化实地场景开展文化体验活动，传播中华优秀传统文化。目前国内学者针对文化类综

---

[*] 杜怡瑶，北京联合大学网络素养教育研究中心，2021级新闻与传播硕士研究生；主要研究方向：网络文化与新媒体。

艺节目的研究主要集中于诗词文化类、文博探索类、文化情感类、文化音乐类等子类别，但是缺少对于文化体验类这一新类别的探讨。《遇见天坛》是北京电视台于2019年推出的大型文化体验综艺节目，本文主要以《遇见天坛》为例来详细探讨文化体验类综艺节目的创新策略，进一步丰富和优化文化类综艺节目的类别和分支，探寻未来文化传播的新方向和新路径。

一、文化体验类综艺节目的基本概况

（一）文化体验类综艺节目的概念界定

当下以《中国诗词大会》《国家宝藏》《朗读者》《经典咏流传》为代表，文化类综艺节目已经形成了诗词文化类、文博探索类、文化情感类、文化音乐类等细分类别。文化体验类综艺节目是文化类综艺节目的一种新类别，是文化体验内容和综艺传播形式的全新结合，让明星嘉宾深入全景式历史实地场景中开展沉浸式文化体验活动，探寻优秀传统文化的起源和发展历程，学习和感悟优秀传统文化的独特魅力，在潜移默化中向观众传播绚丽悠久的中华传统文化。文化体验类综艺节目的最大特色就是其文化体验过程，即明星嘉宾深入历史文化胜地，近距离接触古建筑和古文化，通过实地探索、游戏比拼、剧情表演、故事讲解等方式来感受和体悟文化之美。

（二）文化体验类综艺节目的发展现状

文化体验类综艺节目是文化类综艺节目发展过程中出现的一种新类别，从整体上看正处于发展上升期。目前文化体验类综艺节目主要有《非凡匠心》《上新了·故宫》《遇见天坛》《了不起的长城》《登场了！敦煌》等。这些节目都是选取故宫、天坛、长城、敦煌等历史文化胜地作为节目录制场景，在全景式历史实地场景之下开展工艺学习、职业实践、实地寻宝、游戏问答、剧情表演等一系列沉浸式文化体验活动，向广大观众传播博大精深的中华优秀传统文化。文化体验类综艺节目从整体上旨在打造出一种深度多元体悟式的节目新形态和新模式，在沉浸式文化场景中开展空间体验叙事。

《遇见天坛》是由北京电视台于2019年推出的一档大型文化体验类综艺节目，共9期，节目常驻嘉宾主要有冯绍峰、苗苗、黄明昊等。该节目以天坛为实地拍摄场地，让明星嘉宾以天坛实习生的身份加入天坛的各种职业工作中，近距离接触古建筑、古音乐和古文化，开展职业实习、游戏互动、影视复现、主题演讲等沉浸式文化体验活动，用一种年轻态视角向观众解读神秘古老的天坛文化，传播中华优秀古典文化之美。

二、从《遇见天坛》看文化体验类综艺节目的创新实践

（一）节目主体创新："流量明星+天坛专家+虚拟神兽"的多元人物组合

　　《遇见天坛》在节目主体上，主要采取多元人物组合策略，具体包括流量明星、天坛专家和虚拟神兽三类主体。首先是流量明星以天坛实习生身份开展实习体验，其次是天坛专家职工老师在指导实习生的过程中担任文化宣讲师，最后是虚拟神兽"小螭"进行历史文化故事讲述。

1. 流量明星入职文化体验官

　　流量明星是《遇见天坛》节目的核心主体，身兼参演嘉宾和主持人的双重角色，由三名常驻嘉宾和两名飞行嘉宾共同组成天坛实习团队，以实习生的身份参与到音乐部、园林部、宫殿部、文物管理部等部门进行实习工作体验，以年轻化视角向广大观众解读天坛文化。由流量明星嘉宾跨界进入天坛，以实习生身份进行职业体验，具有重要的明星跨界联动效应。一方面，流量明星大多是集合演员、歌手等多重身份的影视明星，本身具有重要的明星引流效应；另一方面，明星嘉宾以实习生身份参与节目主持和互动，创造出了一种全新的职业者身份，兼具明星身份的引流性和职业实习生身份的新颖性，打破了传统主持人和嘉宾的单一身份局限。

2. 天坛专家担任文化宣讲师

　　天坛专家是《遇见天坛》节目的重要主体，主要指的是天坛专家职工老师。在每一期节目中都会有多个职业实习任务，每一项任务都会有相应的专家老师进行现

场指导，同时在指导的过程中也会进行专业文化知识的普及和宣讲。比如，在第一期神乐署音乐部门的实习工作中，天坛专家老师亲自指导实习生进行乐器归类和黄钟排箫制作，通过实习指导来向广大观众宣讲关于中和韶乐的传统文化音乐知识。《遇见天坛》将天坛专家老师作为节目传播主体，由专家老师在明星职业实习中进行传统文化知识的阐释和输出，使得节目更加具有专业性和权威性。

3.虚拟神兽化身文化讲解员

虚拟神兽"小螭"是《遇见天坛》节目的新型主体，是从"龙"的形象出发形成的一种虚拟原创动画人物，寓意为天坛守护者。虚拟神兽小螭在节目中主要担任的是文化讲解员的角色，即在每一期开头、实习、游戏、结尾部分进行相应的历史文化故事讲解，并搭配趣味动画。比如在第二期圜丘坛祭天部门实习中，小螭就讲述了关于嘉靖修建圜丘坛和乾隆重修圜丘坛的历史故事，让人们对圜丘坛及其天坛祭天文化有了更加深入的认识和了解。还比如在第五期斋宫实习中，小螭讲述了关于皇帝斋戒期间衣食住行的故事，可以进一步学习和感悟斋戒仪式和祭祀文化。虚拟神兽小螭作为历史文化故事讲解员，突破了以往真人讲述的固定模式，实现了历史故事的趣味性表达和生动性展现，给节目增添了一股新时代活力元素。

（二）节目内容创新：小切口、生活化和非线性叙事

在内容上，《遇见天坛》主要以天坛文化为小切口视角实现宏大历史主题的微观引入，然后在天坛历史主题之下开展职业探索核心内容的生活化叙事，整体文化体验内容则是以非线性叙事结构来安排和进行的。

1.宏大历史的小切口引入

《遇见天坛》以天坛文化为小切口视角实现历史主题引入，即将天坛文化作为节目内容题材定位，选取宏大历史主题之下的某一微观具体文化来进行节目内容编排和文化阐释。这种宏大历史的小切口引入打破了传统文化类节目的主题分散和宽泛的僵局，实现了节目内容题材的"上新"。

2.职业探索的生活化展现

职业探索是《遇见天坛》节目的核心内容，即让明星嘉宾以天坛实习生的身份

进入天坛展开职业工作，从而近距离感受和体验天坛文化。这种职业探索主要是通过生活化叙事逻辑来展现和铺陈的，节目中天坛实习生深入神乐署音乐部门、圜丘坛祭天部门、祈年殿殿堂部门、园林绿化部门、文物管理部门等开展职业实习，在专业老师指导下亲自进行乐器归类、古建筑保养和维护、古树保护等工作。从而将神圣而庄严的天坛工作以一种日常化职工视角展现出来，消解了天坛文化的严肃性和专业性，打破了天坛文化和日常生活文化的界限，以明星的普通职工视角感受和传播天坛文化。

3.文化体验的非线性表达

《遇见天坛》的文化体验活动以职业探索为主，穿插游戏比拼、剧情表演、主题演讲等环节。这些环节在总体上是以非线性结构进行安排和展现的，即各个环节之间是相互独立的，以职业实习为基础可以自由进行组合和调配。另外各个部分内部之间也是可以进行独立叙事的，即从不同主体视角出发来进行碎片化叙事，上一个镜头是某一组嘉宾的实习工作环节，而下一个镜头则可以是另一组嘉宾的实习工作环节，打破了传统线性叙事模式的时间局限，实现了多元主体视角下的碎片化传播。

（三）节目形态创新：文化体验、历史复现短剧和年轻视听的全新碰撞

在节目形态上，《遇见天坛》主要将文化体验、历史复现短剧和年轻视听"碰撞"在了一起，产生了微妙的"化学反应"，实现了节目形态的推陈出新。

1.职业体验＋纪实真人秀＋文化

《遇见天坛》将职业体验、纪实真人秀和文化三者结合起来，实现了节目形态的变革和创新，形成了多元节目形态特征。《遇见天坛》让明星嘉宾以天坛实习生的身份入职天坛，在职业实习过程中亲身接触和学习天坛文化，将文化体验过程以一种全新的职业体验形式展现了出来，实现了文化体验方式的升级和再造。另外，《遇见天坛》整档节目主要是通过镜头语言来记录明星嘉宾的实习工作、游戏互动、影视复现、主题演讲等现场实况，关注明星嘉宾置身其中的经历和感悟，通过故事化手法组织和安排节目环节，形成了融合纪录性和真人秀的新型节目形态。从整体

上来看,《遇见天坛》是从天坛文化出发来进行节目制作和编排的,文化性是其节目形态的主要特征之一。

2.纯天然古文化场景和影视复现

《遇见天坛》将天坛中的纯天然古文化场景作为节目录制现场,充分发挥出了节目的在地性优势。每一期节目都会以天坛中的一个历史文化胜地作为当期实习地点,从而展开具体实习工作和文化体验。比如神乐署、圜丘坛、皇穹宇、祈年殿、斋宫等都是纯天然古文化场景,自然天成,古色古香,在这种场景之下开展节目录制可以起到"润物细无声"的文化滋养作用。纯天然古文化场景同时也是影视复现的重要场地,即选取当期明星嘉宾来进行历史复现短剧演绎,如康熙(冯绍峰饰)整顿礼乐、月季夫人蒋恩钿(苗苗饰)与天坛月季园往事、顺治帝(魏大勋饰)立罪己诏、林徽因(李沁饰)修缮天坛祈年殿等,用影视复现的手法讲述历史文化故事,引发观众情感共鸣和文化认同。另外,明星嘉宾在影视复现的过程中,也可以获得沉浸式情绪体验,与文化场景融为一体,达到"忘我"的状态。

3.青春活力的配乐和年轻化的视觉画面

视听奇观主要在于利用视听元素,抓住观众的视听感受,从而影响人们的审美体验。视听语言是影视艺术的基础。[①]在视听语言上,《遇见天坛》将青春活力的配乐和年轻化的视觉画面二者相结合,共同营造出了一种年轻态视听奇观,吸引着广大年轻群体的目光。在听觉语言上,节目大多运用的是一些古典韵律搭配欢快节奏的配乐,庄重典雅而又富有青春活力气息,打破了传统文化节目配乐的严肃性和单一性,迎合了当下年轻群体的听觉审美偏好。同时明星嘉宾在节目主持中也融入了当下流行话语形式,以及虚拟神兽"小螭"使用萌态语言进行历史故事讲解,这些都使得节目在听觉语言上更富朝气。另外在视觉语言上多穿插原创趣味动画来安排节目画面,打造基于古典文化的年轻态视觉盛宴。

(四)节目传播方式创新:全媒体立体化传播体系

媒介融合时代,通过"电视+新媒体",线上线下同屏共振,能够扩大节目传

[①] 刘鹏程.媒介奇观视角下文化体验类真人秀解析:以北京卫视《上新了·故宫》为例[J].北方传媒研究,2021(4):53-56,84.

播的范围，提升节目传播的价值。① 在节目传播方式上，《遇见天坛》力图打造一种全媒体立体化的传播体系。首先通过电视台、视频网站、短视频的形式实现一次融合播发，然后借助微博、抖音、今日头条、B站等社交媒体话题互动实现二次裂变传播，以及通过文创IP产品传播提升节目热度和流量。

1. 新旧媒体的融合播发

新旧媒体融合播发是《遇见天坛》的一次传播过程，主要是将传统媒体和新媒体整合起来进行节目传播，充分利用新媒体的技术优势来构建全媒体传播矩阵。《遇见天坛》以北京卫视作为自己的传统播发渠道，同时将节目发布到芒果TV、优酷等视频网站进行同步播出。另外将每一期节目中的精华部分剪辑成短视频的形式上传至抖音官方账号以及B站等新媒体，共同打造融媒体生态传播闭环，打通线上线下受众资源，实现节目的广泛传播。《遇见天坛》将传播渠道从传统媒体上升至新媒体，突破了传统电视的固定播出形式，人们可以随时随地进行节目观看，享受碎片化沉浸式临场视听体验。

2. 社交媒体互动传播

社交媒体互动传播是《遇见天坛》的二次传播过程，即在新旧媒体一次传播的基础上利用社交媒体进行话题互动和讨论，达到二次病毒式裂变传播的目的，以热门话题互动为节目引流，让广大观众真正参与到节目互动中来，扩大节目影响力和传播范围。《遇见天坛》针对每一期节目亮点部分都会在微博、抖音、今日头条、QQ看点投放"遇见天坛""天坛""天坛公园""遇见天坛文创"等相关话题标签，吸引受众参与热门话题互动和讨论，点赞、评论和分享精彩话题，利用社交媒体互动传播引发节目的二次传播共振。

3. 文创IP产品传播

文创IP产品传播是《遇见天坛》的独特传播方式，即在每一期节目中都推出一款天坛主题的文创产品，通过文创产品销售打通线上线下传播渠道，带动天坛文创相关产业链的兴起，实现天坛文化的广泛传播。《遇见天坛》节目先后共推出了中

---

① 陈晨，石磊.实景体验与文化传承：从《了不起的长城》看文化体验类节目的创新［J］.中国电视，2021（2）：50-53.

和韶乐八音盒、祈福礼盒丝巾套装、天坛祈福白茶、天香香水、祈福香、解锁灯等多款文创产品。这些文创产品都是以中和韶乐、圜丘坛、祈年殿、天圆地方等天坛文化元素为基础来进行设计和开发的，利用现代科技手段对其进行包装和制作，给古老天坛文化穿上了"新衣"，赋予文化传播更多青春活力气息。

三、文化体验类综艺节目的未来发展路径

（一）文化体验类综艺节目的现存问题

1.嘉宾参与感不强，文化体验流于表面

文化体验过程是文化体验类综艺节目中的核心环节，嘉宾参与感和互动性是衡量文化体验类综艺节目质量的重要标志。目前大多数文化体验类综艺节目都存在嘉宾参与感不强的问题，文化体验不够深刻。由于文化体验类综艺节目大多是以户外真人秀的形式出现的，所以大多数嘉宾都是身兼嘉宾和主持人的双重角色，一边以嘉宾身份进行文化体验和互动，一边以主持人身份进行节目主持和现场调度。这样往往会造成嘉宾角色失衡的问题，即太过于注重节目流程引导和现场气氛调度，而忽略了自己的嘉宾主体身份，不能够全身心投入到文化体验和游戏互动中去。

2.内容娱乐性过重，文化知识引导力弱

在文化体验类综艺节目中，文化体验过程往往包裹了"娱乐化外衣"，即邀请流量明星嘉宾开展故宫寻宝、天坛求职、敦煌解谜、知识问答等文化体验活动，使得广大观众过于关注明星嘉宾本身，而忽略其体验背后的文化传播本质。从而造成内容娱乐性过重，文化性相对缺乏，文化知识传播力和引导力弱。虽然以明星为主体开展文化体验活动可以起到"寓教于乐"的目的，但是却缺乏对于文化知识本身的传播，不利于形成积极健康向上的节目价值观，文化知识引导力弱。

3.叙事逻辑碎片化，文化认知整体性差

碎片化传播是文化体验类综艺节目的典型叙事特征，即节目主要环节和进程都不是按照时间顺序依次进行的，而是以非线性模式来进行铺陈和展开的，可能会在

一定程度上产生叙事视角跳跃和叙事空间紊乱的问题，使得人们不能够对节目文化形成一个完整性和连续性的认知。大多数文化体验类综艺节目拥有多名明星嘉宾，每一个嘉宾都拥有一个固定机位进行拍摄，当上一个场景中嘉宾在进行实地文化体验时，下一个场景就切换到了另一嘉宾的游戏互动视角。这种叙事视角的来回切换可能会影响节目的自然发展进程，使得人们对于节目主题文化知识缺乏一个清晰和完整的认知。另外节目中所采用的"移步换景"的拍摄手法，场景与场景、场景与人物之间的混合叙事可能会使得各个部分自成体系，节目连续性不强，文化传播整体性较弱。

4.传播手段单一化，文化传播难以出新

从文化体验类综艺节目的传播手段上来看，主要呈现单一化趋向，即以传统电视传播和新媒体网站传播为主，而缺乏相应的创新传播路径和方式，文化传播难以出新。纵观当下的文化体验类综艺节目，都只是把传统电视传播上升到了网站传播上，而没有开拓出新的传播路径和方式。当所有文化类综艺节目都在以电视和网络平台进行播发时，这种"新"媒体传播也就不再出新。未来文化体验类综艺节目应该着力挖掘新型传播手段和方式，打造融合媒体时代下的融媒体传播体系，助力传统文化的创新传播。

（二）文化体验类综艺节目的提升策略

1.注重嘉宾体验，提升节目互动性

文化体验作为文化体验类综艺节目的核心内容，也是未来文化体验类综艺节目发展的重点方向。通过增强嘉宾参与体验感来提升整档节目的传播互动性，由嘉宾的文化体验和参与互动来引发观众的文化认同和情感共鸣，实现文化的互动传播。文化体验类综艺节目需要厘清嘉宾的双重角色身份，嘉宾角色为主，主持人角色为辅，适当弱化节目主持流程和环节，让嘉宾更多地参与到文化体验活动本身中来。通过文化体验活动的展开实现节目主持的自然进行。

2.文化内容为核，娱乐内容为外壳

文化体验类综艺节目应该坚持以文化内容为核，娱乐内容为壳。文化内容自始

至终都应该是文化体验类综艺节目的核心内容，以文化内容安身立命，从文化传播出发树立正确的节目价值导向，弘扬文化新风。文化体验类综艺节目要不断增强节目的文化属性，弱化娱乐属性，明星娱乐互动只是文化传播的载体和形式，而不能取代文化知识本身的传播。未来文化体验类综艺节目可以尝试开拓故事演讲、工艺制作、知识问答等弱娱乐化途径和方式，更加强调嘉宾在文化体验过程中的动手做和动手学的能力，在做与学的过程中感悟和传播中华优秀传统文化。

3.双向时空叙事，增强文化认同感

文化体验类综艺节目可以尝试将线性叙事和非线性叙事结合起来进行双向时空叙事，从横向和纵向两个时空方向实现节目的整体性和独特性叙事，不断增强观众对于节目文化的认同感。一方面，在横向上按照时间顺序在统一文化主题之下安排各大节目板块，实现节目的整体性和连续性传播。另一方面，在各个板块内部实现纵向的碎片化叙事，每个独立板块可以单独进行叙事，互不影响。比如，实地体验板块可以包括接触古建筑、敲打古乐器、制作工艺品等，而在游戏互动板块可以进行猜字、问答、演讲、表演等，各个板块各自有各自的叙事特色，实现了纵向上的碎片化传播。

4.多元形态传播，拓宽节目受众群

在传播渠道和手段上，文化体验类综艺节目应该努力开拓多元传播路径和方式，拓宽节目受众群体，实现节目的广泛传播效应。未来文化体验类综艺节目在传统电视传播和新媒体网站传播的基础上，适当引进短视频、中视频形式进行精彩片段的碎片化传播，吸引受众点赞、评论和转载。同时利用微博、微信、抖音等平台开展线下活动，带动文创IP产品等相关文化产业链的兴起。

《遇见天坛》作为文化体验类综艺节目的典型代表，将文化体验过程和综艺传播形式进行了全新结合，让明星嘉宾以职业实习生的身份置身于历史实地场景中开展文化体验活动，感悟和学习天坛文化，在潜移默化中向广大观众传播中华优秀传统文化。文化体验类综艺节目作为文化类综艺节目的新类别，实现了文化类综艺节目形态的变革和创新，以文化体验节目形式来传播中华优秀传统文化，拓宽了文化传播的路径和方式。未来也将继续朝着沉浸化、体验感和专业性的方向发展，树立文化新风，助力优秀传统文化传播。

浅析美食短视频的影像传播

孟 丹[*]

【摘要】 身处信息爆炸时代的用户期望通过"短频快"的方式不断获得新的刺激。在流量红利触顶后，短视频等各垂直类目越发细化，内容更丰富。其中，美食类短视频不仅在视觉、听觉上为用户带来了新鲜的文化景观和高质量的感官体验，其内容本身也与用户建立了强连接，引发情感共鸣。本文基于影像传播的视角，对美食短视频的场景构建、镜头语言的使用、受众心理等进行分析，挖掘其传播的特性，促进美食短视频拓宽受众范围，提升传播效率，更好地满足受众需求。

【关键词】 美食　短视频　影像传播

根据CNNIC发布的第49次《中国互联网络发展状况统计报告》显示，截至2021年12月，中国网民规模达10.32亿；其中短视频用户规模为9.34亿，占网民整体的90.5%。[①]影像作为媒介技术发展的产物，在新媒体时代背景下的影像传播也有新的表现形式，呈现出社交化和碎片化的特点。随着移动互联网的蓬勃发展，UGC内容重度垂直化、社交场景更加开放化，在美食短视频的分类里体现得淋漓尽致，美食类短视频也渐渐由圈层文化向大众文化靠拢。然而短视频的低门槛、低成本、变现快等特点使得美食短视频内容同质化、猎奇化问题严重。若想突出重围打破传

---

[*] 孟丹，北京联合大学应用文理学院新闻与传播系2020级硕士研究生；主要研究方向：网络素养教育。

① 中国互联网络信息中心（CNNIC）.第49次中国互联网络发展状况统计报告[R].北京：中国互联网络信息中心，2021.

统美食文化景观的局限，为用户带来新的感官体验，内容创作者需探索出一条满足用户需求、符合时代发展的传播模式。

一、新媒体环境下影像传播的重塑

新媒体环境下，媒介技术的更迭，拓宽受众审美范式的同时，也扩展了影像传播的厚度。一方面，从硬件角度，智能设备的普及降低了视频拍摄的门槛，让受众对影像技术的操作变得得心应手。而具有可移动性的平板电脑和笔记本电脑，甚至是小巧、移动性和便捷性更强的智能手机，更是将内容生产者从厚重的台式电脑中解脱出来。从软件上，后期制作是美食短视频的关键环节，组接镜头、特效制作、包装、调色等，看似琐碎的工作却是更好地完善视频内容、增添整体趣味性的重要组成部分，很多后期编辑软件的使用提升了后期制作环节的工作效率。互联网平台不断衍生出的操作简单、方便快捷的后期影像制作、剪辑等软件，丰富了内容生产手段，提高了内容质量。

另一方面，移动互联网改变了传统影像环节的编辑逻辑，从线性编辑转变为非线性编辑，数字化操作逐渐代替了机械的记录工作。[1]随着短视频平台技术的不断创新发展，不仅为内容生产者提供了创作土壤，拓宽影像传播渠道，促进了短视频UGC生产的大繁荣，更为视频内容创新、影像场景构建、用户互动赋能，帮助内容创作者在新媒体场景中获得更多关注。应用新媒体技术，影像作品的效果更加生动，欣赏性更强，声音与画面融合得更完美，加上用户可以自由地对影像进行回放和切换操作，有效提高了用户的使用体验。[2]

二、美食短视频的人物塑造

作为故事情节的发动者、承担者以及作为镜头语言表达中不可或缺的部分，人物形象的塑造对整个影视作品效果的呈现起着重要作用。[3]叙事主体是影像传播的

---

[1] 秦斌.新媒体环境下的影像传播[J]传播力研究，2019：79.
[2] 马卓，王晓明.新媒体环境下的影像传播研究[J].传媒论坛，2020（19）：42.
[3] 张小雪，曲鹏.论电影人物形象塑造的重要性：以电影《盗钥匙的方法》为例[J].戏剧之家，2020（35）：157.

核心。任何故事的展开都离不开事件本身，叙事主体作为事件的内核，根植于故事中，是事件展开的灵魂。短视频生产者不仅要做故事的讲述者，更要将受众带入到场景中，推动整个叙事行为展开。因此，人物形象的塑造是展开影像叙事需解决的首要问题。美食短视频中人物设定都具有鲜明的风格特色，特定的影像人物遵循故事主线展开影像叙事，推动情节发展，增加视频内容的真实性和可看度，激发受众产生情感认同。

美食短视频多为第一人称叙事，辅以人物群像，其叙事方式大致可分为两种类型：一是以美食探店、美食测评为主的短视频，通常以"亲和、自然、开朗"为特征塑造人物形象，以问答的形式与受众进行互动，虽然弹幕、评论不是实时同步，但这种虚拟式的时空对话，实现了传播者和受众话语空间的进阶。平等式的对话也使得"意见领袖"的姿态下沉，拉近了距离。二是以美食教学、田园美食为主要叙事的内容创作群体，则以"真实、暖心"作为标签，并没有用大篇幅的独白来讲述食材及制作过程，而是采用字幕对画面进行补充，用直观的身体叙事、诱人的美食作品作为主要内容呈现，降低了内容的传播门槛，增强了画面的简洁度。

三、美食短视频的场景构建

新媒体传播的本质是基于场景的传播，即短视频内容创作者通过将所传递的信息与场景进行有效匹配，实现传播信息量的最大化。在内容营销中，这种传受双方信息相匹配的过程就是精准营销，传者通过分析目标受众的需求，为用户提供个性化服务，实现视频内容精准传播。随着短视频垂直领域内容的深耕，美食类短视频类型也呈现多元化趋势。以B站为例，在美食短视频的分区下共有五个类目：美食制作、美食侦探、美食测评、田园美食和美食记录。每个子类目有各自的内容标签，如田园美食分区下包含：农村、户外美食、街头美食、赶海、农家乐等十余个标签，用户可根据不同场景自由选择。在移动互联网时代，场景传播是用户快速解读信息的重要途径，也是从场景影像传播的角度来解构美食短视频内容生产逻辑及运营模式的必要手段。正如古斯塔夫·勒庞在《乌合之众》中所说："影响民众想象力的，并不是事实本身，而是它们发生和引起注意的方式。"[1]场景的构建是美食类短视频内容生产的重要特征。在短视频的场域下，场景的构建能为用户传递更

---

[1] 勒庞.乌合之众[M].冯克利，译.北京：中央编译出版社，2011：40.

多信息,通过场景认同能够让用户产生情感共鸣,代替运营者与用户的语言沟通。而这种场景与"拟态环境"相似。李普曼认为,"拟态环境"并不是对客观现实的真实再现,而是被传播媒介加工再创造的产物。①美食类短视频通常会精心设计场景,并不是完全对客观现实的再现,他们传播的并不是客观真实,而是再加工的产物。如"办公室小野"构建的办公室场景,将只有工作、加班的办公室与美食结合起来,形成了不同于其他美食类短视频的内容创作,给只能吃外卖的打工人以治愈的情感共鸣,在短时间内积累了大批粉丝。同样在李子柒爆红后,乡村场景的构建受到大量内容创作者的效仿,以质朴的乡村场景为用户勾勒了理想中的世外桃源影像,在文化上展现了深厚的中华传统文化,包括中华饮食文化、中华农耕文化、中华节日文化以及中华传统服饰文化。②

四、美食短视频的镜头语言

与枯燥、单调的文字相比,影像传播能够给用户带来更为直观的体验,影像传播通过镜头语言把人们难以理解的问题得以简单化呈现。在视频拍摄过程中,充分利用镜头语言,调节拍摄角度、光影、色彩、运镜等对不同的场景和题材分类处理。在美食短视频中,除了对食材进行影像记录外,情感基调也始终贯彻在美食短视频的内容框架中。例如,美食短视频博主"日食记"姜老刀,通过不同的美食主题,在视频中融入节日、亲友、挚爱等情感元素,将烟火气与情感在几分钟的短视频中体现得淋漓尽致,拉近了与观众的距离。其视频滤镜、光影、色彩会依据季节做出不同变化,夏季的视频偏向使用冷色调,可以在视觉上让用户感受到清凉的感觉。除了对食物特写镜头的精心雕琢外,还通过场景的布置和镜头的切换避免观众视觉上的审美疲劳,增强了影像拍摄的仪式感。

对于美食类短视频而言,视频最终的传播效果好坏除了需要细腻的视觉元素外,听觉元素也是不可缺少的一部分。恰到好处的音频选择,不仅可以增强视觉的传播效果,还能够让观众更好地理解视频传达的内容,产生情感共鸣。例如,"日食记"在《给你准备了【一桌年夜饭】,一起恰恰过年啦!》中BGM选择了好妹妹乐队的《往事只能回味》贯穿整个视频,和朋友一起包饺子的画面为观众勾勒了一

---

① 郭庆光.传播学教程[M].北京:中国人民大学出版社,2011:127.
② 张唯玮.李子柒短视频的影像叙事研究[D].成都:四川师范大学,2021.

幅喜气洋洋、合家欢乐的新春之景，也让观众在观看视频的同时回味自己这一年的心路历程，增强了内容的感染力。

视频剪辑在短视频环节中必不可少，美食短视频的剪辑制作一般以时间为维度展开。通过剪辑可以利用逻辑性原则来进行叙事，完整地还原内容原本的创作意图，保持整体节目风格的一致性。通过后期的专业技能和艺术感知力，为"素颜"影像加权，创作出赏心悦目、满足用户需求、并产生情感共鸣的美食类短视频作品。

五、美食短视频受众心理特征

在融媒体时代的背景下影像传播的载体是新媒体，影像传播的内容如果没有把握用户的心理，了解用户需求，那么创作出来的内容就无法获得目标用户的喜爱，也就无法实现预期的传播效果。因此，"内容为王"永不过时。

"使用与满足"研究指出，人们接触传媒的目的是满足自己特定的需求，主要有功能性需求、情感性需求、交往性需求这三种类型。这些需求基于一定的社会因素和个人心理起源。[①]而美食类短视频的用户并不局限于观看体验感官上的满足，更多的希望获得精神层面的慰藉。功能性需求的满足主要是指用户想通过美食类视频中的做饭教程来满足自己日常的烹饪需求。情感性需求主要指用户通过观看美食类短视频得到陪伴、替代、解压等情绪的寄托满足。如许多用户会在减肥饥饿时观看美食视频，用看过等于吃过来实现精神上的满足和社交需求。粉丝可以通过弹幕和评论的形式与内容创作者或其他粉丝进行沟通，实现认同感以及虚拟的陪伴感。

美食类短视频以视觉、听觉相结合的形式呈现主题内容，观众即使没有品尝到视频中的食物，通过视听的双重刺激，再加上影像赋予的丰富想象力，也依旧能够产生"隔着屏幕都能闻到香味"的感觉。以"日食记"《【春游便当】比春天还美》视频为例，讲述了春游便当——三色饭团、里脊肉饭团、烤芝士饭团、土豆沙拉制作教程。视频开篇出现的玉兰的特写镜头，营造了春天的氛围。满屏都是"不争气的眼泪从嘴角流下来""新技能get""好想去春游""前面武汉的别走"等弹幕。这些是超出感官的精神体验。片中出现的食材都是日常生活中常见的食材，用户观看后非常容易操作，可充分满足用户的功能需求；视频结尾博主同三五好友一同去春

---

① 郭庆光.传播学教程[M].北京：中国人民大学出版社，2011：168.

游的场景，让用户身临其境，在满足味觉的需求的同时内心也感受到了春游的喜悦；观看视频中的弹幕互动，可以在虚拟的网络空间中满足用户的社交需求，如找到自己的同乡或兴趣相投的网友。美食类短视频利用影像传播，不仅实现给予用户感觉、知觉的体验，更是实现了和用户的一种精神沟通。

六、美食短视频影像传播的未来发展路径

新媒体营造了开放、自由、交互的传播环境，用户既是信息的接受者也可以成为内容创作者和传播者，在海量视频内容中如何脱颖而出，猎奇不是唯一的路。内容创作者要有针对性地进行影像传播，从场景到镜头再到用户心理的解读，进而提升影像传播的效果，人们终究会对猎奇内容心生厌倦，持续不断的精神沟通和情感价值的传递才是短视频可持续发展的终极奥义。

（一）打造有影响力的个人IP

欧文·夫曼提出的印象管理理论指出"人们试图管理和控制他人对自己所形成印象的过程"[①]。那么巧妙地运用影像讲述故事，在视频中对影像内容层、知觉层、叙事层、传播层进行艺术化处理，形成自己独树一帜的风格至关重要。传播者要在影像拍摄的角度形成自己的风格，突出美景对受众的吸引。在影像剪辑的角度不仅要遵循蒙太奇的规律，也要形成自己的剪辑风格，形成有特色的个人IP。在通过内容获得高忠诚度的用户后，创建个人IP品牌，在线上网络店铺生产、售卖IP相关的美食产品已是大多数内容创作者的选择，此举不仅有利于内容的持续输出，更提升了变现能力，促进产品的宣发推广。

（二）提升内容质量，避免内容同质化

新媒体环境下，人人都可以是传播者，随着美食短视频从业人员队伍日益壮大，视频同质化趋势十分严重。为了提升影像传播的效果，内容创作者需要在内容上持续不断地深耕细作，要有针对性地进行影像传播。要有明确的目标用户及市场

---

① 吴航.微信朋友圈中信息数量和信息类型对大学生印象管理策略的影响［D］.苏州：苏州大学，2017.

定位，塑造个人独特的品牌形象。积极通过互动了解用户需求，形成以用户主导的内容生产模式。

"民以食为天"道出了中国人自古以来对吃这件事的重视。随着数字化经济的深入发展，人们对生活质量的要求不断提高，对美食的追求亦有了更高层次和更多元化追求。我国多样的地理环境造就了各具特色的地域美食，形成了风味多样的中华饮食文化，为美食短视频的影像传播提供了丰富的素材。要充分利用新媒体优势，促进中华饮食文化的繁荣，让美食类短视频成为文化传播利器。

（三）激发群体情感，注入共通美感

通过一些视听语言及视觉的处理，短视频影像可以给受众传递一种温暖而又真实的情感，将生活中的场景建构成精致唯美的画面呈现给身处不同环境的用户观看，为自然场景注入共享的美感。通过场景切换，短视频影像变成了一种对外交流的手段，把全世界受众黏合在同一情感氛围之下。通过短视频传递的文化内涵引发受众的感情共鸣，在增加传播力的同时，也使人们浮躁忙乱的心获得片刻闲适；修补现代社会中冷漠的人际关系，填平城乡之间的数字鸿沟，实现传统文化与现代文化的融合，进而增强文化自信，提升凝聚力。

浅析网络情感节目中的人文关怀

陈 彤[*]

【摘要】 马克思主义人文关怀理念始终贯穿马克思主义哲学,而在新媒体不断发展的今天,网络情感节目由于强大的共情力成为传播思想文化的手段之一。本文透过网络情感节目中的人文关怀现状,分析出网络情感节目中的节目内容把握主流价值观、节目选题贴近生活、主持人正确引导等的人文关怀表现,进而从节目内容、节目选题、价值尺度方面提出了增强人文关怀意识的手段。

【关键词】 网络情感节目 人文关怀 网络电台

随着我国经济文化的发展和传播技术的不断升级,网络电台作为一种新的传播媒介形态,由于其携带便捷、传播速度快、受众覆盖面广、互动性强等特性,拥有与传统广播电台可以匹敌的影响力。网络情感类节目作为常见的节目类型,旨在给受众提供放松、安抚、娱乐的空间。[①]由于具有强大的共情能力,符合听众的个性化需求,从而吸引了广泛的受众,也创造出不菲的经济价值。同时网络情感节目的人文关怀意识越发重要。网络情感节目不仅仅需要播出吸引人的内容,更应该具备相应的人文关怀意识,才能够营造良好的社会氛围,倡导积极向上的社会风尚,真正成为人文关怀的宣传员、引导者和实践者,吸引听众,升华节目价值。[②]本文将

---

[*] 陈彤,北京联合大学应用文理学院新闻与传播系2020级硕士研究生;主要研究方向:网络文化与新媒体。
[①] 欧逸帆.网络情感类节目主持人信息挖掘[J].科技传播,2016,8(16):52.
[②] 董琳琳.广播媒体的人文关怀[J].记者摇篮,2011(3):69.

从网络情感节目中人文关怀的现状及表现方面对网络情感节目中的人文关怀进行分析，探讨如何增强网络情感节目中的人文关怀意识。

一、网络情感节目中人文关怀现状

作为新兴媒介之一的网络电台，拥有向年轻群体传播信息、思想的强大影响力，因而网络情感节目也应该相应地增强自身的人文关怀意识，引导听众正确对待自己和生活，将拥有节目特色的人文关怀融入节目的各个方面，营造积极向上的社会氛围，倡导健康正能量的社会风尚。

现如今随着传播技术的迅速普及，自媒体拥有了更多的话语权，且自媒体准入门槛较低，只需要很低的成本就能够制作一档节目，就能够吸引到听众的关注。目前的网络情感节目存在着许多的问题，主要包括以下的方面：第一，泛娱乐化严重，不注重精神内涵。一些网络节目为了追求眼球效应一味地迎合听众，将一些没有营养的娱乐内容作为主要内容，没有实质性的观点，只是单纯的无病呻吟，利用一些低俗的内容吸引听众，只为了赚取流量从而盈利。长此以往不仅会造成网络电台环境的不良风气，还会对一些受众，尤其是年龄较小的受众的价值观造成影响，严重影响人的身心健康。第二，网络节目主持人平民化，缺乏职业素养。现在的网络技术十分发达，网络的准入门槛也越来越低，人人都有一个"麦克风"，想传播什么内容就传播什么内容，因此，主持人的素质参差不齐，网络情感节目主持人这个职业不仅需要甜美的声音，还需要较高的职业素养，非专业的网络主播很难具备这些专业的采编知识。第三，缺乏社会责任感与同理心。一些网络情感节目主持人为了挖一些"深料"从而不断地寻找猎奇、刺激的节目素材增加到节目内容中，或是用一些悲伤的文字，营造一种深夜孤寂的氛围，试图引起听众的共鸣，忽略了这些向大众传播的内容会在不知不觉中影响自己听众的价值观，缺乏作为一位主持人的社会责任感与同理心。总的来说网络情感节目中的人文关怀价值界限模糊、缺乏专业性与社会责任感。

二、网络情感节目中人文关怀表现

网络情感节目是借助网络这一载体，向听众传递音乐和故事等内容的音频产品，由于音频的伴随性特点，它成为一个获取生活环境讯息、休闲娱乐、放松心情的一种新兴方式和途径。以喜马拉雅FM为首的一批网络音频软件的快速发展，不但越来越深入大家的日常生活，也会慢慢地改变人们接受信息和娱乐的各种生活方式，并且成为具有影响力的大众媒介之一。在当今社会环境下，网络情感节目中的人文关怀是指广播媒体站在"以人为本"[①]的立场上，关注听众的内心需求，满足听众精神生活需求，提高听众的审美品位等。网络情感节目的形式虽然较传统广播形式新颖，但节目内容的创作还是以听众为主体的，现代社会所提倡的"以人为本"的理念，在这点中也可以充分运用与体现出来。网络情感节目重视人文关怀，不仅可以赢得主流的支持和听众的信任，为自身发展奠定基础，而且还能真正发挥自己新型大众媒介的作用，[②]将更多的信息、更好的积极向上的生活态度传递给听众。从这个角度来说，在网络情感节目中充分体现人文关怀不光是传统媒体的一种责任与担当，也是网络媒体在其实践中需要担负的社会使命。在网络情感节目中的人文关怀主要体现在以下几个方面。

（一）节目内容把握主流价值观

网络情感电台与听众的交流性强，并且往往能触及听众的心底，节目内容符合社会主流价值观、符合当今意识形态是人文关怀意识的基本要求。我国的社会主义核心价值观是：富强、民主、文明、和谐、自由、平等、公正、法治、爱国、敬业、诚信、友善。网络情感节目作为媒介的一分子积极培育和践行社会主义核心价值观，向听众和社会传递积极向上的生活态度，是人文关怀落实在实践中的第一步。

（二）节目选题贴近生活

人的感受和需求是多层次和多方面的，除物质需求外，还有其他方面的需求等，按照马斯洛的需求层次理论，生存需要得到满足之后，人们就会对于自己的自我发展和自我实现提出更高的需求。[③]人文关怀在节目选题中的体现就在于，一些人在实际生活中的问题不愿意表露，想要借助陌生的网络情感节目宣泄心中的烦

---

① 李秀霞.试论广播节目的人文关怀[J].现代视听，2017(2)：79-81.
② 李建勇.广播电视新闻报道中的人文关怀[J].新闻世界，2013(7)：38-39.
③ 齐先朴.注重"虚拟空间"的人文关怀和心理疏导[J].紫光阁，2008(10)：63.

闷，这时节目就需要把握大众的心理，使节目的主题更加贴近寻常生活，根据人们的深层需求来确定进行选题，帮助听众完成自我实现。

（三）主持人正确引导

现代社会，生活节奏快、压力大，容易产生各种各样的问题，比如，大城市的孤独感、年龄情感问题、原生家庭带给自己的心理问题等。孤独仿佛是我们这个时代的常见的状态，虽然现在的社交网络越来越发达，但人们却越来越没有安全感，此时网络情感节目的主持人要积极发挥自己的作用，通过话语引导听众正确对待自己与他人的关系，正确对待困难，鼓励健康积极的生活态度，这是人文关怀的核心要义，也是主持人的一种责任与担当，是其需要担负的社会使命。

三、如何增强网络情感节目的人文关怀意识

针对网络情感节目传播速度快、个性化、用户黏度高、影响力广泛等特点，网络情感节目应从以下几个方面提升自己的人文关怀。

（一）增强节目内容中人文关怀内涵

1.节目选题既贴合社会主流价值观又具有自身情怀

节目内容选题要贴近主流的价值观，不能为了吸引眼球去寻找一些猎奇低俗的节目主题，要具备人文关怀意识，关注听众的心理健康，符合我国主流的价值规范。以《奇葩说》的内容选题为例，奇葩说的每期选题都非常贴合社会的热点问题，但又清新脱俗，例如"博物馆着火救画还是救猫""有后代和没有后代谁该去抢险"等节目主题，既符合时代热点，又贴近生活，包含许多与日常生活密切相关的话题，更能引起群众共鸣，增强节目的吸引力。

2.节目内容导向明确，给予听众正能量

现在的网络电台节目市场上存在着许多矫揉造作的节目，这些节目缺乏真情实感，为了煽情而煽情，营造一种深夜悲伤孤独的气氛，而这样的节目内容质量堪忧，不仅没有任何营养，没有任何实际的意义，更会拉低听众的审美。一档优秀的

网络情感节目要以柔和的姿态分析真正的问题,在平凡的话语中引起听众的思考,将人文关怀融入节目之中,鼓励听众正确面对自己,面对他人,面对社会,面对生活中的挫折与挑战,营造健康积极的氛围,这也是人文关怀的重要内涵。

3.要平衡好世俗娱乐与人文精神的限度

网络情感节目作为一项音频产品存在于网络平台之上,势必会考虑相关的利益关系,一档网络节目想要存活下去,就要依靠点击量、流量、热度等商业手段,而获取这些的最便捷的途径就是涉及一些更容易引起人关注的话题,比如两性、色情等,但这些话题虽然能引起较大的关注度,却没有多少真正的价值和意义,还会于潜移默化之中形成听众的畸形的价值观,长此以往,其他的网络节目也会群起效仿这种吸引热度的方式,网络电台节目的内容质量堪忧。做出一档优质、有意义、能有益于社会和听众的好节目,要平衡好世俗娱乐和人文精神的限度,既让自己的节目在激烈的竞争中生存下去,又将人文关怀的精神融入节目内容中。

(二)增强网络节目主持人人文关怀意识

1.关注社会民生,寻找人文精神和大众诉求中的尺度

网络情感节目不能仅仅只关注节目热度,而需要依靠更深层次的内容吸引受众的注意。这些网络电台的内容基本上都是由主持人担任选题、创作内容、录音、剪辑等工作的,所以更应该具备相应的人文关怀意识,目前,网络媒介形态日益多样化,人文关怀不仅能为节目注入强大的活力,还能为媒体自身增添魅力。表现人文关怀的第一步就是从生活中寻找素材,要将人文关怀贯穿节目制作的全过程,充分考虑听众,以听众需求为出发点,认真分析[①],围绕听众的特点来选择节目主题。现代社会物欲横流,大家都容易被新鲜事物吸引注意力,作为主持人要平衡好人文关怀和大众诉求间的尺度,制作出既满足大众需求又富有意义的情感节目。

2.善于沟通扮演听众朋友,注重听众心理健康

网络情感节目与其他节目相比,更需要主持人以平等的身份与听众进行交流。

---

① 董琳琳.广播媒体的人文关怀[J].记者摇篮,2011(3):69.

不能采用说教的形式对听众指指点点,更不能主持人一个人自说自话,否则听众只会觉得这样的节目很疏远,不具有亲和力,缺乏与听众之间产生默契与沟通的桥梁,这样就更谈不上"关怀"了。网络情感节目主持人应该以"朋友"的身份与听众亲切交谈,一边秉持弘扬社会主旋律的原则,一边寻找听众的兴趣点、兴奋点,让主持人亲近的情绪自然流淌出来[①],这样会缩小节目与听众之间的距离,也会展现主持人的自身魅力,使听众敞开心扉,感受温暖。

3.强化自身的社会责任感与道德感

现在已经进入了新媒体时代,在网络上的任何一句话、一段音频都会传播到世界的各个角落,一档网络情感节目的影响力越大,主持人所面对的听众就越多,听众的关注让主持人的一言一行都变得格外重要。[②]虽然网络情感节目不像传统的电台、电视台节目有着规整的节目流程,但也拥有十分巨大的影响力。一位网络节目的主持人也应该担负起社会责任,在发挥个性的同时不能只考虑自身的喜好,更不能把节目当成自己的一方乐园,完全按照自己的想法进行创作,而应该清楚自己肩上的使命,义不容辞地承担起营造积极健康社会氛围的责任。

(三)完善网络节目的人文关怀机制

人文关怀应该体现在节目的方方面面,不仅蕴含在节目内容中,还可以完善节目的相关机制,例如在微信公众平台、微博等新媒体平台创建节目公众号、官微,发起一些话题讨论,组织一些活动。加强与听众的双向交流,这样不仅可以增强听众的用户黏性、从多个角度了解到听众的需求、还可以根据听众的反馈进行调整修改,利用多个新媒体平台,联合线上线下,关注听众多层次的感受与需求。使节目的人文关怀渗透到听众的生活当中。

总结

网络电台是新媒体行业所产生的产品、新形态,它本身具有极强的影响力和传播性,由于网络的发达,网络电台现在也可以被大部分人使用和接受。网络情感

---

① 田雅静,芦笛,张敏.广播节目要体现"人文关怀"[J].新闻传播,2002(5):55.
② 郑敏.正确的舆论导向是节目主持之本[J].记者摇篮,2009(1):53.

节目的内容和价值不仅体现了节目自身的理念和价值观，更是整个新媒体在社会现状下所催生出的产物，充分地体现了社会文化的建设水平。网络情感节目作为媒体的新形态之一，其个性化、小众化、分众化的特点符合当今大众的审美要求，通过娱乐化的内容向社会大众传播思想和观念。因此，人文关怀要体现在节目内容本身上。在当今构建和谐社会的大背景下，网络新媒体要将人文关怀融入传播内容中去，而网络情感节目的主持人作为节目的把控者，要想通过自己的节目营造良好的社会氛围，倡导积极向上的社会风尚，就不能只考虑自身的喜好，更不能把节目当成自己的一方乐园，完全按照自己的想法进行创作。网络情感节目要以听众需求为基本，以人性化的创作安排节目内容，满足听众的内心需求，引导听众积极健康地生活。随着传播技术和新媒体环境的不断发展，网络电台节目也层出不穷，例如，当前许多新媒体平台如喜马拉雅FM、蜻蜓FM、荔枝FM都纷纷涌现了许多情感电台，但其中许多内容良莠不齐、无病呻吟。人文关怀不仅能使一档网络情感节目从众多矫揉造作的节目中脱颖而出，还能给予一档节目一些活力。主持人提高自身的人文关怀意识，也会增添自己的魅力，吸引更多的听众。

网络情感节目要将人文关怀的基调贯穿于整个节目之中，要以听众为主，分析听众群体的特点，以听众内心需求为基本，明确网络情感节目的定位，在充分地调研后再确定节目的内容，具体到时间段、平台甚至是主持人的语言风格等，这些都应满足听众对节目的收听需求。网络情感节目内容不仅要符合听众群体的内心需求，还要符合贴合听众的喜好、习惯等，从而以科学的方式确定整个节目的架构，这样才能更好地利用新型媒介的优势营造良好的社会氛围，倡导积极向上的社会风尚。

新媒介·新青年·新观察

现代科技赋能传统艺术作品的创新模式研究

肖屈瑶*

【摘要】 在数字化时代,随着大数据、云计算等人工智能技术的不断发展,传统艺术作品也在不断变化,科技赋能传统艺术作品进行创新发展。现有的关于科技赋能传统艺术作品创新发展的研究大多都是对具体某一个文化项目创新传播案例的分析探讨,并没有纵向发展模式的整合性研究,存在着不足,这便成为本文研究的起点。本文选取具有代表性的传统艺术作品创新传播的典型案例,分析传统作品与现代科技的融合特征和规律,提炼其进阶式的演进模式,即"《清明上河图》化静为动的1.0时代""《唐宫夜宴》视听交互的2.0时代""《千里江山图》沉浸体验的3.0时代",为传统艺术作品的创新传播提供模式参考,为数字文化产业的创新提供思路,也为数字创意经济和文旅产业的结合提供策略支撑。

【关键词】 传统文化　科技创新　融合模式

党的十八大以来,以习近平同志为核心的党中央将"中华优秀传统文化创造性转化、创新性发展"摆在突出位置。[①]传统艺术作品是传统文化代表性表现形式之一,推动传统艺术作品与时俱进,嫁接高新技术使其焕发新的生机活力,对于传承并创新传统文化具有重要意义。在人工智能、量子技术等新技术的赋能下,涌现出

---

* 肖屈瑶,北京联合大学应用文理学院新闻与传播系2021级硕士研究生;主要研究方向:城市影像创意制作与传播。

① 共产党员网.推动中华优秀传统文化创造性转化创新性发展[EB/OL].(2021-11-25). https://www.12371.cn/2021/11/25/ARTI1637802542125848.shtml.

许多传统艺术作品与科技高质量融合发展的案例。从2010年上海世博会所展出的借助数字技术动态呈现的《清明上河图》开始，传统艺术作品就在不断地创新其表达形式，再到后来的《唐宫夜宴》的出圈、以《千里江山图》为内涵的文旅产业的开发，传统艺术作品运用新技术，不断创新表现和传播方式，迸发出新的活力，催生了数字文化产业等新业态的出现。

一、传统作品嫁接高新技术发展的必然性

数字化时代，随着技术的飞速发展，对于传统艺术作品的创新有了更多技术手段，数字文化产业的发展成为新兴领域，在时代背景下传统艺术作品嫁接高新技术的接续发展也成为大势所趋。

（一）政策引领融合发展

从2014年国务院颁布《国务院关于推进文化创意和设计服务与相关产业融合发展的若干意见》[1]，到国家发布的"十四五"重点项目规划里明确指出要运用科技力量，提高保护传承水平、从中华文化资源宝库中提炼题材、获取灵感、汲取养分，推出一批优秀文艺作品，积极推动传统文化内涵、更好更多地融入生产生活。[2]这些举措都表明，在信息技术革命的背景下，传统文化与科技的深度融合发展不仅成为传统文化迸发新活力的重要驱动力，也是突破当前我国文化界改革发展"瓶颈"的重要动力。

现今传统艺术作品出圈现象频增，越来越多的年轻人沉浸其中且充满热情，也带动了相关产业链的发展。如果说以故宫为代表的文创产业掀起了传统文化复兴的浪潮，那么文化影视化、IP化则使得传统文化的复兴与影视等技术逐渐结合，再到现今各大新旧媒体、平台争先与AR、XR、4D动感球幕影院等黑科技相融合，推动传统文化与现代科技交互发展，在此过程中也出现了像《唐宫夜宴》《千里江山图》

---

[1] 国务院.国务院关于推进文化创意和设计服务与相关产业融合发展的若干意见 国发〔2014〕10号［EB/OL］.（2013-03-14）. http://www.gov.cn/zhengce/content/2014-03/14/content_8713.htm.

[2] 新华社.中共中央办公厅 国务院办公厅印发《关于实施中华优秀传统文化传承发展工程的意见》［EB/OL］.（2017-01-25）. http://www.gov.cn/zhengce/2017-01/25/content_5163472.htm.

等成功的案例与发展模式。

（二）文化科技交互必然

传统文化与科技深度融合发展，一方面在于国家政策的大力扶持，在资金、技术、人才等各方面都给予企业、媒体以帮助；另一方面，技术的发展必然会对经济、文化产生一定程度的变革。随着经济社会的不断发展，以数字化、信息化、网络化为特点的现代科学技术已经渗透到了经济社会的各个领域当中，传统艺术作品嫁接高新技术进行创新，是顺应时代发展的必然趋势。此外，由于影视、媒体等各大领域的宣传，传统艺术作品不断创新，并且吸引了大批优秀人才，为创新传统艺术作品、创新发展传统文化产业贡献力量。

传统文化科技化、数字化是新时代背景下增强我国国家文化产业的必然选择和路径。使传统艺术作品数字化表达、创造性转化，是时代发展的必然要求，同时也是文化传承的必然要求。此外，想要进一步提高国家文化软实力，同样也需要不断挖掘传统艺术作品的现代化发展模式。

二、1.0模式：化静为动的《清明上河图》

在2010年的上海世博会中国馆内，《清明上河图》这幅静态的画卷变成了动态的形式呈现给受众。所谓化静为动模式，即是通过三维动态制作、电影投影等技术手段，将平面文化作品以动态的方式传达出来。

（一）"会动"的汴京市井

张择端的《清明上河图》是一幅百科全书式的画作，也是中国十大名画之一。2010年，在上海世博会的中国馆中，一幅"会动的"《清明上河图》成为万众瞩目的焦点。

相比于静态的展示方式，这幅动态画作采用了三维制作技术、投影技术等高新技术，使用了数十台世界级的专业电影投影设备，并且充分利用原画中数目庞大的人物、船只等重要的数字资源基础，将其转化为动态形式。团队为了高度还原宋朝的情景，还将展览分为白天和黑夜两种模式，让现场参观者更加能够沉浸在汴京的市井景象中。[1]

（二）电影级画面特征

1.实景再造的特性

用数字绘画的方式将原画当中的场景描摹出来的同时，主创团队还根据原图进行了再创造，在合理的前提下加以想象挖掘原图背后的故事。主创团队十分注重细节，例如由于宋代取消"宵禁"制度，且市坊合一，于是他们在再创作过程中加入了夜景特效，给观众更加沉浸式的宋代生活体验感。

2.声音融合的特性

在观赏画作的同时辅以熙熙攘攘的叫卖声、桥下涓涓流水声、外来商人队伍传来悠悠驼铃声等声音，数字技术和电影技术的使用，视听的相辅相成让画面显得更加鲜活和真实。

3.场景转换的特性

原画当中只有三大主要城郊、船只以及市内街道的场景，而这幅动态画作运用三维的屏幕运动，将每个场景下的人物等元素随故事情节进行转换，并且融合投影使画面显得更加自然连贯，不仅展示出了超高的绘画技术，也体现了电影、投影技术的重要性，才使得画面更具内涵和情趣。

（三）本模式对文物遗产提供的借鉴意义

《清明上河图》的成功为其他的馆藏文物、地方传统平面类展览提供了指导思路和参考模式。对于地域类传统文化，在技术经费有限的情况下，可以参照此模式，结合自身文化独特魅力，进行创新展览，突破传统展览的桎梏，嫁接高新技术给受众以全新体验，吸引更多人尤其是年轻人走进博物馆、走进瑰丽的历史遗产、文物当中去。一方面能够提升我国传统文化软实力，另一方面也能够增强年轻人对

---

[1] 欧达.当代社会文化遗产展示方式创新探析：以"会动的《清明上河图》"为例[J].美与时代（上），2020(3)：108-109.

于历史文物的保护和宣传意识。

三、2.0模式：视听交互的《唐宫夜宴》

所谓视听交互的模式，则是以《唐宫夜宴》这类创新型广电视听节目为代表的传统文化节目类发展新模式，通过视觉与听觉甚至还有其他感知知觉多方交互的形式，创新传统语言叙事的单一表现形式，以群众更喜闻乐见的表达形式赋予传统文化以新的活力。

（一）唐朝的"视听盛宴"

2021年，河南卫视春晚节目《唐宫夜宴》成功出圈，不仅引起各大社交媒体平台的转发、无数网友的点赞和追捧，还使该舞台剧中舞台演员的形象成为河南省的文化IP形象，网上也出现许多周边产品，更重要的是，它使得河南中原地域文化后续不断蓬勃发展，突破了大众文化的圈层壁垒，实现传统文化的现代型转化。①

《唐宫夜宴》使观众以第三视角观看乐舞伎的穿越，以夜宴的乐舞伎为主角，讲述了同众多国宝一起展览的乐舞俑在博物馆"醒来"，好奇的她们在博物馆中穿梭，在《簪花仕女图》《捣练图》中游历。镜头一转，夜幕降临下她们在湖边嬉戏，也在庞大的宫殿内翩翩起舞。作品创意来源于河南博物馆所展出的产品——乐舞俑，该乐舞俑出土于河南安阳张盛墓，来自隋代。

（二）AR+5G全息特性

1.虚实结合的特性

节目采用VR+电视的模式，在计算机生成的虚拟环境中呈现三维动态视景，让真实的舞者在虚拟环境中、在唐朝与现代中切换自如。节目通过全息影像，让观众看到了妇好鸮尊、贾湖骨笛等众多国宝级文物，这些文物借助全息影像技术，让观

---

① 曾一果，李蓓蕾.破壁：媒体融合下视频节目的"文化出圈"——以河南卫视《唐宫夜宴》系列节目为例[J].新闻与写作，2021（6）：30-35.

众得到了前所未有的视觉体验，提高了视听内容的感染力和艺术性。[①]VR技术能够使观众视听多感官交互融合，同时对"场景"的传送更是让观众有了现场体验感，让观众也从"观看者"转变为"参与者"。

2. 5G赋能的特性

5G本身高速率、低时延的特点使整个舞台传递表达更加顺畅，也增强了舞台整体场景的真实感、推进了剧情的发展，放大了作品的历史感和文化感。《唐宫夜宴》运用5G高速率的特点+传输全景的立体影像，实现了艺术与技术、虚与实的融合，且有效提升了受众的观影感受。

3. 前期录制+后期抠图[②]

该作品其中的一部分如"侍女俑复活"片段，先是让舞者在背景前录制，后期再抠图，将蓝色的幕布换成三维的动态宫廷，加上以舞台为基调的实景录制，给人一种"人在宫中游"的画面感，同时也增强了人的想象力，场景的叠加重组打破了传统的表演形式，别出心裁。

（三）本模式对影视节目提供的借鉴意义

《唐宫夜宴》的出圈为其他传统文化影视类节目的发展提供了指导思路和借鉴模式。它的出圈不仅带来了一系列周边、文创产品，抖音、快手等各大社交媒体平台还通过《〈唐宫夜宴〉小姐姐打卡郑州地标》力求带动郑州旅游业的发展，河南卫视更是紧跟热度推出《元宵奇妙夜》、端午的《端午奇妙游》，以及刚刚过去的《中秋奇妙游》，"爆款制造机"的河南卫视通过对国风的全新演绎，给传统广电节目提供了发展借鉴的积极意义。[③]《唐宫夜宴》的成功也表明在技术的辅助下，"传统"是可以变得可感可亲可近的。

---

① 高红波，张筱菡.技术赋能与传统文化的视听表达创新：以河南卫视《唐宫夜宴》系列节目为例［J］.现代视听，2021（3）：23-25.
② 贺登茹.浅析地域文化影视作品《唐宫夜宴》的创新之处［J］.视听，2021（9）：48-49.
③ 白云鹏.《唐宫夜宴》对新媒体时代文化类节目创新的启发［J］.传媒论坛，2021，4（17）：171-172.

四、3.0模式：沉浸体验的《千里江山图》

沉浸体验则主要从受众角度出发，是传统文化作品从简单的观赏到交互式体验、发展到新兴的数字文化产业，在智媒时代的背景下应运而生的一种创新式文旅产业，多强调与受众的交互性、给受众带来沉浸感体验的模式。

（一）飞越的"千里江山"

2018年，华强方特精心打造的中国画题材球幕影院《飞越千里江山》开启。通过方特的这一以传统艺术画卷为主题而打造成的乐园，游客可以在巨幅球形银幕前，领略《千里江山图》这一世界名画的精彩绝伦，感受画家王希孟巅峰之作所带来的美妙意境。①

深圳华强方特集团在30多年前以"代工"和电子制造闻名全国，随着行业不断发展以及科技的提升，自2001年起，开始向自主研发转型，且涉足文化产业领域。华强方特以自身的科技实力为优势，不断增加文化内涵，实施"文化+科技"的发展策略。2017年，方特副总裁丁亮在观看了北京故宫博物院展出的《千里江山图》后深受启发，想要带领方特展现出中国的文化瑰宝、提升文化影响力，随即便组织数字技术团队，打造《飞越千里江山》这一项目。②

（二）飞行赏画视觉奇观

3D复刻的特点。《飞越千里江山》以北宋王希孟创作的绢本画卷作品《千里江山图》为背景，运用三维视觉技术，改变了原画的横向构图方式，竖向的构图更能够勾勒出画卷中形态的雄伟壮观，呈现出更强的空间结构感。由于王希孟在绘制《千里江山图》时便精雕细琢，先后进行了五道工序，方特主创人员则在数字复刻时更是仔细，反复观察原作，根据原画绘制的大概步骤，先后进行了数十次着色，

---

① 商旅地产前沿.国宝活起来了！华强方特带你进入《千里江山图》[EB/OL].（2018-08-11）.https://www.sohu.com/a/246608241_238598.

② 新华网.华强方特新突破 数字3D创意重现《千里江山图》[EB/OL].（2018-07-06）.http://www.xinhuanet.com/travel/2018-07/06/c_1123088823.htm.

才得以实现国画的3D数字复刻。[①]

飞行+球幕的特点。此项目有着独特的悬挂座椅，视觉呈现上采用超高分辨率的球幕，使得游客可以通过悬空乘坐动感座椅，上升到直径达22米的半球形全包围银幕，得以沉浸式的体验。一方面，飞行座椅可以模拟上升、滑翔等动作，从而让游客能够沉浸式地进行飞翔体验；另一方面在极其高清的巨型球幕前，游客可以更进一步感受到北宋传世名画的精妙之处，以全新的方式领略中华传统文化与现代科技融合迸发的魅力。

（三）本模式对文旅产业提供的借鉴意义

《飞越千里江山》项目的创新为国内文旅产业、主题乐园的打造提供了可借鉴思路和参考价值。华强方特一直用自身的科技之长，匠心传承打造国宝文化，不断突破创新。为增强游客的沉浸体验感，主创团队还将许多创意融入故事当中，如宋徽宗的《瑞鹤图》中仙鹤的元素，通过复刻仙鹤，使其成为带领游客进入画卷的吉祥物，并且利用仙鹤联系宋徽宗，一方面体现了球幕飞翔影院的特色，另一方面更是展现了《千里江山图》背后的故事。在科技上攻坚克难，在文化上深耕细作，是引领以华强方特为代表的企业未来发展的重要指导思想。

五、传统文化嫁接技术普适性融合模式参考

结合上述三种文化与科技融合的进阶模式的分析，从平面类文物的化静为动模式、到影视节目的视听交互模式、再到新兴文旅产业的沉浸体验模式，总结提炼得出了传统文化和现代科技融合创新的通用共性模型，如图1所示。

无论是传统文化+动画、传统文化+影视还是衍生品、主题乐园等各大产业的开发，在政策、经济、社会和技术等四大外在条件支撑的前提下，前期在制作过程中需有如人工智能、量子技术、数字技术等核心领域前沿技术的加持，以求在用户使用过程中能够有沉浸式的体验感，满足年轻人等群体的使用需求，紧跟时代发展潮流趋势，后期在宣传方面，与社交媒体、多平台联动，进行媒体互动传播，以此来完善文化科技产业链，改进融合创新体系，推动数字文化、文旅等新兴产业的后

[①] 商旅地产前沿.国宝活起来了！华强方特带你进入《千里江山图》[EB/OL].（2018-08-11）. https://www.sohu.com/a/246608241_238598.

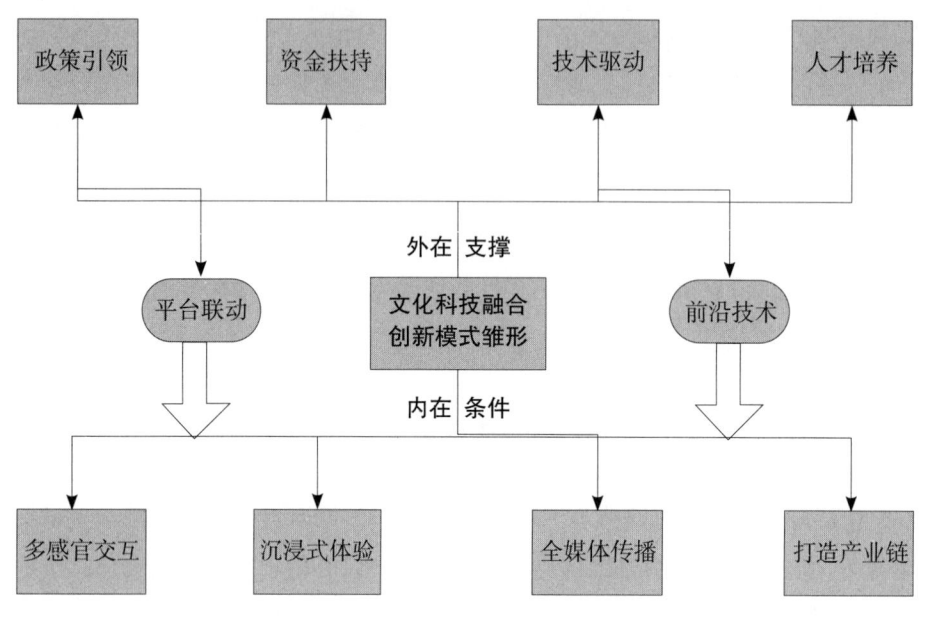

```
┌────────┐  ┌────────┐      ┌────────┐  ┌────────┐
│政策引领│  │资金扶持│      │技术驱动│  │人才培养│
└───┬────┘  └───┬────┘      └───┬────┘  └────┬───┘
    │           │   外在 支撑   │            │
    ↓           ↓               ↓            ↓
┌────────┐    ┌──────────┐              ┌────────┐
│平台联动│    │文化科技融合│              │前沿技术│
└───┬────┘    │创新模式雏形│              └───┬────┘
             └──────────┘
              内在 条件
    ↓           ↓               ↓            ↓
┌────────┐ ┌────────┐      ┌────────┐  ┌────────┐
│多感官交互│ │沉浸式体验│    │全媒体传播│  │打造产业链│
└────────┘ └────────┘      └────────┘  └────────┘
```

图1　文化科技融合创新模式雏形

续发展。

信息化把传统文化的转化发展引向了新的阶段，善于运用高新技术才能更有效地推动中华优秀传统文化的保护、传播与转化。加强文化遗产的数字化沉淀和保护，创新文化遗产展示方式，可以用大众特别是年轻群体喜闻乐见的方式，对传统艺术作品进行创新。运用高新技术手段，丰富优秀传统艺术作品的时代化表达，才能在创新和利用中延续中华文脉。

不过在传统文化借助技术不断破壁出圈、深受当代人特别是年轻人喜爱的同时，也亟须注意不能过分依赖技术，为了技术而技术、制造一些媒介奇观的做法完全不可行，不仅不能够进行创新，甚至还会因为滥用技术而导致传统文化、艺术作品的内涵本质遭受破坏。对于传统文化而言，先继承后创新才是发展的硬道理。

国产太空科幻电影发展历程研究

王佳晨[*]

【摘要】 国外太空题材科幻电影已发展成为成熟的商业类型片，并在现有基础上不断创新突破，步入多元化发展的新阶段。中国航天事业已经迈入了建设航天强国的新征程，但国产太空科幻电影与中国高速增长的国家实力、科技实力、文化软实力不相匹配。提升航天强国软实力是建设航天强国的必然要求和关键组成部分。航天文化不但是航天硬实力发展的潜在动力，也是一个国家乃至人类发展航天的原动力。在这个关键节点，我国太空科幻电影的发展充满紧迫性和必要性。本文通过梳理太空题材科幻电影在我国的发展历程，探究国产太空科幻电影的困境和机遇，为研究中国太空科幻电影的发展方向提供一定思路。

【关键词】 科幻电影　太空题材　发展历程

一、国产科幻电影发展历程中的"太空想象"

（一）萌芽期："零散"的影像表达

1938年，中国第一部科幻电影《六十年后上海滩》诞生，用两位主人公的梦境描绘了对未来上海的各种奇妙想象。之后，中国科幻类型电影便开始了长时间的沉

---

[*] 王佳晨，北京联合大学应用文理学院新闻与传播系2020级硕士研究生；主要研究方向：影视传播、新媒体。

寂。国产科幻电影真正开始对"太空"发起畅想，是在新中国成立之后。

1958年，新中国成立后第一部具有科幻色彩的电影《十三陵水库畅想曲》诞生了，影片改编自田汉的同名话剧。在这部电影的后半部分，展现了老百姓们积极建设新中国后的场景：20年后，未来的中国人可以乘坐垂直升降的微型飞行器，可以通过视频电话与他人沟通，水果、粮食一年四季都充足……其中最有亮点的是影片中人们对"太空计划"的展望，中国人已经实现了登上月球，正准备"出发去登陆火星"。但《十三陵水库畅想曲》的科幻片段只是一种对未来美好共产主义社会的"乌托邦"幻想，关于"太空"的描写和科技畅想只是片段的影像。1959年的香港出现了更具科幻意义的电影《两傻大闹太空》，讲述了两位爆竹厂工人因偷制火箭受伤住院，二人梦游到外太空进行了一场刺激的宇宙冒险，在金星上和"宇宙怪物"发生了搏斗，又到火星上与貌美的"火星护士"谈恋爱，历经千辛万苦才回到了地球。这是中国电影史上第一次将叙事环境设置在外太空，比人类第一次登上月球（1969年）早了整整十年，是国产科幻电影的一次大胆尝试。

在那个特殊时期中国自觉向苏联看齐，在文化上认同苏联"科幻从属于科普，科普又从属于儿童文学范畴"的观点。1963年，上海科教电影制片厂出品了一部电影《小太阳》，这部电影虽属于少儿科幻电影却有着强大的科学内核。在影片中学生们为了增加农作物产量，驾驶着宇宙飞船飞往太空，把人类造出的小太阳送入了轨道。宇宙飞船、飞行器装置、空间站等设备纷纷出现在影片中，甚至在国产科幻电影中第一次正式出现在太空中俯瞰地球的画面。至今，片中单级入轨的货运飞船和具有星际航行能力的代达罗斯装置仍只是科学设想。《小太阳》的大胆设想和硬科幻内核甚至超越了之后很多科幻电影，是国产太空科幻电影萌芽，说明在那个年代中国并不缺乏紧跟世界科学前沿的眼界，对科学技术在国家建设中的作用也有着深刻的认识。

（二）发展期："有限的"太空"想象

随着改革开放的到来，经过十年"文化大革命"沉寂的科幻电影终于迎来复苏。但这个阶段的人们专注于自身的生产生活，更关注自己的"身边事"。整个电影市场都以"现实主义"为主流，在百花齐放的电影电视市场中"科幻"只占了一小部分。

80年代的科幻电影以"高科技发明"和"对现实社会的隐喻"为故事核心发展剧情，并在风格上带有一定的惊悚色彩，成为那个时代的科幻电影标签。其中，

《珊瑚岛上的死光》《异想天开》《潜影》充满惊险、惊悚元素，是科幻片和剧情片的结合；《男人的世界》《错位》《合成人》则借"科幻"讽刺现实，表达着那个年代人们对社会现实的反思。1983年的香港，邵氏耗资千万港元拍摄了科幻喜剧电影《星际钝胎》，影片中充满了对好莱坞经典科幻电影的模仿。比如，"太空船"就明显借鉴了《第三类接触》中的设计，而光剑大战"光双节棍"则是对《星球大战》的戏仿。但由于技术水平的限制和粗糙的剧情设计，该片仅仅上映几天就被下线。1988年上映的科幻儿童片《霹雳贝贝》是一代中国人的童年回忆，该片讲述了一生下来就带电的贝贝在成长路上不断寻找友情和理解的故事。片中末尾，贝贝在睡梦中看到一位外星人出现，醒来时惊喜地发现自己身上的电消失了，影片中的飞船和外星人为整个电影延伸了新一层的"太空"想象。进入90年代后，国产科幻电影对于"太空"的想象少之又少。一部分电影《大气层消失》《毒吻》，把关注重点放在了"环保"上，成为中国科幻灾难片的萌芽；另一部分延续了之前对"发明创造"的设想，如《隐身博士》《再生勇士》等，这类电影甚至具备了一些"后人类"色彩。在儿童科幻电影中，也诞生了《魔表》《疯狂的兔子》等经典作品。

可以看出，这个阶段的国产科幻电影具有强烈的世俗现实感，没有宏大的叙事视角，也极少在故事中设定新世界观，而是选择在现实生活插入科技想象。"太空"元素集中在对于外星人的"他者"想象，并且设定负面，往往表现出对人类的威胁，"外星人"成了一种为剧情服务的工具，以解释地球故事的合理性。

（三）低谷期："太空"题材被忽视

2001年中国加入WTO后，对外开放程度更加扩大化，电影产业也随之在国际化、现代化、产业化的道路上快速前进。在这个时期出现了一批"合拍"科幻电影作品，用先进的技术和理念把"国产科幻"快速拉入了商业化的进程。另外，好莱坞科幻电影开始在中国电影市场疯狂膨胀，代替国产科幻电影填补着中国观众对科幻类型电影的热切需求。

千禧年以来在涉及太空的电影中，首先是在儿童科幻类型上有了新的突破。2001年中美合拍的儿童科幻电影《太空营救》登上银幕，讲述了中外儿童联合外星人一起守护熊猫和猩猩的故事，片中出现了很多"宇宙""飞船""超能力"等用三维电脑特效制作的画面，由中外公司联合完成。2006年号称中国首部三维动画科幻巨制《魔比斯环》惨遭票房滑铁卢，该片耗资超过1.3亿，筹备了五年之久。影片讲述了杰克为了找到父亲走进"魔比斯环",来到距地球2700万光年的"拉菲卡"星球之后发生的复仇与拯救的故事。该片制作时间过长又为了收回成本仓促上映,没有对影片进行明确的受众定位,造成了"大人感觉幼稚,小孩觉得深奥"的尴尬境地。一批内地与香港合拍的影片也在这个时期登上大银幕,例如《机器侠》《全城戒备》《未来警察》等,这些影片投资高、场面宏大、在特效技术上有很大进步,却在故事内核中摆脱不掉模仿好莱坞科幻片的印记。《长江7号》用可爱的外星生命加上人类最本质的亲情取得了票房上的成功,开启了之后"外星"和"科幻"相结合的科幻喜剧类型。

"合拍"形式为国产科幻电影带来了技术和创作理念的巨大进步,在题材上也开始更加现代化,开始关注未来世界、人工智能、基因变异等,但国产科幻电影还是没有找到符合国内观众审美的"契合点",而是一种强行向好莱坞审美框架靠近的商业化创作。2003年神舟五号的成功发射终于实现了国人"载人航天"的梦想,但这个阶段的电影市场偏爱用动作戏和身体奇观抓住观众,"太空"题材的科幻电影依旧没有获得重视。但是,国产科幻电影在创作上对标欧美的大胆尝试和特效技术的进步,也为下一阶段的跨越发展奠定了基础。

(四)振兴期:开启"太空"的多重探索

21世纪第一个十年之后,我国电影逐渐适应了市场化、开放化、数字化的大环境。随着国内特效技术的进步和网络大电影的出现,越来越多的投资者看到了国产科幻电影的市场潜力,人工智能、末日灾难、时空旅行等题材的科幻电影开始频频出现,国产科幻电影进入了前所未有的探索期。2015年,刘慈欣凭借《三体》获得雨果奖,更是把国内对"科幻"的关注推向高潮。

关于"太空"畅想的科幻作品主要集中在三种类型,第一种是涉及"外星"剧情的科幻电影,例如《不可思议》《疯狂的外星人》《火星归来》等,其中短暂地出现了"外星球""飞船""宇宙"等画面,但"太空"不是其主要的叙事元素。这类电影主要把科幻元素与"喜剧"或"剧情"的类型相融合,虽然"科学性"较弱,但在迎合国内观众"合家欢"的特殊文化背景下,走出了另一种符合国内电影市场的发展路线;第二类主要是面向儿童受众的科幻动画电影,例如《银河守卫队》《未知星球》《昆塔:反转星球》等,这类电影从儿童的视角展开了对宇宙的想象,丰富了国产太空科幻电影的类型;第三类是自制电影或短片,2017年一名香港学生拍摄了科幻短片《地平说》,影片最后男主借用了别人的太空船,飞上宇宙证明地平说的理论。喜获"年度豆瓣最高短片"的短片《水滴》采用了一镜到底、不断放大视野的表现形式，讲述了三体人的水滴探测器完虐人类舰队阵列前的接触场景，充满哲学思辨，CG（计算机动画）细节和旁白都达到了很高的水平。而在B站获得7000万播放量的自制动画影片《我的三体之章北海传》的人物设计和动画画面以游戏式立体像素为主，无论是分镜剪辑、场景设计、节奏把握还是对末日之战等大场面的呈现，都不输同类大制作，展现出电影般的质感。

这个时期科幻电影在"太空"题材的探索有了更多样的发展方向，但其依旧受限于国内喜剧和好莱坞电影带来的观念和审美，表现重心落在故事层面而不是视听效果。直至2019年《流浪地球》的上映在票房和口碑取得了双赢，成功翻开了国产科幻电影在"太空"这一命题上的新征程。

二、国产太空科幻电影的发展现状和机遇

（一）国产太空科幻电影的现状

1.国产科幻电影迎来新篇章

2019年《流浪地球》以46.1亿元的票房，登上中国电影史票房第五位，全球票房第16位，总票房打败了同年上映的《复仇者联盟4：终局之战》和《蜘蛛侠：英雄远征》，说明现阶段国产科幻电影已经具备了超越好莱坞科幻电影的能力。2019年被称为中国科幻元年，全年科幻影视产业产值195.11亿元，之后受疫情重创。2021年国内电影市场才开始复苏，仅上半年科幻影片的总票房就达到了38.72亿元。[①]《流浪地球》完成了中国电影工业美学的一次全新实践，标志着国产科幻片真正开始进入以科幻为叙事内核的阶段，证明了我国电影产业无论是内容还是特效，都已经能够拍出优质的太空科幻电影。中国科幻电影产业刚开始探索，处于初步发展阶段，因此从市场化、工业化的角度而言，资方为了降低风险往往要求制片方借鉴市场上已经成功的国内外科幻电影作品。所以《流浪地球》成功后，市场对"太空"题材的关注让太空科幻电影类型率先拉开了国产科幻电影的帷幕。

---

① 吴岩，陈玲.中国科幻发展年鉴2021[M].北京：中国科学技术出版社，2021：17.

2.网络电影率先试水

随着后疫情时代的到来,人们的生活方式发生转变,网络电影已经成为国产电影产业的重要组成部分。在国产太空科幻电影发展中网络电影率先开始试水,网络电影与传统院线电影相比拍摄、发行、上映周期较短,且投资风险更低,成为发行、孕育科幻电影的重要阵地。2017年以来上映的11部太空科幻电影中,有6部属于网络电影,尤其是2021年,《太空群落》《火星异变》两部特效制作达到一定水准的网络电影出现在大众视野,说明网络电影在硬件上已经具备了制作"太空奇观"的条件。

3.呈现多元化的发展趋势

科幻电影包容性极强,能与喜剧、悬疑、惊悚等类型进行融合,国产太空科幻电影已经随着数量的增加开始呈现出多元化的发展趋势。在动画电影上,太空科幻题材延续了一贯的风格,把目标受众放在儿童上。近年来不仅产出了《昆塔:反转星球》《星际大逃亡》这样的优质动画电影,在2022年春节,贺岁档电影《熊出没·重返地球》首次把"熊出没"IP放入太空,为少年儿童描绘了生动刺激的太空场景,收获了9亿票房。网络电影《太空群落》完成了太空悬疑片的首次尝试,把宇宙的孤独和未知生命相结合烘托惊悚气氛。2022年7月,由开心麻花出品的太空喜剧电影《独行月球》把喜剧舞台搬到"月球",在一贯的中国特色科幻喜剧风上加入了大胆的想象。

4.IP改编成热门

我国科幻文学、漫画等创作领域为影视产业提供了大量优质素材,《三体》《北京折叠》获得雨果奖表示中国科幻文学已经得到了世界的认可。在目前太空科幻电影的发展过程中,IP改编已经成为科幻电影新的增长热点,国内越来越多的电影公司都开始加入对文学IP的翻拍、改编。随着《流浪地球》打响中国科幻第一炮,刘慈欣的《微纪元》《三体》《超新星纪元》等作品都已经被各大影视公司买下版权,进入制作流程。例如,Netflix(奈飞)与腾讯视频投资的《三体》,纷纷公布主演、发布预告,这部剧从开发到落地前后用了4年时间;张小北导演的《拓星者》则是根据国产同名漫画改编,通过特效技术和艺术创作把原本漫画上的异星探险故事影像化;《流浪地球2》也正在后期制作的过程当中,计划将于2023年与观众见面。中国科幻文学在"科幻"命题上开启的探路,是科幻电影寻求植根于中国本土的科幻理论、话语资源和审美模式的重要基石之一。

(二)国产太空科幻电影发展困境

1.美学困境:类型化进程中的"美学失语"

"科幻"源于欧洲,又借势好莱坞电影的影响力流行于世界,这些电影逐渐培养出科幻电影类型的创作范式。对于大部分中国观众来说,接触"科幻电影"就是从西方科幻电影开始的,这种先入为主的审美范式与中国文化之间存在着严重的隔阂,无疑增大了国产科幻电影在创作和被接受时的难度。关于"什么是中国科幻",《流浪地球》的副导演周易曾对这一问题进行过反思,他从现实实践中发现"我们对科幻的定义其实就是好莱坞的定义"[①]。在科幻电影的历程中,我们也可以看出"中国科幻"在类型化进程中的困境。科幻电影与其他类型的杂糅或许是最为广泛的。好莱坞太空科幻片已经进入多元化的发展阶段,大多以灾难、战争、动作、恐怖为其主要的亚类型或交叉类型。而国产科幻电影的类型化发展非常滞后,在《流浪地球》之前,国产科幻电影的交叉类型主要以儿童片、喜剧片、爱情片为主,剧情比"科幻"更占上风,在一定程度上丢失了属于"科幻"类型独有的美学和思想价值。尤其是"太空"题材,因其庞大的想象体系和画面呈现,导致其定位集中在儿童片、动画片,这些电影的故事逻辑建构以儿童的认知为基础,在创作中缺乏关于社会、宇宙、科技等命题的哲学思辨。

美国作为历史较短的移民国家,社会环境有利于人们对"未来现代感"展开构思。中国没有经历过西方的工业革命,所以即使中国美学发展跨越几千年,对于科技、现代机械,中国人在情感上依然是陌生的。《流浪地球》虽然打开了国产太空科幻电影的大门,但从现状来看,之后的《五维地球》《火星异变》《星际流浪》等国产电影暴露出许多现实问题,例如,剧情笼统、造型设计不伦不类、特效制作差、抄袭等现实问题。如果在国产太空科幻电影的创作中不假思索地"拿来主义",用好莱坞太空科幻大片的定义和审美来讲中国人的故事,极易陷入"水土不服"的尴尬境地,不符合目前观众对国产太空科幻作品持有的期望与精神需求。所以在国产太空科幻电

---

① 朔方,等.《流浪地球》电影制作手记[M].北京:人民交通出版社,2019:7.

影的创作上，我们急需用实践和理论探索出能打破好莱坞审美模式的中国方案。

2.生产困境：科幻电影产业链的不成熟

太空科幻电影这类电影"重工业"项目，在单位时间单位镜头里的原创内容量要远远大于传统电影项目。美国好莱坞经过数十年的太空科幻大片产出，已经积累了最先进的电影制作经验并拥有了相当成熟的电影工业流程。而中国科幻电影起步较晚，制作经验有限，缺乏一条完整的包含剧本创作、概念设计、道具制作、后期特效、媒体宣传、商业运营在内的科幻电影产业链。对于科幻电影，中国电影产业传统的工作模式已经明显不再适用，科幻电影需要更严谨、高效、现代化的工作流程和运营方式。

首先是生产过程中电影工业化的不成熟。"电影工业化实际上是专业化、规模化，依靠专业、精细的分工构成一条工业生产流水线。"[①]一部优秀的科幻电影，背后涉及的往往是整套的产业体系，绝不只是视效炫目、投入巨大、道具精美等某个环节就可以解决的。好莱坞太空科幻电影的成功，很大一方面都是得益于先进技术背后高度协同化的工作模式和细分化的产业流程。如今我国在CG、动作捕捉、虚拟制作等重要技术创新上都取得了长足的进步，但真正在电影制作中，还没有形成成熟的电影工业体系和符合中国电影制作习惯的工业流程。从精准细化的视效管理模式，到明确简洁的拍摄分工，再到后期制作环节流水线式的高效运转，整个科幻电影制作过程体系成型，才能在视觉层面达到文本呈现的要求。

其次是产业化进程中商业化运作模式的不成熟。《星球大战》为后续电影的商业化运作提供了模板，从电影到衍生品再到粉丝的参与式文本创作，完善的商业运行模式既能产出巨大商业价值又能反哺电影创作、营造全民科幻的社会氛围。国内电影传统的上映发行流程显然不能发挥太空科幻电影背后巨大的商业潜力，开发符合国内现实情况并能将线上线下相结合的现代化商业运作模式，才能充分挖掘太空科幻电影的文化商业价值，提高市场对太空科幻片的投资信心，实现太空科幻类型的长期、良性的高效发展。

3.传播困境：多重挑战下的传播环境

伴随着3D、IMAX等技术的成熟，太空科幻电影中浩大的宇宙奇观和独特的视

---

① 陈旭光.电影工业美学研究［M］.北京：中国电影出版社，2021：64.

听体验让其声画呈现效果越发成为影响票房的重要因素，这就对电影上映的视听效果提出了更高的要求。疫情也对电影产业的发展造成了重创，2020年年初影院停业的178天，堪称是电影业的寒冬。疫情反复下对影院的限制，是对太空科幻电影传播的巨大挑战。

从受众角度来看，一方面，国内依然没有形成良好的科幻科普氛围，科幻题材的受众覆盖面不高；另一方面，大众经历了疫情后审美情绪的改变，在电影市场上，观众在消费时更倾向于选择现实主义电影类型。如，在2021年电影票房总榜前十的电影中，《长津湖》《你好，李焕英》《我和我的父辈》《中国医生》等现实主义题材电影票房遥遥领先。另外，观众对国产科幻电影的质量还是持怀疑态度，在同类型电影中，国产科幻电影依旧面临着好莱坞科幻电影的挤压。好莱坞科幻电影在叙事和视听呈现上的成熟，对于观众来说在消费体验上更有保障，所以在电影选择上，国产科幻电影并不占太大优势。面对种种困难，国产科幻电影需要在新媒体环境下转变传播方式，并勇于打破传统的电影营销模式，以求在现实传播困境下实现突破。

（三）国产太空科幻电影的发展机遇

1.国家政策上的支持

科幻的发展离不开政策的支持和引导。近年来国家加大了对科幻产业的扶持力度，2020年8月"科幻十条"的出台为国产科幻电影的视效、融资、产业链等各个环节提供了政策性的保障，为国产科幻电影的整体发展打了"强心针"。2022年1月28日国务院新闻办公室发布了《2021中国的航天》白皮书，其中特别指出要"鼓励支持航天题材文艺作品创作，繁荣航天文化"。科幻和航天政策的双重助力，对于国产太空科幻电影来说是难得的历史机遇。这个关键时期国产太空科幻电影可以借助政策支持提高质量和产量，探寻创作规律，在中国科幻电影的亚类型中实现率先发展，从而促进国产科幻电影的整体进步。

2.航天科技支撑科幻想象

新中国成立以来，我国的航天科技取得了举世瞩目的成就。中国航天起步较晚，但发展非常迅速，从"两弹一星"实现突破到2003年中国人第一次进入太空，再到如今中国建立自己的"天宫"空间站，国人的"飞天梦"正一步步成为现实。中国航天人通过60多年的探索和挑战不断超越历史，真正从"零"开始，实现了中国航天事业的跨越发展。

科幻电影向来需要科技水平和国家的综合国力来背书，太空科幻电影同样如此，目前我国的航天科技已经在世界范围内处于领先水平，中国的综合实力也相较之前显著提升，这些现实条件为国产太空科幻电影创作者的大胆想象提供了勇气和自信。在创作上，中国航天科技的现有力量可以为国产"硬科幻"太空科幻提供理论指导，航天技术的发展方向和趋势能为电影创作带来思路和想象空间；在传播中，航天科技取得的成就能够竖立观众的文化自信、科技自信，帮助观众在解码过程中"相信"电影故事里中国的科技力量和航天成果，让充满中国元素的太空科幻故事不再"违和"。同时，大众对中国航天事业非常关注，国产太空科幻电影的宣传过程中可以借势航天影响力为电影宣传造势，助力电影票房。

3. 市场需求的拉动

2015年《三体》获得雨果奖，一时间带动了全社会"科幻"的关注，大众第一次感受到中国科幻带来的文化自信。2019年《流浪地球》的成功更是推动了科幻进入大众视野，不仅学界和业界在畅想国产科幻电影的未来前景，国内观众也开始对国产科幻电影充满期待。在线上，网友在社交平台《流浪地球》《三体》《北京折叠》等中国科幻IP进行了热烈的话题讨论，中国的"科幻迷"自发靠近，利用网络找到同号集结成迷群。在线下，大到中国科幻大会、中国科幻电影周、科幻主题乐园等官方活动的举办，小到科幻题材剧本杀、科幻主题密室、科幻沉浸展览等科幻的延伸，各种形式的活动层出不穷，科幻已经融入大众生活场景，展现出"全民科幻"的发展趋势。

中国航天文化在不断发展中不仅形成了中国特色的航天精神，还更新了更多航天文化载体，越来越多的主题形象和创意产品开始向航天题材靠近。中国科幻氛围环境和大众对航天文化的热情为国产太空科幻电影带来市场需求，促进国产太空科幻电影在热潮中应运而生。同时，科幻氛围也唤起了大众对于国产科幻电影的期待和包容，为目前国产太空科幻电影的起步创造了友好的条件。

国家形象与北京印象

北京城市形象传播概况及抖音传播价值

赵悦帆[*]

【摘要】 当下兼具传播力与城市属性的短视频的兴起,不仅改变了传统媒体的信息传播过程,同时也为城市形象的塑造与传播提供了新的媒介渠道。本文选取抖音和北京为研究切入点,运用文献分析法,总结北京城市资源优势,梳理北京城市形象定位沿革,分析其相较于传统媒介,抖音短视频中对于北京城市形象传播的独特价值,为北京城市形象在抖音短视频中的构建策略提供依据。

【关键词】 抖音短视频 北京 城市形象 传播价值

一、北京城市资源优势及城市形象定位

(一)北京城市资源优势

作为首都的北京是政治、文化、科技、信息和对外交流中心,拥有区位、文化、资源等优势条件。北京作为中国最大的教育基地,重点高校数量占全国重点高校总数的四分之一。北京在人才、教育、科技资源等方面也优势明显,人才和科技竞争力指数在国内主要城市中最高。北京约100万人口中有10万专业人才,主要从事于高新技术产业。国民经济的宏观决策和调控部门大多位于北京,众多企事业单

---

[*] 赵悦帆,北京联合大学应用文理学院新闻与传播系2021级硕士研究生;主要研究方向:城市形象策划与塑造。

位入驻产生了集群效应优势，跨国公司总部、大型企业、省市办事处等形成了具有一定规模的总部经济，知识型密集服务业的发展也为北京提供了许多配套服务。北京还具有得天独厚的地理优势，航空和铁路客、货流量居全国前列。此外，北京无论是传统文化还是现代文化，其资源条件本身都十分丰富（见表1），文化作为北京的灵魂，优良的文化资源为区域发展奠定了基础。

表1 北京市文化资源分类

大类	文化资源类型	类型细分	基本类型
传统文化	历史文化资源	遗迹文化、遗址文化、历史纪念建筑、名人名家文化、山水文化	史前人类活动场所、社会经济文化遗址、古建筑、古民居、古墓葬、古运河、纪念馆、纪念碑、山水风景区
	民族文化资源	民俗风情、特色民居建筑、民族传统文化	民族技艺、民族服饰、民族美食、民族建筑、历史街区
	民俗文化资源	民间习俗、艺术文化、民间工艺	节庆民俗、曲艺文化、民俗礼仪、民间手工艺
	红色文化资源	革命遗址、革命文物、建筑物、红色文化景区	革命旧址、烈士墓葬、革命纪念品、革命建筑物
	宗教文化资源	宗教建筑、宗教文化、宗教礼仪	寺庙、庙会、祭祀、朝拜
现代文化	文学文化资源	文学遗产	民间文化遗产、文学作品
	影视文化资源	影视城	影视作品
	城市文化资源	城市文化、建筑物、构筑物、场馆、艺术区、科技产业聚集区	雕塑、车展、体育馆、饭店建筑、现代建筑、文创街区、科技园、产业园

（二）北京城市形象定位沿革

关于北京的历史可追溯至3000多年前。燕、辽、金、元、明、清都在这里建都，历史文化名城的城市定位名副其实。但在挖掘城市文化和深化城市定位的过程中，作为承载首都功能的城市并不满足于此。独特的城市定位与文化诉求，让北京所蕴含的多元发展的文化为大众所悉知。基于《北京城市总体规划》中北京的城市战略定位，结合本次研究的目的，参考苏峰[1]、卢明华、朱婷、李国平[2]、李子祥[3]等

---

[1] 苏峰.北京城市定位的几次演变［J］.北京党史，2014（4）：35-37.

[2] 卢明华，朱婷，李国平.基于国际比较视角的北京"四个中心"建设体检评估探索［J］.地理科学，2021，41（10）：1706-1717.

[3] 李子祥.京津冀一体化下的北京城市功能定位研究［J］.中国经贸导刊，2014（23）：22-23，35.

学者的文献后，对北京城市形象定位进行了细分。

1. 1949—1979年：北京城市定位的探索

1949年3月中共七届二中全会中，正式把北平（北京）定为中华人民共和国的首都。同年9月至12月，苏联市级专家代表团访问北京并实地考察。在此期间，中外专家对北京的城市规划进行了研究，通过交流，他们认为北京不仅要成为政治中心，还要成为文化、科学、艺术城市，同时也要成为一个大工业城市。北京逐渐有了自己清晰的城市名片，北京"工业城市"的形象得到广泛传播。

随后，由于历史的局限性和根深蒂固的工业化思想，从1953—1973年的四次北京城市规划中，都坚持把北京建设成为"大而全"的国家政治中心、经济中心和文化中心。尽管取得了一些成绩，但由此导致了城市布局不合理等问题，特别是"大跃进"时期，工业畸形发展，人口激增，工厂过分集中在市区、环境污染日益严重，工业区挤压住宅建设等问题，引发了中央及市领导和规划部门的思考。

2. 1980—2000年：北京城市定位的明确

在1982年第五版《北京城市建设总体规划方案（草案）》规划中，北京明确定位为全国的政治中心、文化中心以及国际交往中心。其中，规划简明扼要地指出北京市的经济建设"要适合首都特点，重工业基本不再发展"。这次规划使北京"工业城市"的独特定位被不断削减。同时，也明确了要提高北京城市环境质量、保护历史文化名城。此次规划，开始探寻北京城市形象定位的新方向，提出了北京的经济发展要根据首都的特点，向"高、精、尖"发展。

1998年版《北京城市总体规划（1991年至2010年）总则》发布，当时正值改革开放20周年，其中明确了北京是伟大社会主义中国的首都，规划其城市定位为全国的政治中心、文化中心。并在此基础上，增加了国际性要求，突出了北京的古都文化。城市定位要兼具世界著名古都和现代国际都市双重属性。此外，规划中重申北京城区内停止发展重工业，城市建设的重点在于实现"两个战略转移"。

3. 2000年至今：北京城市定位的深化

2008年北京夏季奥运会的举办为北京的全面发展提供了机遇。这次规划在延续第六版城市定位的基础上，增加了国家首都、国际城市、文化名城和宜居城市，共四个城市发展目标。《北京城市总体规划（2016年—2035年）》中也不断拓展和丰富了北京城市定位。其将之前的"四个中心"战略定位进行调整，以期将北京建设成为世界级的和谐宜居之城。

悠久的文化历史只能反映北京的过往，从最初的"工业之城"到"古都文化"再到今天北京城市形象新的战略定位，不仅逐渐勾勒出完整的北京城市现代风貌，也在打造着专属北京特色的城市品牌。北京城市形象定位由注重工业、经济到关注文化、生态、创新等城市属性的变迁逻辑，是一个由单一到多元不断丰富的过程。

二、北京城市形象传播的时代特征

经历了从口语传播到数字传播的发展演变，可以看出每个阶段传播方式变革都离不开技术的推动。北京城市形象涵盖了传统媒体、移动端图文、移动端短视频等不同时代的媒介形态。抖音短视频的出现，对城市化进程的加快和城市间竞争的加剧产生了特定的影响，形成了特定的关系。人们越来越注重城市品牌建设和形象推广，并在不断扩展着城市形象传播的边界。《短视频与城市形象研究白皮书》显示，城市形象传播分为前移动互联网阶段、移动文字阶段、移动端短视频阶段。

（一）前移动互联网阶段

在传统媒体阶段，北京城市形象主要通过北京本地的报纸、电视、广播来传播。因此，该时期的城市形象传播主要以自上而下的方式进行传播，北京市政府作为城市形象的构建者，发起并主导单向传播。以《北京日报》《北京青年报》《新京报》北京广播电视台为代表的地方媒体，为北京形象的宣传报道做出了很大贡献。科博会在北京召开期间，《新京报》通过对其持续性报道（见图1左），深度挖掘科技创新的城市精神。《北京青年报》展现了全方位多角度的北京（见图1右），塑造了文化深厚、开放向上的北京形象，在传统媒体阶段，城市形象主要通过宣传片进行传播。

自北京确定了2008年奥运之城的品牌定位后，一系列推广活动随之展开。例如北京城市形象宣传片（见图2），央视、北京卫视等主流媒体将城市元素的融入宣传片中，以动态的图像层层演绎了城市的新视觉"语言"。画面中出现的长城、故宫、京剧、国家大剧院等这些正是国人所熟悉、外国人所好奇的中国元素，透露着北京

图1 《新京报》《北京青年报》报道版面

图2 《北京欢迎你》视频截图

深厚的文化底蕴。而其中展示的中国人的日常生活方式让人们看到了市民日常生活节奏和状态，观众对城市碎片化的感知也随之升华为具体化的情感体验，由此"北京奥运会""北京欢迎你"等品牌形象获得大量曝光。政府主持推进的城市宣传片则更加完整地展示北京市的城市形象，高度概括了北京的城市文化。从政策规划层面出发，以宏观的描摹城市形象作为目标。但这一阶段中，公众对于城市形象是被动地接受，媒体也仅仅作为传播者与被传播者的媒介而存在。

（二）移动文字阶段

随着互联网的普及，传播媒介从报纸、电视逐渐向网站、App转变，如北京市人民政府办公厅主办的首都之窗，成为公众了解北京相关资讯的重要网络渠道。当我们打开首都之窗会看到与北京相关的热搜词和政务公开、政务服务、政民互动、人文北京等版块（见图3），网站上对北京的城市发展、历史文化、旅游资源等方面都进行了详尽生动的展示。

移动端图文阶段，微博、微信、抖音、快手等社交通信软件随着社会需要以及用户应用需求而产生，人人都能够成为新媒体传播的一员。自媒体账号、普通用户可以在快速更迭的新媒体平台中，成为城市事件的创作者与扩散者，在信息传播的领域占据一席之地。多元化、分散化成为这一时期的信息传播特点，如以"北京本地宝""北京潮生活""吃喝玩乐在北京""最爱大北京"为代表的自媒体达人应运而生，积极传播北京资讯。政府与传统媒体基于权威的信息源与高水平的采编播能力，在该阶段仍占据了话语权的高位，也开始着手打造新媒体传播矩阵。《北京日报》《北京晚报》《北京青年报》等官方媒体纷纷开通微博、微信公众号，不仅发挥了信息公开、政民互动的作用，也成为北京形象官方传播的重要渠道。针对某些社

图3　北京市人民政府网页界面

会事件，不同的参与主体和参与方式都对相关个人、社会组织和政府等主体形象的构建发挥了较大作用，主要包括普通用户对于事件的碎片化传播，自媒体对事件的立场与观点，官方权威信息的发布等。

事件的产生具有较强的不确定性和随机性，与之相对的舆论导向也具有较强的非定向性，正面与负面产生的概率基本相等。由此可知，对于城市形象的构建，不仅仅是政府单方面参与和主导，这其中还有相关平台、自媒体以及个人用户等新型参与方对事件发生地的城市展开讨论与评价。

（三）移动端短视频阶段

新媒体技术的发展改变了公众的信息获取方式，移动终端的普及、流量资费的下调使新媒体更为广泛的应用。受众越来越倾向于使用个性化、碎片化、互动性强的短视频，进而也推动了表达媒介渠道的改变。

将"北京"作为搜索词，对抖音短视频平台的相关用户进行搜索。影响力（基于粉丝数）排名靠前的均为自媒体账号，这些账号的影响力居高不下，热度已远超以《北京日报》《北京青年报》为代表的传统媒体账号和以"北京发布""北京交警"为代表的政府账号，成为活跃在抖音平台的主要群体。

抖音平台的内容丰富且生动，并且有大量流量的加持，庞大的用户基数为抖音发起城市活动带来了基础。"抖in北京"于2020年开启，通过邀请抖音中人气超高的自媒体博主，以线上影响力带动线下人气聚集，为城市活动造势。这是抖音凭借自身强大的影响力，促使用户的注意力从虚拟空间向城市实体空间引流的转变，促使对该活动感兴趣的每位用户都将为抖音中城市内容的创作注入新的活力。

三、抖音短视频对于北京城市形象传播的价值

城市"软实力"可以促进政治、经济、文化以及社会的发展，是宣传城市形象的重要组成。短视频作为新兴的媒介表达渠道，以丰富的内容和高频的互动，拼合出一个微观北京城市形象，展现出独一无二的"北京名片"。另外，抖音在助力城市推广与城市宣传的成效中，较其他短视频传播平台最为显著，是城市形象传播平台的主力军，成功打造了重庆、洛阳、曹县等网红城市。抖音在多个方面推动着北京城市形象的传播，体现着其传播价值。

（一）更新受众认知

抖音短视频相较于其他信息产品，最大的一个特点就是观看简单，内容呈现直截了当，用户能够采用最便捷的方式、较少的精力完成内容的浏览，满足快节奏生活中精力分配的需要。北京作为传统文化与现代文明相互交融的国际大都市，通过抖音短视频全面展示了北京的历史遗迹、自然风光以及风土人情等，凭借庞大的用户数量，很好地到达受众，使其相较于从新闻报道和精心制作的城市形象宣传片中对于北京的认知与印象，有了更加丰富、更加接地气的认知。

北京拥有故宫、长城、颐和园等文化遗产，抖空竹、景泰蓝工艺、中医药文化等非物质文化遗产，同时又具备都市文明与国际化风貌，如，中关村作为北京高科技产业带的代表，国家大剧院作为现代建筑的代表，故宫作为中国传统建筑的代表，无一不成为北京区别于其他城市的专属符号。如，抖音用户"牙套哥吃北京""北京小伙·羽铮""牛哥说北京"等，发布的内容多贴近现实生活，通过实地体验的方式将北京的风土人情上传到平台中，使抖音中的短视频成为现实社会的镜像反映，极大地丰富了受众对北京的多元化认知。各种元素交相辉映，更新了北京的城市形象。此外，抖音中的海量视频全面展示了北京的各个方面，相比传统媒体的宏大叙事更具真实感和吸引力。

（二）带动城市旅游发展

在巨量算数发布的抖音用户调研中，96%的用户对旅行类短视频持正面态度（见图4）。在抖音平台关于北京的短视频中，中国油画院、北京古都建筑博物馆、白瀑寺、古北水镇等景点也崭露头角，为更多用户所悉知，并引领打卡热潮，拉动旅游产业的飞速发展。抖音通过打造热门打卡地，吸引网友进行实地体验并在平台进行记录与反馈，即使是北京本地居民，也能够在大量的短视频中发现许多从前并未关注到的景点与美食。优质的短视频能够为线下引流，从而推动了城市的旅游业消费增长。如北京市密云区古北水镇也开设了自己的抖音号，还发起了#北方的小江南##长城下的童话小镇#等话题，配以小镇风景、特色温泉、无人机、孔明灯表演等短视频，邀请用户通过到小镇打卡，形成"滚雪球式"传播，为景点增加热度，形成良性发展的长效机制。

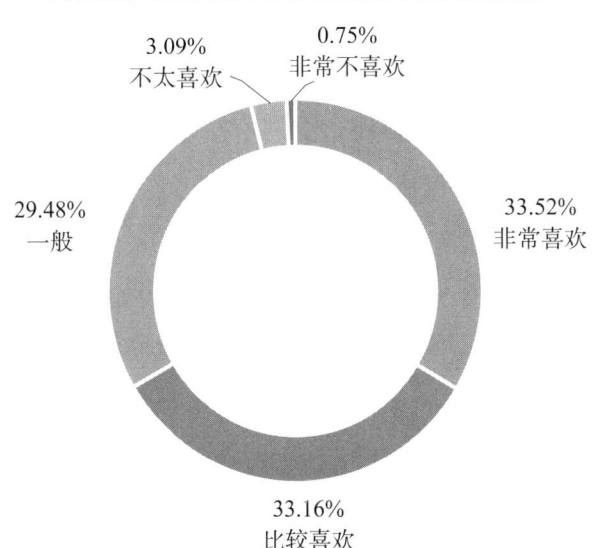

抖音用户是否喜欢看城市或旅行相关短视频

- 非常喜欢 33.52%
- 比较喜欢 33.16%
- 一般 29.48%
- 不太喜欢 3.09%
- 非常不喜欢 0.75%

数据来源：巨量算数抖音用户调研N-5760，2020年6月

图4　巨量算数抖音用户调研

值得一提的是，北京作为"双奥之城"，目前，这个身份在世界上是独一无二的。在2021年10月，北京冬奥公园开园之际，联合抖音发起#打卡美好北京#话题，以超高点击率引爆线上的热度，成功带动线下的打卡活动，助力冬奥走进公众视野，进一步传播奥林匹克文化与北京城市形象。在城市形象短视频播放量前10的城市中，北京虽也占有一席，但与排在前三位的重庆、西安、成都仍有一定的距离。在发展城市旅游业方面，抖音中的北京仍值得期待。

（三）输出城市文化

北京城市文化符号具有历史性与当代性、国家性与地方性、物质性与非物质性交汇的特性。说起北京，脑海中首先浮现的就是胡同、大栅栏、京剧、长城、故宫、圆明园、颐和园等属于"古都"北京的文化符号。可见，蕴藉久远的历史文化符号在北京城市文化符号中的分量之重。北京也恰恰因为这些文化符号，成为中国众多城市中具有代表性和差异性的存在。

这些符号至今仍富有极强的象征力量，渗透在城市空间中。以往在报纸、宣传片等传统方式进行的城市文化传播，较为局限，互动性也较弱。而短视频的普及,为北京的名胜古迹、特色美食以及城市文化得以更加广泛的传播提供了渠道。例如,五道营胡同、草场地艺术区和798艺术区等,通过游客和本地市民上传的短视频传播到他人的手中,带动线下打卡热潮,城市文化的输出能力可见一斑。像用户"老傅聊聊北京那些事儿"在抖音短视频中,向自己的40万粉丝和广大用户分享自己熟知的北京故事,将自己对北京文化的独到见解传播到更大的范围;用户"德国人Leo乐柏说"所发布的视频中,来自德国的小哥研究起北京烤鸭的起源,对600年老字号烤鸭店一探究竟,体现了抖音这一媒介对文化传播的促进作用。

(四)提升政府服务能力

在抖音平台中,北京市各个单位开设了政务号并及时发布内容,一方面,使北京的城市形象更加立体与开放;另一方面,在一定程度上改善和提升了政务服务水平。通过人们所乐于接受的、喜闻乐见的短视频形式来及时传播政策、科普政务知识,大大加深了政府与公众之间的联系,提高了信息的公开性和透明度,增强人们的生活幸福感。例如,在抖音平台的北京政务号"北京发布""北京SWAT""北京消防"中(见图5),反恐特警队、消防支队的官兵将自己日常训练的场面以及面对的警情发送到抖音平台中,既能让人们对于其日常工作更加了解,同时也可以起到了宣传、科普相关知识的作用。

市民通过抖音平台,对北京市的政务服务与基础设施建设提出个人意见与建议,政务号也能够及时采集到评论,根据建议进行整改,并及时反馈给用户。在抖音平台中,对于提高城市政务服务的效率卓有成效,能够缩短政务服务的时间与周期,从而提升市民对于北京城市建设的满意度,有利于北京市城市形象的正向传播。

图5 抖音平台北京政务号与主题活动

总结

　　历经不同媒介发展阶段,北京城市形象从官方构建的"科技中心""奥运之城"到"北漂一族"再到"全球化想象的世界新城";其形象构建权步步下放,从政府主导到KOL(关键意见领袖)参与,再到如今政府和民间共同完成构建;其传播方式也从单向度逐渐过渡到立体沟通。抖音短视频给予了北京更多机会,在这种独特的城市定位与城市的影响下,将北京的古老与现代更为有机地结合及展现。城市中的每个人都将为抖音平台中北京相关的内容的创作生产注入新的活力。

　　良好的城市形象能够覆盖城市居民对该城市的原有认知,新的城市认知将带动城市文旅发展,利于传播城市文化,提升政府的服务能力等。抖音以短视频为载体,重塑媒介传播形式,搭建新媒体传播平台,唤醒公众的传播意识并激活其表达欲望,赋予了每一位抖音平台用户参与北京城市形象建构的权利,城市中的每个市民都能够成为传播主体,从日常生活的点滴出发,开创新型传播路径,以此来记录北京当下的故事、揣摩北京未来的发展。抖音重塑了城市与新媒体技术的发展关系,即使这种新型传播路径存在一些问题,但在短视频中,新的城市形象仍在持续地被重构与传播着。

新媒介·新青年·新观察

国际传播视野下中国故事影像化叙事策略研究

刘丽丽[*]

【摘要】 面对复杂的国际形势，讲好中国故事，传播好中国声音，展示客观全面的中国形象，是当前我国国际传播的重要任务。在影像化传播的媒体时代如何通过转变叙事策略提升国际传播能力？本文将探究影像化作品在国际传播中国故事的叙事主体、叙事内容、叙事形式、叙事风格以及传播渠道的策略调整。

【关键词】 中国故事　国际传播　叙事学　影像叙事

一、"讲好中国故事"的叙事学基础

叙事在中国有着悠久的历史传统，而叙事与新闻传播的关系可以追溯到《三国志·魏书》，其所记载的司马迁的"实录"精神体现了新闻的非虚构叙事特征。[①]这些年来，中国领导人结合国内外形势的变化，系统阐述了国际传播能力建设的目标、体系和路径，提出了"精心构建对外话语体系""打造融通中外的新概念、新范畴、新表述""增强国际话语权，集中讲好中国故事""讲好中国故事，传播好中国声音展现真实、立体、全面的中国"等问题意识和现实意义突出的论述。[②]叙事就是"讲故事"[③]，

---

[*] 刘丽丽，北京联合大学应用文理学院新闻与传播系2020级硕士研究生；主要研究方向：影视传播。

① 陈燕侠.叙事之"道"：中国故事的"中国式讲述"[J].新闻爱好者，2019（2）：75-78.

② 赵欣.国际传播视野中的中国故事叙事之道："第一主讲人"人类命运共同体意涵的国际分享[J].新闻与传播研究，2021，28（1）：5-25，126.

③ 浦安迪.中国叙事学[M].北京：北京大学出版社，1996.

在"讲故事"的过程中如何通过叙事形式、方法、风格等方面形成有效的国际传播策略，提升我国对外传播的能力，是新时期我国对外传播实践的重要课题。

"讲好中国故事"是构建一套以中国传统文化源流为基础并结合当下中国经验的新的话语体系的一种尝试。[①] 每个故事的背后蕴含着一个国家特定的历史背景，因此"讲故事的人"在呈现故事的过程中会在潜移默化中将故事与当前的时代语境相结合，而"听故事的人"则是在本民族文化与中华民族传统文化之间寻求耦合。相比硬性传播，根植中华传统文化的中国故事在国际传播中充当着不同文明之间的"黏合剂"，因此在讲述中国故事的时候，既要注意不同民族之间的文化差异从而能达到情感上触及听众内心的真情实感，同时也要注意同不同受众展开多样化的互动，在互动中不断提升"讲故事"的能力和水平。但要想达到讲好中国故事的理想效果，还要积极接纳多元化、国际化的协商合作机制，在国际化平台上组建一个拥有国际传播能力的"笔杆子"队伍。

从以往对外传播的策略研究中可以归纳五个方面的问题：第一点是从叙事主体的角度来说，中国与世界其他国家的国家性质存在根本差异，在中国道路和中国模式下的叙事主体很难与西方资本主义国家产生共识；第二点是从叙事内容的角度来说，中国与世界其他国家的文化背景差异，成为阻碍国际交流传播的一大障碍；第三点是从叙事的形式来说，当前故事讲述方式、方法以及手段技能不足，没办法脱离被"他者"的困境；第四点是从叙事风格来说，弘扬中国的国家实力的报道却被国外媒体解读成"国际秩序和规则的挑战者"和"要用金钱征服世界的暴发户"[②]；第五点是从传播渠道来说，与拥有话语权的西方强势媒体相比，我国真正拥有实力与能力并存的国际传播人才严重不足，大大削弱了对外传播的效力。当前影像化的时代，如何利用影像来提高对外传播的能力，是顺应潮流下的应对之策。

从以往面对的传播困境来说，中国要想真正在国际话语体系中占据一席之地，就要通过讲故事建立起不同文明之间的交流和沟通，而影像作为叙事的载体，拥有与其他叙事形态相通的叙事经验。但在影像化的国际传播中面临怎样的传播困境？我们又该如何转变影像叙事的策略？

---

① 吴宗杰，张崧．从《史记》的文化书写探讨"中国故事"的讲述［J］．新闻与传播研究，2014，21（5）：5-24，126．
② 徐占忱．讲好中国故事的现实困难与破解之策［J］．社会主义研究，2014（3）：20-26．

二、困境之思：影像化"讲好中国故事"传播困境

（一）客观：文化与意识形态的差异

国家传播受阻，一方面在于东西方文化的差异。爱德华·霍尔曾经提出来的"高低语境"的概念。在高文化语境中，信息的含义往往蕴含在传播语境之中以及传播双方的关系之中。中国就是典型的高语境文化的国家，而西方国家绝大多数都是低语境文化国家，所以中国文化中很多的"言下之意"是很多西方低语境国家所不能理解的。比如，2019年在中国收获一致好评的《哪吒之魔童降世》上映北美却遇冷，截止到2019年10月，票房总数不足400万美元。与国内49亿票房相比，在海外不受欢迎的原因也显而易见。首先，对于以中国神话故事为背景的影片外国人很难了解其历史，进而导致对于影片内容的认知无力；其次，作为极具中国特色的语言，像"急急如律令"等在英文翻译上有难度，其中的方言特色也使外国人无法感受到中国语言的魅力，所以国家文化背景的差异成为东西方文化交流难以跨越的大山。

另一方面就在于中西方意识形态的差异。我国最早对外传播的定位就是"宣传"，但是伴随着国际间的交流与融合以及对外传播策略研究的深入，我国也在逐渐转变对外传播策略。从"宣传"到"传播"再到"交流与合作"，中国媒体正在以更柔和的姿态走出中国。但是我国在对外传播的视频类多为新闻和政策宣传为主，涉及国家政策的宣传、意识形态的传播，对于崇尚"自由民主"的西方民众来说，这些比较宏大的内容很难吸引他们的兴趣，如果传播的内容夹杂着太多的官方话语体系，不仅达不到预期的传播效果，可能会进一步加深国外民众对中国负面形象的印象。

（二）主观：新媒体运营的认识与经验不足

讲好中国故事，主流媒体理应成为国际传播中的"领头羊"。尽管主流媒体身先士卒，已在不少国外社交媒体和视频网站注册自己的官方账号，但是从粉丝量、阅读量以及影响力的角度来说，其管理运营工作并未到位。从管理的角度来说，国

内主流媒体的国外官方账号并未有明确的账号定位，另外，也并未向国外用户解释其性质，导致其普遍很难理解这些账号的真实用途。从运营的角度来说，存在一文多发的普遍情况，将国外社交媒体账号仅仅作为一个简单的信息传播渠道的现象比较普遍。从内容的角度来说，大部分海外媒体都是将国内网站的新闻进行翻译，内容上缺乏深耕，忽视国内与国际民众的差异。例如，《人民日报》海外版的主要内容便是外文版的国内新闻，一方面，在缺乏调研基础上进行冗余的信息传递，使得海外民众对中国知识盲区的信息补充失效；另一方面，缺乏国际主题的国内新闻对于外国民众来说接受度低，从而削弱其对该账号的兴趣。此外，从视频内容的质量上看，对外传播门户上视频的技术和内容质量有待提高。在对外传播的媒体渠道管理上的认知与经验上的不足，导致大批量低质量的新闻作品的出现。且"一刀切"的传播方式忽视了传播对象的差异性，最终成为提升我国对外传播能力的一个重大的阻碍。

三、影像化叙事策略的转变

（一）叙事主体：独自讲述转向共同讲述

国家形象不仅是一种软实力，更是国际影响力。在过去很长的一段时间内，少数西方发达国家凭借自身的政治和经济优势，利用国际上媒体力量对中国形象进行歪曲，严重影响了世界对中国形象的客观认识。进行对外传播的过程中，以官方作为叙事主体必然有其权威性与不可替代性，但是相对于平民化的传播对象而言，过于严肃化和政治化的传播作品带有强烈的意识形态，会大大降低其传播效果。因此叙事主体除了官方代表外，其他叙事主体也应与政府共振，共同讲述中国故事，使得对外传播的叙事主体由独自讲述转向共同讲述。作为媒体代表，在2019年CGTN（中国国际电视台）的刘欣与福克斯女主播翠西的16分钟争辩中，刘欣始终保持着大气严谨、睿智平和的态度，中方主持人通过媒体平台向美国民众传递了中国声音，传达了中国态度。李子柒作为民间代表，截止到2021年7月，在国外各大社交媒体网站已经突破2000万粉丝。在国外媒体平台上，李子柒通过视频的形式向世界展示了中国乡村的美食和美景。这也恰恰体现了在新时代的对外传播环境中，我们需要树立新的叙事定位。从这些影像化的传播作品中可以发现，中国故事讲述者队伍不断扩大，从以往的官方领导人到现在的普通个人，由原来的独自讲述到现在的共同讲述中国故事。使讲述中国故事的作品在新媒体平台"滚雪球式"地爆发，让"中国声音"在新媒体上形成"中国声浪"。①

（二）叙事风格：从宏大叙事转向微观表达

中国故事的讲解方式最早就是以宏大叙事的方式出现，崇高的主题、严肃的表达和全景的展示是中国故事的一贯基调。面对异质文化的传播受众，宏大叙事对于没有相同文化背景的受众来说并不能起到很好的传播效果，因此讲好中国故事需要改变原有的叙事风格。

第一就是从小切口切入。2019年由CGTN出品、中国传媒大学国际传播团队参与制作的短视频系列节目《新乡土中国》在全球范围上线，短片并没有大肆宣扬中国扶贫政策的优点和取得成就，相反，仅仅通过中国的乡村变化这样细小的故事作为切入点，侧面通过乡村面貌的变化来说明中国精准扶贫政策的成功和取得重大成就，在面向国际传播的角度来说，以小见大的叙事风格更能打动人心，提升中国故事的传播力和影响力。

第二就是讲述"小"人物的故事。自新冠肺炎疫情暴发以来，在转变国际媒体话语风向时，中国媒体选择了以"讲故事"的形式再现了疫情期间武汉人民在抗击新冠肺炎的过程中所做出的努力。其中新闻纪录片《武汉战疫纪》就是通过讲述小人物的故事在各大海外平台上取得了良好的传播效果。在短短的33分钟里，聚焦了奋斗一线的医护工作者、无私为社区服务的工作人员以及来自各地默默保障物流通畅的志愿者等，描绘了"小人物"的"大事迹"，通过第一视角讲述故事不仅能够增强影片内容本身的说服力，同时这种亲民化的拍摄手法更能拉近不同民众之间的距离，削弱国与国之间的传播壁垒，通过"共鸣"的方式来实现对影片内容的深度参与，进而提升中国故事的国际传播效果。

第三就是表达具体。2019—2020年CGTN推出了三部新疆反恐纪录片，其中《反恐前沿》在Twitter、Facebook等境外社交媒体平台上获得1400条转载、2000余条转评量；在YouTube上播放22万次，并收到1.8万个点赞，6000名网友给予评

---

① 孟达，周建新.讲好中国故事的新媒体赋能［J］.人民论坛，2019（13）：130-131.

论。[1]该纪录片没有官方代表人的国家发言,通过对事件亲历者的发言与讲述来显示纪录片的客观性和真实性,更具备说服力,令海外民众接受。

(三)叙事形式:由单一形式转向多样体裁

国家宣传片是在国际传播上常用的一种宣传方式和手段,但是宣传片并不是传播国家形象的唯一途径和方式。在多元价值审美的今天,叙事方式也应与时俱进,正如习近平总书记所言"要组织各种精彩、精炼的故事载体"。中国影片《流浪地球》《我和我的家乡》等在国外取得了良好的成绩,也再次证明了只要叙事方式、内容恰当,影片叙事也不失为一种高效的传播手段。以《我和我的家乡》为例,该影片围绕党的十八大以后祖国城乡发展以及老百姓喜迎小康的主题进行创作,向世人展示了新时代的中国一步步走向"光明"的历程,向世界展示了坚韧不拔的中国人民形象,向世界展示了一个强大的中国形象。

(四)叙事内容:同一故事转向量体裁衣

美国学者西摩·查特曼认为传播者和受众之间要想达到真正的信息交流,就要使传受双方站在相同的立场想问题,并且传播者能根据受众的差异及时转变编码方式。[2]对于部分对中国持有敌意的西方发达国家,作品《点到为止:中国不会接受不平等条约》通过短视频的形式巧妙回应了美国的"贸易战";对待非洲朋友,作品《我们的非洲朋友》从经济、文化、历史等方面帮助受众了解中国与非洲的历史渊源以及两国之间的深厚友谊。因此,面对跨文化传播的差异,我们需要掌握有针对性的叙事技巧,面对不同的传播受众需要通过不同的叙事内容来提升传播效果。

(五)传播渠道:由单一渠道向多媒体渠道转变

传播渠道是实现传播效果的重要环节,决定了传播内容是否能够达到目标受众,原来仅仅依靠传统媒体的时代已经无法现实传播目的,融媒体时代下,利用多媒体打造融媒体矩阵,传播渠道的多元化才是实现精准传播的有效方法。此前

---

[1] 人民网.在国际舆论场有力传播中国反恐声音[EB/OL].(2019-12-13). https://k.sina.cn/article_6456450127_180d59c4f02000qmep.html?subch=onews.

[2] 任悦.视觉传播概论[M].北京:中国人民大学出版社,2008:159.

CGTN推出了三部反恐纪录片，在国际和国内都引起较大的反响。另外，在融媒体时代要利用传统媒体的"头部效应"。就目前来看，《人民日报》、《光明日报》、新华社等主流媒体依然是新闻传播的主要阵地，其在各大媒体平台上注册的官方账号也吸引了大波粉丝的关注。这一点在海外社交媒体平台上有着相同的表现。因此融媒体时代依然要发挥传统媒体的舆论引导作用。

最后，要借助新兴媒体渠道突破"技术限流"。在国际传播的舞台上要重视海外社交媒体的使用。塑造"民间先行，以民促官"的传播理念，[①]有助于推动对外传播的不断深化。很多国外民众的社交平台就是向世界展现中国现状的最有效的传播渠道。新冠肺炎疫情发生以来，部分西方国家不遗余力地抹黑中国形象，一些海外媒体甚至出于政治原因对中国声音采取"技术限流"，"选择性不闻"已经成为美西方媒体的一种常规策略，[②]导致我们发声的能力受到限制。应对西方媒体这一策略，中国对外传播不仅要依靠主流媒体作为传播主力，同时也要利用好各种民间传播的渠道，打造官民共振的传播矩阵，向世界讲好中国故事、传递中国理念、塑造一个真实客观全面的中国形象。在融媒体时代，国际传播也需要讲好影像化的叙事策略，结合当前的国际形势及时调整对外传播理念和叙事策略，采用国际化的视角来讲述中国故事，让公正、客观、全面的中国形象传遍全世界。

面对复杂的国际形势，在影像化传播的媒体时代，通过影像作品来优化中国在国际传播中的叙述主体、叙事内容、叙事形式、叙事风格以及传播渠道，更好地讲好中国故事，传播好中国声音，展示客观全面的中国形象。

---

① 刘静.融媒体时代纪录片对外传播浅析：以CGTN新疆反恐纪录片为例［J］.国际传播，2021（1）：82-87.

② 史安斌.西方媒体的"选择性不闻"［J］.新闻战线，2020（1）：85.

北京抗战类博物馆对集体记忆的传播研究

赵伊纯[*]

【摘要】 互联网传播环境改变了集体记忆的传统建构以及传播方式。新兴网络技术与新媒体为集体记忆传播带来机遇的同时，也存在着挑战。一直以来，集体记忆被认为在维护国家统一和培养民众认同感的过程中发挥着独特作用。面对集体记忆在传播中遭遇蚕食的难题，抗战类博物馆作为建构、传承集体记忆的载体，以其自身的特点对集体记忆的传播实践产生着影响。本文将通过分析北京抗战类博物馆对集体记忆的传播现状、现存问题以及提升策略，对集体记忆在新时代的抗战类博物馆中的传播实践作出研究与分析。

【关键词】 北京　抗战类博物馆　集体记忆　传播

当前，我国正迈向第二个百年奋斗征程，以百年大党的生机活力，正在朝着建成社会主义现代化强国的方向不懈奋斗。回首百年历程，中国共产党在挫折中奋起，浴火重生，一步步坚实脚印通向瞩目成就。面对新时代的新思想和新发展，以及一切阻碍中华民族伟大复兴的错误思潮，需要民众对此保持清醒认识，掌握正确历史观，从而做到以史为鉴，保证思想上的先进性。在凝聚民众认同、加深民众集体记忆方面，本文聚焦于抗战类博物馆，通过实地走访调研，研究北京抗战类博物馆对于集体记忆建构的情况，其中包括了北京抗战类博物馆对于集体记忆传播的现状、问题以及提升策略。博物馆历来是中华文明以及历史的集大成者，通过研究博

---

[*] 赵伊纯，北京联合大学应用文理学院2020级硕士研究生；主要研究方向：网络文化与新媒体。

物馆，可以看出党和政府在进行集体记忆建构中的具体实践，从而寻找现存的不足，以便为北京抗战类博物馆集体记忆的传播工作提供一定的学术参考。

一、作为集体记忆传播载体的北京抗战类博物馆

集体记忆作为一个学术概念，来源于法国学者哈布瓦赫。他认为记忆是社会的产物。因此，这种记忆被哈布瓦赫视为"集体记忆"，他强调记忆的社会性。皮埃尔·诺阿指出集体记忆的社会性还表现在，记忆对形成自我认同和群体共鸣起着至关重要的作用。博物馆承载着记忆，通过展品遴选、展陈设计等元素建构了集体记忆，从而强化了相关群体的集体记忆，推动集体记忆的更广泛传播。

（一）博物馆传播集体记忆优势分析

第一，在国家支持下，博物馆具有长期保存集体记忆的能力。博物馆大多由国家所有，得到国家政策和资金扶持，具有长期存在和发展的能力，因此对于集体记忆的保存也是长期稳定的，极少出现由于经营不善导致的营收困难。长此以往，博物馆在稳定的发展之下，具备了稳定保存集体记忆的先天优势。

第二，博物馆的叙事较为全面，能够较完整地传播集体记忆。博物馆的突出特点之一在于"全"。无论建设规模大小，博物馆展示的历史通常在时间方面是完整的，即完整还原了历史发生的始末。较为全面的叙事使得博物馆对集体记忆的传播和建构同样是完整的。

第三，博物馆展陈历史文物，增强了集体记忆的真实性与可信度。心理学角度认为，人类记忆具有一定的主观性，携带有与周围环境互动产生的个人情感。无论是个人记忆还是集体记忆，强调的实则是记忆的客观存在。通过追溯展陈的历史文物，博物馆传播的集体记忆脱胎于历史，便增强了自身在信息传播方面的可信度。

第四，博物馆展览手段多样，多媒体丰富了集体记忆传播方式。图片和文字是博物馆传统的展陈手段，通过话语建构实现历史再现。随着技术日新月异的进步，目前音视频、社交媒体和H5等新媒体丰富了博物馆展览手段，使得集体记忆拥有更具创新性的传播途径。

第五，博物馆是爱国主义教育的重要场所，也是民众集体记忆得以巩固的场所。博物馆通过展示展品、使用图文叙事，吸引民众参与到集体记忆的传播过程

中。在这个过程中，博物馆突出强调的家国情怀和民族精神使得个体对于国家的归属感和认同感进一步强化，博物馆的教育功能由此体现，这也是博物馆承载、塑造、传播集体记忆的核心机制。

（二）北京抗战类博物馆线下线上传播现状

抗战类博物馆是一个收藏抗日战争时期重要文物，传承抗战记忆的容器。目前，抗战类博物馆多以"纪念馆"作为名称，以此表达后人对先烈的缅怀与追思之情。为了统一表述，本文将以"抗战类博物馆"作为指代词，表示北京的抗战类遗址、纪念馆和博物馆等建筑。据北京市文物局网站显示，北京市目前拥有七家抗战类博物馆，分别是位于海淀区的中国人民革命军事博物馆、位于丰台区的中国人民抗日战争纪念馆、位于房山区的平西抗日战争纪念馆和没有共产党就没有新中国纪念馆、位于门头沟区的冀热察挺进军司令部旧址陈列馆、位于延庆区的平北抗日战争纪念馆以及位于顺义区的焦庄户地道战遗址纪念馆。

1.北京抗战类博物馆展陈传播现状

尽管新媒体技术层出不穷，带来了崭新的传播工具，重视博物馆的线下传播和馆内展陈建设仍然是北京抗战类博物馆做好集体记忆传播工作的首要考量。博物馆的公共空间属性使得其教育功能愈加凸显。在博物馆的环境之中，通过营造传播仪式，可以加深来访观众的政治认同。

仪式的反复复现，起到了加深群体成员集体记忆和群体认同的作用。在抗战类博物馆参加爱国主义教育活动，参观者通过仪式的参与感加深其记忆，从而产生对于国家的尊重与敬爱之情，这份感情经过日常生活中社会、学校以及家庭其他相关行为的共同发力，将更加深刻地保存于人们的脑海中。

北京七家抗战类博物馆线下传播现状如下。

中国人民革命军事博物馆是中国唯一的大型综合性军事历史博物馆，占地面积8万多平方米，建筑面积6万多平方米，陈列面积4万多平方米。主楼高94.7米，中央7层，两侧4层。其中"中国共产党领导的革命战争陈列"展厅的展示内容主要为中国共产党领导的革命战争史。其展示面积6300平方米，展出照片图表等1200余张、文物2400余件。

中国人民抗日战争纪念馆位于北京市丰台区。馆内收藏了抗日战争时期的文献文物，内容涉及军事、政治、经济、文化、社会等方面。乳白色大理石覆盖的展厅外墙分外抢眼，锻造铜制大门与广场上醒目的独立自由勋章相得益彰，使纪念馆显得格外庄严肃穆。

平北抗日战争纪念馆位于北京市延庆区，于1997年7月开馆，建筑面积3000平方米。馆名"平北抗日战争纪念馆"由原冀热察挺进军司令萧克同志题写。展厅里陈列着近200件文物，都是抗战时期平北军民使用的武器、生活用品和书籍等物品。

平西抗日战争纪念馆位于北京市房山区。馆内展览分为八个部分，展出图片316幅，文物268件，从不同侧面、多个角度，运用多媒体技术与交互技术展示了全国抗战形势和晋察冀抗日根据地的创建过程，重点反映了创建和巩固平西抗日根据地的全过程。

冀热察挺进军司令部旧址陈列馆位于北京市门头沟区斋堂镇马栏村，是北京市第一家由农民集资建立的村级陈列馆。馆内陈列主题依次为平西根据地的开辟、冀热察挺进军战斗历程、马栏村抗战斗争史及司令部原貌。

没有共产党就没有新中国纪念馆位于北京霞云岭森林公园红歌源自然风景区，依山就势而建。纪念馆占地约6000平方米，其中展馆建筑面积1800平方米，传唱大舞台4000平方米。该馆地址是曹火星在抗日战争时期创作《没有共产党就没有新中国》词曲的旧址所在地。

焦庄户地道战遗址纪念馆位于北京市顺义区龙湾屯镇。馆内收藏了许多革命文物，主要有挖地道使用的各种工具、民兵使用过的各种步枪、手枪、地雷；群众使用过的纺车、织布机以及各种农具等。纪念馆分为三个参观区，分别是展馆参观区、抗战民居参观区（已关停）以及地道参观区。

2.北京抗战类博物馆线上传播现状

互联网发展势不可当，博物馆引入线上传播渠道有利于扩大传播声量，提升传播效果。目前，以网站、社交媒体和短视频为主流的线上传播渠道是博物馆主要关注的传播建设领域。通过对北京抗战类博物馆线上传播现状进行调研发现，北京抗战类博物馆有一定的线上传播意识，然受限于技术水平、资金支持等因素，各抗战类博物馆的线上传播建设情况并不均衡。关于线上传播的研究将在下文详细论述。

二、作为集体记忆讲述者的北京抗战类博物馆

（一）通过设计展览空间讲述抗战集体记忆

集体记忆的塑造不是一蹴而就的，而是通过反复的手段、潜移默化的表达方式形成，创造出多个"记忆点"帮助人们记忆。例如，关于春节的集体记忆，人们往往会想到春节联欢晚会和贴春联等十分喜庆、符合节日氛围的行为，这便是多年来的民俗习惯造成的集体记忆。在北京抗战类博物馆对集体记忆的塑造中，博物馆提供的第一印象便是"记忆点"之一。这里的第一印象指的便是博物馆的建筑特点、装潢设计和陈列细节等视觉"记忆点"。

法国哲学家亨利·列斐伏尔提出了"空间生产"的概念。他认为空间的生产，指的是生产信息、意义和价值等非物质内容，意味着物理空间本身即是媒介，能够生产信息、传递价值。集体记忆在公共空间中，经过人类自主建构得以产生，而在空间内部便可形成一个传播场域，通过一系列的空间设计，强化感官体验。在不同的空间中移动，通过精心设计的叙事框架，他们可以接触和体验一套标准化的历史观和价值观。

目前，北京市拥有的两家综合抗战类博物馆，在建筑外观和室内装潢方面表现出了非常明显的特点，从中不难看出借以传达的情感。

中国人民革命军事博物馆和中国人民抗日战争纪念馆在建筑外观的设计方面，选择通体白色的外墙，展现宏伟与肃静。庄严的建筑安静坐落，无声传达着对于战争的纪念。中国人民抗日战争纪念馆的外墙为白色，房顶则使用了黑色，表现对于逝去英雄的缅怀。

在建筑内部方面，中国人民革命军事博物馆表现更加宏大，一层大厅的地面和墙面均由大理石铺就而成，墙面上设有纪念各个阶段战争的壁画，主色调为白色和浅褐色，传达出严肃的庄重感。在中国人民抗日战争纪念馆内部，大厅主题布置鲜明，色调以浅色和红色为主，不仅传达出庄严氛围，同时表达出战争胜利的庆祝之情。该纪念馆的主展厅在一层，展厅出入口分别位于一层东西两侧。入口处以"伟大胜利，历史贡献"作为前言标题，出口处以"铭记历史 缅怀先烈 珍爱和平 开创未来"作结尾，十分醒目。在观众留言簿中，"铭记历史，珍爱和平""缅怀先

烈""牢记使命，砥砺前行"等情感表达是最多的。

中国人民抗日战争纪念馆展厅内的第四部分——"日军暴行"章节，全部内容以黑白色作主色调呈现。黑底白字和黑白照片的陈设手法，突出表现了该部分展览的主题。也有部分观众在参观结束的留言簿中，尤其表达了对第四部分的感受。可见，通过对空间环境的设计与陈设，可以形成观众对于展览的印象，并影响了印象的深刻程度。在展示东北抗日联军的历史文物时，纪念馆打造了森林和雪原的场景，以此模拟东北地区。同样是历史的回顾，通过对于空间环境的设计、文物展品的展陈规划，便可达到更佳的传播效果，增强观众的沉浸体验。

除了对展厅的整体氛围和环境进行规划以外，部分博物馆还采取了"场景复原"的展览手法，用"历史上的陈设"为观众还原记忆，塑造记忆。

冀热察挺进军司令部旧址陈列馆的第二展室即为场景复原展室。该展室内环境的陈设按照历史原貌进行场景复原，陈列布置了萧克将军在马栏村时使用的察哈尔、热河和平西地图，八路军冀热察挺进军军旗、背包、电话、文件挂袋以及捐赠的八仙桌、太师椅等司令部使用过的工作生活物品，还原展示了八路军冀热察挺进军司令部驻扎在马栏村时，萧克司令员与邓华支队长研究反击日军围攻作战的场景。这些陈列物品在马栏村村民的精心维护下，被完整长期保存下来。没有共产党就没有新中国纪念馆的落成缘起于抗日战争时期曹火星在房山所作歌曲《没有共产党就没有新中国》，因此在描述这一段历史时该馆也采取了场景复原的手法。

平北抗日战争纪念馆和平西抗日战争纪念馆内同样设置了不少的篇幅在场景复原方面，展示了八路军平北部队兵工厂制造弹药、平北昌延联合县政府旧址、平北抗日根据地进行思想建设等场景的再现，以生动手法向观众展示历史，加深集体记忆。与现代多数博物馆呈现的大气、庄严与肃穆之感相比，平北抗日战争纪念馆的内部陈设则更具有历史感与年代气息——并不明亮的灯光以及偏暗的设计色调，为博物馆奠定了情感基调，更加容易调动参观者的情绪，使之产生更为强烈的情感共鸣。

（二）通过话语建构讲述抗战集体记忆

学者燕海鸣指出，"图片及解释性文字是话语建构的主要策略"[①]。抗战文化中蕴

---

① 燕海鸣.博物馆与集体记忆：知识、认同、话语［J］.中国博物馆，2013（3）：14-18.

含的精神与历史是中国红色文化中的重要内容，话语传播是传承抗战文化的策略之一。中国红色话语可以看作是体现中国红色文化意义的话语体系。通过话语传播，抗战文化的传播将更加见效，对塑造集体记忆产生作用。

我国的博物馆多数为公有，由国家和政府建设，具有为社会服务的功能。因此，博物馆的话语和文本传播需符合基本的社会规范。文化语用学教授毛延生等在其文章中表示，在建构中国红色文化话语体系时，需要强调文化语用语境和话语之间的内在契合性。[①]文化语用语境是文化语用学的基础，能够为话语设定文化意义，其建构基础是话语理解所涉及的文化信息。对于抗战类博物馆而言，建构红色文化、还原抗战历史使用的话语体系，需要与红色文化语用语境之间建立关联。

2021年是中国共产党成立100周年，中国人民革命军事博物馆内展出了中国共产党领导的人民军队展览。在第三单元，前言中出现的"艰苦卓绝的斗争""全民族抗战的中流砥柱""巨大贡献"等话语将党领导下的人民军队形象鲜明表达了出来。平西抗日战争纪念馆在展示抗日英雄时，写下了"抗日志士英勇牺牲 英雄群体视死如归"的标题，展示出了英雄人物抛头颅、洒热血，大义凛然，为国捐躯的英雄气概。这些代表着积极进取的话语，符合了红色文化的语用语境，彰显出抗战时期军队和人民不屈不挠、顽强抵抗的精神。

中国人民抗日战争纪念馆作为综合全面展现抗日战争全过程的抗战类博物馆，在展望未来的部分着墨最多。其中，"警惕日本右翼挑战世界反法西斯战争胜利成果""发展面向未来的中日友好关系的压舱石"等表述诉说着中国人民对于建设持久和平的决心。

法国哲学家福柯指出，在考虑人类社会乃至自身的建构时，不能把话语与权力分开。并且福柯认为，当人们"谈论权力时，他们立即想到的是政治结构、政府、统治阶级等。然而这并不是我在谈论权力关系时所理解的"[②]。福柯的"话语与权力"理论表达了，在不同的社会和既定时期，话语的生产不是随心所欲的，不是纯粹自由的，受一定数量的程序和规则控制。

抗战类博物馆内的展陈文字所代表的话语体系，即隶属于红色文化话语体系。

---

① 毛延生，喻倩.中国红色文化话语传播新解：文化语用学视角[J].浙江外国语学院学报，2020(1)：34.
② 朱振明.福柯的"话语与权力"及其传播学意义[J].现代传播(中国传媒大学学报)，2018，40(9)：32-37，55.

根据福柯的理论，这一揽子红色文化的话语是由其背后的权力关系产生的，并且也为权力关系带来了合法性，同时也为集体记忆的建构提供了帮手。

三、北京抗战类博物馆集体记忆传播存在的问题

通过走访北京市七家对外开放的抗战类博物馆，并运用网络民族志调研方法，本文认为北京抗战类博物馆在集体记忆的传播方面仍然存在问题，下文对存在的问题进行逐一梳理。

（一）网络传播力度薄弱

通过网络调研，本文梳理了北京抗战类博物馆在官方网站、微博、微信公众号和抖音等互联网平台的建设情况如表1所示。

表1 北京抗战类博物馆互联网平台建设情况（√代表已建设，/代表未建设）

	官方网站	微博账号	微信公众号	抖音账号
中国人民革命军事博物馆	√	√	√	√
中国人民抗日战争纪念馆	√	√	√	√
平西抗日战争纪念馆	/	/	/	/
平北抗日战争纪念馆	/	/	√	/
冀热察挺进军司令部旧址陈列馆	/	/	/	/
焦庄户地道战遗址纪念馆	√	/	√	/
没有共产党就没有新中国纪念馆	/	/	/	/

中国人民革命军事博物馆和中国人民抗日战争纪念馆作为大型综合性博物馆，在网络宣传方面建设较成熟。与此同时，北京市的抗战类博物馆存在着网络传播建设两极分化的不平衡现象。

尽管中国人民抗日战争纪念馆的新媒体建设情况在北京多家抗战类博物馆中已经较为先进，但该馆宣传推广部副部长张伟杰也表达了新媒体建设所面对的困境。2022年2月22日，张伟杰在抗战馆接受访谈时认为："新媒体传播需要具备专业人才、规范的新媒体管理流程、内容的采编和资金的支持，目前在这些方面有一些成果，但也还在摸索学习阶段。"

平北抗日战争纪念馆宣传部的丁姓工作人员同样表示："该馆属于平北抗日烈士纪念园的辅助单位，暂未有更多的宣传考虑。"焦庄户地道战遗址纪念馆的相关工作人员也以类似的理由表达了本馆宣传建设力度有限。而平西抗日战争纪念馆、冀热察挺进军司令部旧址陈列馆和没有共产党就没有新中国纪念馆等三家抗战类纪念馆在官方网站、微博、微信公众号和抖音账号的建设上均为空白项。建设网络平台账号的博物馆在账号运营方面仍然存在不足，互动活跃度低、更新频度不固定是普遍存在的问题。

（二）新传播技术运用滞后

目前，VR技术已经在各行各业运用得较为广泛。在博物馆传播方面，VR技术可以用于数字博物馆建设以及为现场观众提供沉浸式体验等方面。据实地走访发现，没有共产党就没有新中国纪念馆馆内设置有VR设备，但暂未向观众提供使用权限。馆内工作人员对此的回答是"设备故障"。可见，博物馆对新技术设备的维护工作还需加强，以便为观众提供更加清晰可感的参观体验。而在数字博物馆建设方面，中国人民抗日战争纪念馆和平北抗日战争纪念馆的步伐已然走在前列，但依然有其余的抗战类博物馆并未建设数字博物馆，仍停留于传统的展览方式。

（三）品牌传播矩阵未形成

传播矩阵意味着资源整合，意味着集中声量。通过组建强有力的品牌传播矩阵，能够使相关的传播资源在传播过程中得到更多利用。北京拥有丰富的红色文化资源，亟待形成品牌传播矩阵。历史的讲述方式应呈现出连续性和贴近性，而非"单兵作战"的力不从心。当前，北京抗战类博物馆缺乏的是资源整合，尚未在联动北京其他红色文化博物馆方面形成合力。政治认同的形成，需要先形成文化认同。

品牌传播需要由具有辨识度的品牌形象作为先锋，加强品牌传播力度。而对于抗战类博物馆来说，除了形成自身独特的品牌标识以外，也需将品牌标识应用在文创产品上，形成更加广泛的传播效应。在走访抗战类博物馆过程中，发现各抗战类博物馆的文创产品设计力度有限。其中，中国人民抗日战争纪念馆拥有抗战书店，然而除了抗战书籍以外，其文创产品的种类较多，却质量不精。商品大多为其他品牌的文具和积木，没有抗战纪念馆自身出品的商品，无法体现抗战纪念馆的独特性。抗战纪念馆内还设有饮品店，可菜单上的饮品也是常见种类，缺乏新意和创意，没有根据抗战历史特定的饮品。

综上所述，北京抗战类博物馆在集体记忆传播中存在的问题是亟待解决的。为实现建设社会主义文化强国，北京各抗战类博物馆需行动起来，补短板、强弱项。

四、北京抗战类博物馆集体记忆传播提升策略

（一）积极运用既有互联网传播平台

通过网络调研不难看出，目前北京抗战类博物馆在互联网传播的作为方面仍然有很大的空间。前文已有提及，北京抗战类博物馆均为在历史原址建设落成，半数以上的博物馆地处郊区，距离市区较远，在来馆参观的便利程度上并不占优势。因此，基于以上考虑，各抗战类博物馆更需要加大互联网平台的建设力度，建设好数字博物馆，为观众提供优质的"云上参观"服务。

此外，目前尚未开通各平台账号的抗战类博物馆也应尽快将网络传播提上日程。在参观调研中，一位博物馆的工作人员表示："没有开设微信公众号的必要。需要讲解，扫描馆内二维码就可以了。"对于这位工作人员的表态，前文已经提及，微信公众号是综合性的网络平台。微信公众号不仅为观众提供讲解服务，也可作为博物馆的信息公告栏和抗战故事的传声筒。然而，这位工作人员没有对此引起重视。同时，这也并非独属于该馆的问题，而是共性问题。

中国人民抗日战争纪念馆在互联网平台建设方面走在前列。该馆宣传推广部副部长张伟杰在访谈中介绍："目前已经形成了'两微一网+9'的新媒体矩阵。"其中，"两微"即微博和微信公众号，"一网"即官方网站，另外在央视频、新华网、北京时间、抖音、今日头条、澎湃新闻、知乎、百家号和北京号等9个互联网平台设有账号。并且在传播新模式方面，中国人民抗日战争纪念馆在2021年大胆使用时下流行的网络直播，采用多平台同步直播形式，在重要纪念日节点举办4场直播，获得了240万人在线观看，单场最高120万人在线观看的数据。在"两微一网"建设方面，通过抗战纪念馆官方网站——中国抗战胜利网推出多个虚拟展和专题，2021年官方网站浏览量累计达63万人次。2021年，中国人民抗日战争纪念馆全年

刊发180条微信，图文阅读量54万人次；全年官方微博更新1327条，浏览量达5300多万。在重要时间节点，抗战纪念馆对相关纪念日策划活动、创建话题，话题阅读量达到2891万。

开通账号并非目的，通过账号打通抗战集体记忆在网络上的传播通道才是最终要义。通过调研得知，目前已经开通互联网账号的各抗战类博物馆中存在着一个共性问题，即整体传播效果不佳。针对于此，各抗战类博物馆应做好顶层设计，对博物馆的宣传工作进行详细规划，以线下线上为区分，招聘对应岗位人才。在线下方面，抗战类博物馆应主动挖掘抗战故事，为各新闻媒体提供报道素材，积极邀请各新闻媒体和各单位前往博物馆进行实地参观，切勿实行"等待主义"，以被动态势对待瞬息万变的信息传播环境。在线上方面，抗战类博物馆应广招人才，尤其是视频拍摄制作以及多媒体技术方面的专业人才，将距离遥远的历史史实通过多媒体手段重现活力，吸引更多受众；同时，需要加强对新媒体账号运营的设计规划，对于发布时间和发布内容进行提前规划，做好"抗战故事""历史上的今天""抗战知识""纪念日"等多个专题内容的设计。

面对短视频传播中的"泛娱乐化"倾向，抗战类博物馆不应逃避这个问题。短视频是当前与微博、微信并驾齐驱的新传播平台，抗战类博物馆应正视短视频传播的优势，取其长处，避其劣势，在短视频平台中找准传播定位，用新鲜有趣的形式正确传播好抗战故事。

（二）及时运用新传播技术

技术创新是发展的第一动力。如今，我国乘着技术进步的东风在经济社会发展、先进文化发展以及美丽中国建设等方面都取得了长足的进步。在日常生活中，新技术更是随处可见。5G、VR和人工智能这些词语，对于民众来说早已不陌生。甚至，越来越多的民众已经习惯用这些新技术去解决问题、学习知识。那么，在建构和传播集体记忆中，抗战类博物馆也应及时运用这些新的传播技术，回应民众喜好和需求。随着VR技术的发展，目前也可在不使用历史文物的前提下，将历史的原景复原变成现实，参观者戴上VR眼镜便可"穿梭"于历史之间。目前，VR眼镜的技术已经非常成熟，如若各抗战类博物馆能够与专业技术企业合作，设计出原景复原的VR设备放置在博物馆内，将一定程度上提升来馆参观者的参与度与积极性，也会增加来馆参观的人数。不仅如此，人工智能技术所衍生的人脸识别技术和智能语音助手等日常生活中经常遇到的新技术，同样可以运用到抗战类博物馆传播当中。在抗战类博物馆中，运用人脸识别技术与历史游戏环节相结合，让观众在技术中娱乐，在娱乐中学习抗战知识，这不失为一种软性传播策略。同时，智能语音助手可用作辅助讲解，设置在场馆中既起到了讲解功能，同时也具备导引和信息查询功能。一般来讲，当前在公众场所出现的智能语音助手大多以"萌态"形象出现，这也会进一步吸引民众进行互动，增加民众的停留时间，提升在馆参观体验度。

（三）打造红色品牌传播矩阵

品牌传播对于抗战类博物馆的宣传具有适用意义。在品牌建设方面已经形成一定规模的博物馆有故宫博物院、中国国家博物馆等。这些博物馆拥有自己的品牌，例如，故宫博物院的"故宫淘宝"，中国国家博物馆、三星堆博物馆和河南博物馆在淘宝上均开设了旗舰店。形成品牌，继而通过品类繁多的文创产品打开市场，既拓宽了品牌知名度，也提升了博物馆的经营收入，是具有创新性的传播渠道。

而品牌联动则是在品牌传播基础上，将具有影响力的品牌进行联合，形成品牌声量最大化。北京抗战类博物馆的文创发展处于起步阶段，如若可以和北京其他红色文化博物馆进行合作，在文创产品方面制作出更多具有创新性的产品，对于北京抗战类博物馆整体知名度的扩散一定是有利的。不仅在文创方面，北京抗战类博物馆多数距离市区较远，可以与市内的红色文化博物馆联合设计展览，将更多不为人知的抗战故事送入寻常百姓家。

乡村振兴背景下龙湾屯古镇红色文化传播效果的提升策略

鲍宇涵[*]

【摘要】 近些年来，时代发展以及社会进步使人们的生活水平同比以往有较大提升。在此背景下，红色旅游也开始走进大众视野。我国众多学者也开始将关注的目光投放到乡村古镇发展研究的工作上。伴随着乡村振兴理念深入人心，红色古镇文化也被人们所发掘，而这些文化中既包含古镇文化的内容，也包含着红色文化的内容。红色的乡村古镇既蕴含着红色文化的优良传统，又有着古镇的丰厚底蕴，其在我国红色文化的传播与弘扬中发挥着举足轻重的作用。如何提升古镇红色文化的传播效果，是新时代背景下我们应探讨的新问题。本文以北京市顺义区龙湾屯镇为研究对象，对其在乡村振兴背景下红色文化传播效果的提升策略提出了建议。

【关键词】 乡村振兴　红色文化　传播策略

习近平总书记指出："要把红色资源利用好、把红色传统发扬好、把红色基因传承好。"为了在乡村振兴的背景下有效推动龙湾屯古镇红色文化的传播，需要深度剖析龙湾屯古镇可利用的红色资源，通过挖掘乡村古镇独具的特色内容、打造红色品牌、丰富文化传播形式等方式来推动红色文化的传播效果。

---

[*] 鲍宇涵，北京联合大学应用文理学院新闻与传播系2020级硕士研究生；主要研究方向：城市形象策划与塑造。

一、加强政府顶层设计，协调龙湾屯镇红色文化传播导向

作为全国爱国主义教育示范基地、全国红色旅游景区、全国重点文物保护单位、国家级抗战纪念遗址，焦庄户地道战遗址纪念馆自1964年建成以来，先后经历四次修缮扩建，接待国内外游客上千万人次，对传承与发展中华民族抗战精神有着不可磨灭的作用。为传承地道战红色基因，弘扬焦庄户红色文化，龙湾屯镇邀请区文化和旅游局党组书记、局长申志红到焦庄户地道战遗址纪念馆进行调研。通过调研，申志红同志对此提出相应的建议，首先就是要做好顶层设计明确思路，聘请专业第三方公司打造IP主题；其次要打造产业链条创设市场，开发既有红色教育又有军事教育的军事体验区；最后要提前做好各项安全隐患排查工作，提高消防意识和应急反应能力，在疫情形式十分严峻的情况下，也要做好疫情防控的工作，不能掉以轻心。同时，镇党委副书记、镇长张伟对此也有自身的见解，他认为发展红色旅游，理应做到开发与保护、村庄与展馆、传统与现代协同发展，努力改善和解决当前存在的问题，将焦庄户地道战遗址纪念馆打造为顺义区红色旅游名片。此外，镇党委书记闫岩发表其对此事的态度，表示下一步龙湾屯镇将积极对接上级政策，找准镇域定位，持续推进焦庄户地道战党性教育基地建设。与此同时，政府的有关部门应充分挖掘地道战红色资源的历史内涵和时代价值，将红色文化资源嵌入绿色生态资源中，体现"红色+绿色"融合发展，努力把焦庄户地道战"人民第一堡垒"这张红色名片打磨得更光亮，进一步提高"清兰龙湾·红色小镇"的美誉度和知名度，着力打造红色文化传播基地，为镇域百姓增收致富提供平台。

（一）打造"红色龙湾屯"IP形象

凭借一部电影——《地道战》，使得龙湾屯镇有了可开发的地道战遗址资源。下一步要继续拓展这一形象，积极开发焦庄户、柳庄户等村的民俗旅游产业，促进乡村旅游快速发展，打造其独特的IP形象。焦庄户地道战遗址纪念馆是传播红色文化强有力的红色IP，我们要充分利用舞彩浅山、欧菲堡酒庄、吉祥八宝葫芦艺术庄园等特色品牌，布局"点、线、面"，讲好红色龙湾故事，做好红色文化地传播工作。相关的文旅部门和该镇的负责人应该对焦庄户地道战遗址纪念馆的展馆参观区、地道遗址参观区、抗战民居参观区等进行多次全方位分析规划和修缮，积极推

动焦庄户地道战遗址等周边红色资源的提升改造。对现有红色资源进行充分挖掘，寻找并结合当地特色绘制"红色地标IP"，打造红色文化纪念馆、教育基地和根据地等，围绕红色地标IP的主题组织红色文化节、红色调研和红色旅游等项目；将具有艺术性特色的红色文化IP通过各种形式进行传播，例如主题鲜明的红色音乐会、红色书籍阅读、红色文化打卡之旅等，使红色文化通过艺术文化的形式进行传播和弘扬，同时助力乡村文明建设。

（二）使用影像叙事的功能

农村群体大部分缺乏良好的文化教育和熏陶，接受文化知识的水平相对较低，缺乏对红色文化的基本了解，红色意识较为淡薄。我们要让媒介发挥应有的力量，将新旧媒体的传播渠道和传播途径进行融合创新，以短视频、电影、电视剧、纪录片等形式对该群体进行基本的红色文化教育，可以将其对红色文化的理解进一步加强。将影像叙事的功效发挥出来，从而激起受众的兴趣，使受众对红色文化更加认同，进而实现红色文化传播的主动性，达到宣传教育的效果。

在建党百年后的新篇章中，我们要把观看红色影视剧、接受革命传统教育作为开展党史学习教育的重要内容。在该镇乃至该区的党组织教育中，使用影像叙事的功能，组织观看红色革命教育影片，通过观看影片，让民众切实感受到革命战争年代中国共产党人无私奉献和不怕牺牲的崇高精神，体会到党和人民群众之间的鱼水深情，从而增强对中国共产党光辉历程的了解，激发学习党史的热情，以此来达到良好的传播效果。[①]

使用影像叙事功能的同时也要求我们发挥创新创造的精神，按照结合实际、联系工作、贴近生活的原则，对龙湾屯镇红色资源进行再创作，拍摄创作一批以该镇红色文化精神为主题的影视剧或宣传短片等，以此来增强该镇红色文化的传播效果，吸引更多的青年人关注，并能够以此来留住年轻人，助力该地的人才振兴发展。

影片《地道战》就是利用影像叙事功能助力该地红色文化传播的最佳诠释。影片讲述了河北省中部人民在中国共产党的领导下，创新地利用地道战争来抗击日本侵略者的故事。当时挖掘地道所使用的各种工具，民兵使用的各种武器，以及群众

---

① 刘洋洋.互联网条件下红色文化的传承与发展研究［D］.兰州：兰州理工大学，2019.

使用的各种农具，如今都已成为收藏的宝贵文物。纪念馆展厅中碾盘射击孔的照片是《地道战》影片中的著名镜头，也成为游客争相前来打卡的地点。这部电影展示了人民战争的无限力量，成为红色电影中的经典。

二、增强农村受众的媒介素养

乡村古镇拥有非常丰富的红色文化资源，发扬和传承红色文化，乡村极具优势。但是农村政治经济发展相对落后，村民们受传统思想的束缚，观念落后教育水平相对较低，农民对红色文化的内涵和作用理解欠缺，导致了一些村民们对红色文化的认知和接受程度始终处于比较低的水平。但是古镇红色文化的传播对乡村的振兴发展具有重要的作用，而农民又是乡村振兴战略实现的重要主体和主要受益者，因此，加深农民对当地红色文化基因的理解和媒介素养的提升至关重要。

受众群体接受红色文化的渠道不同，因此应当因人而异，用不同方式培养人们对红色文化的认识。一方面，针对能接受较好地教育或者传播知识的村民主体，完善教育体系，将红色文化的基础知识融入日常教育中，提高乡村红色文化传播的氛围。另一方面，媒体在进行宣传活动时，应以主流思想为主要宣传任务，要担当起社会责任。大多数农民观众会认为，电视或广播等媒体所宣传的信息是这个国家的理念。针对中老年群体，文化水平较低或者接受能力、学习能力较弱的群体，借助媒介的力量，通过新媒体传播途径，以电视、电影、短视频、广播等形式定时对这一群体进行红色文化教育与宣传，加强他们对红色文化的理解。并以生动形象的方式传播红色文化，增强受众群体学习的兴趣和积极性，例如，我们可以对目前的红色文化宣传作品进行适老化改造，既有利于促进农村老年群体对红色文化的理解和学习，又可以进一步推动他们对红色文化进行二次传播。

同时，我们还可以借助优秀民间团体和民间力量，增强农村受众的媒介素养。如开展农村媒介素养推广和教育讲座、农村教师培训、农村推广学习、中小学校园红色文化讲座，发布相关媒体教育手册和媒体素养推广活动等。通过民间团体和民间力量的参与，特别是农村地方民间团体的参与，我们可以更好地理解对村民媒介素养培养的思路。此外，民间媒体素养培训组织作为一个独立于政府机构的自发群体，具有更多的自主权、更大的自由度和更强的内在动机，有利于提高当地农民受众的媒介素养。

最后，媒介占据媒体资源，利用媒体资源生产媒体产品，是媒体素养教育中最重要的力量。媒体的行为本身就是媒介素养教育的"教科书"。同时，它还可以向村民们大力宣传和普及媒介素养知识。在媒介素养的培养中，媒体还有很长的路要走。各类媒体都应考虑占人口多数的农村观众，意识到大多数农村观众的需要，提高节目的内容和质量，丰富节目的形式和内涵，调整节目的播出时间，使农业相关节目真正成为农民自己的节目，以此来潜移默化地提升农村受众的媒介素养，传播红色文化。

三、创新传播方式，增强红色文化的感染力

（一）红色文化+直播

随着互联网的迅速发展，自媒体运营逐渐崛起，直播已然成为时代发展的潮流，充分利用直播来达到红色文化传播的目的，不仅具有新颖性，还能够加深人们对红色文化的印象。通过直播展现乡村的红色文化，碰撞其红色文化，讲述红色文化的精神内涵，使乡村的红色文化通过新媒体技术实现新的传播，让更多网友特别是年轻人了解龙湾屯镇及各乡村古镇的红色文化、感受新时代的红色精神。在直播红色故事的过程中，可对当地的特色街区、美食、民宿、地道体验项目进行探访，通过直播、旅行Vlog和旅游攻略的形式进行推广，在传播红色文化的同时，还能助力乡村产业的振兴。我们还可以借鉴延安等红色旅游城市直播推广的模式，邀请专业的直播人员深入龙湾屯镇进行直播讲解与介绍，推出一些特色生动的打卡路线，吸引全国各地的游客们前来感受乡村古镇中的红色文化精神。

（二）红色文化+融媒体

"融媒体"是对媒介载体进行充分利用，将报纸、电视、广播等存在共性又形成互补的各种新旧媒体，全面整合宣传、内容、人力等方面，实现"利益共融、内容兼融、资源通融、宣传互融"的新型媒体。"融媒体"的传播方式是将新媒体与传统媒体的优势充分发扬，将单一的竞争力变为多媒体协同发力的竞争力，从而为人民群众服务。①

---

① 张宁.乡村振兴视域下陕甘革命根据地红色文化建设与传播研究［J］.老区建设，2021（16）：62-67.

信息传播在融媒体的帮助下呈现多样性的特点。在红色文化传播过程中，可以借用网络平台将图片、文字等内容转化为数字符号，以更加立体的形式呈现出来，使其中所反映的抽象价值观更为生动具体，从而使人们对其产生浓厚的兴趣。民众可以通过网页、微信、微博等手段对红色文化的内涵进行了解，富有特色的相应红色文化产品也对传播起着积极作用，从而将具有地方特色的本土品牌进行推广。在推广红色文化的过程中借用融媒体方式，打造具有古镇特色的红色文化品牌，可以使龙湾屯镇的红色文化得到长远发展。

综上所述，我们可以通过将新媒体红色文化传播和传统媒体红色文化传播的方式进行整合，从而在古镇红色文化传播方式上进行创新，就目前而言，龙湾屯古镇红色文化传播的方式较为单一，因此其可以在原有的基础上融入新浪微博以及微信公众号等新兴社交软件，同时随着互联网的迅速发展，短视频作为一种新媒体被广泛运用于众多品牌线上宣传的过程中，故龙湾屯古镇也可以通过融入快手以及抖音等热点短视频App的方式，以加大古镇红色文化传播的力度。在对龙湾屯古镇红色文化资源、革命英雄的精彩故事以及相关红色文化主题活动稍加包装和润色之后，投放到微博、微信公众号以及短视频平台中进行展示与宣传，这不仅打破了红色文化传播的时间和空间的局限性，同时还渲染了浓厚的红色文化氛围，让群众易于沉浸在红色文化的故事与氛围中，群众的情绪受到感染之后会不自觉地转化为实际行动，提高了古镇红色文化传播的实效和力度，与此同时也带动了乡村产业的进一步发展，这是一个相辅相成的过程。

四、拓宽传播渠道，挖掘红色文化的精神内涵

（一）打造沉浸式红色文化游戏

前文中提到位于北京市顺义区龙湾屯镇的焦庄户地道战遗址，人们所熟悉的电影《地道战》就取材于此。为了打造沉浸式体验，我们可以联合国家中影数字制作基地，重点打造还原演绎经典电影《地道战》等重要片段以及真人版的对战体验，大大增强受众群体接受红色文化知识的互动体验感。在碾盘射击孔射击的画面，就是影片《地道战》里有名的镜头，我们可以以此为受众打造一个游戏体验区，让游客们通过高科技的手段沉浸式感受战争的场景。地道战遗址内虽然以多种形式浓缩

和展现了珍贵的史料、文物以及英雄人物的事迹，但互动性不强，我们可以在旧址、场馆等地建立3D红色影片体验区、VR体验区、AR情景体验区，实现沉浸式体验。除了缅怀抗战历史，还可以用情景表演、讲述和媒体影像相结合的方式来打造沉浸式体验剧，全景展现当年的故事，吸引游客观看、体验，成为红色文化传播的新亮点。在陈列设备技术上陈列馆可引入智能机器人，该机器人可为游客介绍红色遗址概况、馆内景点、藏品以及路线引导、答疑等服务，同时设计找藏品游戏，让观众在寻找互动中感受当地红色文化，在游戏中认识藏品、了解藏品。

对于游客和受众来说，参观红色旅游景区景点，既能了解红色历史，还能体验全新科技，过一把科技瘾，正可谓一举两得的出游新体验。打造沉浸式红色文化游戏会受到游客的广泛欢迎，由此能够促进乡村古镇红色文化的有效传播，新技术的引进又可以推进该镇的经济发展和振兴。

（二）利用虚拟现实技术融合红色文化传播和乡村振兴

通过将红色文化传播融入虚拟现实技术，能够有效促进乡村振兴，例如，可以借助VR技术，把龙湾屯镇红色文化通过实景建模逼真还原场景。当VR头盔被戴在用户头上时，红色文化遗址便会出现在眼前，仿佛身临其境一般。而在此基础上形成的交互，将这种"穿越"感进一步深化，用户可以将交互功能进行预设，在虚拟的现实中实现跳跃、行走，对红色文化遗址中的特色雕像、文物、标语等进行触摸和感受，增强个体与历史的融合。[①]

我们还可以利用虚拟现实技术真实还原龙湾屯镇红色历史事件，为参观者提供沉浸式、内容丰富且不受场地限制的体验，让当地资源同红色文化进行有机结合。对虚拟现实等高科技手段进行利用，将单纯的参观讲解方式进行提升，在VR的帮助下，受众可以真实地融入红色文化遗址中，在红色文化精神中融入个体的思想，使受众得到启迪与熏陶。

通过VR虚拟现实技术，再现龙湾屯镇红色文化的独特魅力，实现零距离触摸历史，为基层干部和村民提供沉浸式、交互式VR体验，直观学习中国共产党的奋斗史和该镇的革命史，激发群众党史学习热情，坚定乡村振兴路上永远跟党走的信念与信心。用新技术让革命遗迹成为当代青少年的"教室"，让历史文物成为当代

---

① 李青青.江西红色文化对外传播的现状及其对策研究：以赣南原中央苏区为例［J］.散文百家（新语文活页），2019（5）：174-176.

青少年的"教材",让龙湾屯镇红色文化在基层火起来,让红色文化传播开来,让红色基因代代相传,开展虚拟现实,携手助力乡村振兴的新模式。沉浸式、交互式VR体验技术支持红色文化更好地传播和传承,支持乡镇更好地实现振兴发展,让红色文化成为触及心灵的精神体系。

"三山五园"文化对中国国家形象的塑造研究

蒋函玉[*]

【摘要】"三山五园"是清代皇家园林的总称，蕴含着中国政治、经济、文化、园林建筑、水利等浓厚的文化底蕴，是北京市重点保护的历史文化区域之一，是中国宝贵的文化遗产胜地。本文以"三山五园"文化为研究对象，探索其传播对中国形象的塑造。研究发现，"三山五园"蕴含的大一统思想，对京西稻的精心培育，以及"三山五园"文化的传播利用，塑造了中国团结统一、勤劳智慧、拥有高度匠人精神的国家形象。

【关键词】"三山五园" 中国形象 形象塑造

引言

"三山五园"历史文化的研究与活化利用逐渐丰富起来，提升了其文化底蕴的传播以及文化知名度，也塑造了中国多元的国家形象。目前学界对于"三山五园"的相关研究，主要集中在"三山五园"文化底蕴研究、文化遗产保护利用传播研究、旅游价值研究、水利研究、园林建筑群布局理法研究和园居理政研究等六个方面。一是对"三山五园"文化底蕴的研究。赵连稳谈到"三山五园"文化景观通过建筑格局、对联、题记等各种形式来体现"大一统""勤政""孝""观稼验农"等

---

[*] 蒋函玉，北京联合大学应用文理学院新闻与传播系2021级硕士研究生；主要研究方向：网络文化与新媒体。

儒家文化元素。① 郭一超探寻"三山五园"各园中的佛教文化元素，归纳其特点。②二是对文化遗产保护利用传播的研究。魏晋茹和岳升阳提出京西稻作为独特的历史文化景观，应将其与生态、旅游发展结合，活态保护这一农业文化遗产。③ 刘婧轩分析颐和园周边用地的历史景观沿革、用地特征，寻求对历史文化遗产进行资源保护与利用的发展方式。④ 潘怿晗从民族学视角出发，寻求皇家园林文化遗产在现代社会发展中价值赋予的新途径。⑤ 李彦冰分析"三山五园"在对外传播中对国家形象和民族形象的塑造意义。⑥ 三是对旅游价值的研究。裴正兵和田彩云从四个维度来分析"三山五园"具有的愉悦休闲、艺术审美、文化历史和社会实现四种文化旅游遗产价值。⑦ 黎群笑探寻香山公园这一具有山林特色的皇家公园的旅游业发展模式。⑧ 四是对水利的研究。钟贞探讨皇家园林与水利建设相结合的做法，围绕水利对清漪园的建设进行分析。⑨ 五是对园林建筑群布局理法的研究。李宇认为"三山五园"这一皇家园林，体现了中国传统造园艺术和中国传统文化中对美的追求，既集历代皇家园林建筑之大成，又吸收西方建筑成果，具有丰富的文化内涵。⑩ 朱强统计"三山五园"整体建设规模并分析其整体的布局理法。⑪ 六是对园居理政的研究。马兴剑以清世宗的园居理政为研究对象，研究清世宗在圆明园内长达十年的治居生活。⑫

通过文献梳理可以发现：第一，目前对于"三山五园"文化的研究主要集中于园林建筑、考古、历史、文化等方面，对于从传播学视角来考察"三山五园"发展现状的文献较少。第二，有学者也发现"三山五园"蕴含的历史底蕴有儒家思想、

---

① 赵连稳.论三山五园中的儒家文化元素［J］.安康学院学报，2016，28（3）：1-8.
② 郭一超.三山五园建成前各园佛教元素概况［J］.经济研究导刊，2016（10）：177-179.
③ 魏晋茹，岳升阳.农业文化遗产视角下的京西稻发展［J］.农业考古，2016（1）：30-34.
④ 刘婧轩.基于历史文化遗产周边资源保护与利用的北京西郊"园外园"规划设计［D］.北京：北京林业大学，2016.
⑤ 潘怿晗.皇家园林文化空间与文化遗产保护［D］.北京：中央民族大学，2010.
⑥ 李彦冰."三山五园"对外政治传播的功能与价值［J］.前线，2019（9）：65-67.
⑦ 裴正兵，田彩云.基于旅游者需求的文化遗产旅游价值评估维度研究：以北京"三山五园"地区文化遗产为例［J］.资源开发与市场，2018，34（11）：1614-1617.
⑧ 黎群笑.香山旅游经济研究［D］.北京：中央民族大学，2012.
⑨ 钟贞.乾隆清漪园与北京西郊水利建设研究［J］.中国园林，2016，32（6）：123-127.
⑩ 李宇.二泉映月 五园生辉：北京西郊的水系和园林［J］.中国典籍与文化，1993（1）：4-10.
⑪ 朱强.北京海淀皇家园林群布局理法研究［J］.风景园林，2021，28（9）：115-120.
⑫ 马兴剑.清世宗与圆明园［D］.沈阳：辽宁大学，2014.

佛教思想，但学者主要是挖掘文化底蕴，很少有学者将这一思想同国家形象联系起来。第三，目前有学者关注到"三山五园"文化传播对于国际传播和国家形象的重要意义，但是对于塑造了何种具体的国家形象还研究甚少，对于塑造国家形象方面只是泛泛之谈，没有落实到具体的国家形象上。

传统文化是历史沉淀下来的能反映民族特质和国家形象的文化，是各个历史时期传承下来的文化成果，是各种思想观念、文化形态的总体体现。各国、各民族都有自己的传统文化，我国也不例外。我国拥有丰厚的历史文化，包括宗教哲学、园林建筑、名山大川、饮食厨艺等。将优秀的传统文化进行传播，对树立良好的国家形象有着至关重要的作用。传播优秀的传统文化，主动展示国家的文化软实力，能够加深人们对传统文化的认同感和自豪感，增强文化自信，树立中国文化大国的国家形象。对内传承好中华优秀传统文化，树立良好的国家形象，对外传播优秀传统文化，增强中华文化在世界上的吸引力和感召力，维护良好的国家形象。"三山五园"文化作为我国优秀的传统文化，其蕴含的多元文化从各个维度对中国的国家形象进行了形象、具体、有力地塑造，让我们看到了多元的中国国家形象。

一、对藏传佛教建筑和水系概貌的传承塑造了团结统一的国家形象

"三山五园"有着优良的人文景观和丰富的历史文化资源，是清代皇家园林最杰出的代表。五园之中都有藏传佛教寺院，例如妙高塔、恩佑寺、恩慕寺、新正觉寺等。[①]这些藏传佛教建筑源于清朝初年，清朝统治者为加强对北疆的统治，密切地方和中央政权的关系，巩固国家统一，便开始建造藏传佛教寺庙。藏传佛教寺庙的修建推动了各种宗教文化的交流发展，各种宗教文化也在交流中不断融合。通过建造许多藏传佛教寺庙，统治者能够利用宗教的力量，凝聚边疆民族，不断增强集体认同，实现民族团结，维护社稷稳定。

由于清朝前期一直存在着统一和分裂的斗争，清帝便一心想要统一九州，因此在一些建筑建造过程中会注重体现大一统思想。[②]乾隆帝在扩建园林的过程中，将南北各地的园林景观移植进园内，把各地的景观汇聚在一起，这种做法体现了"大

---

① 于洪.三山五园中的藏传佛教寺院功能浅析[J].学理论，2014（23）：128-130.
② 赵连稳.论三山五园中的儒家文化元素[J].安康学院学报，2016，28（3）：1-8.

一统"的天下观。站在香山或玉泉山上,从上往下眺望"三山五园"概貌,其地形风貌与中国的山水地形非常相似,山水布局和走势都体现出统治者天下统一的治国目标。可见,"三山五园"内的园林构建和水系规划都蕴含着设计巧思和思想观念,"天下一家"的大一统思想也暗含其中。

"三山五园"中的藏传佛教建筑和水系概貌无不体现出"大一统"的儒家思想,而对建筑底蕴和水系文化的传播就能够让人们了解到历史文化,认识到中国历来追求团结统一的理念,从而彰显出中国团结统一的国家形象。在书籍《三山五园掌故》中记录了从顺治至咸丰皇帝走过的痕迹,人们通过书籍了解民族统一的思想,加强人们对"三山五园"文化的认同,进而加强人们对团结统一的中华民族形象的认同。通过对国家历史文化的传播能够让国家形象在一定的文化背景下被理解,对于塑造良好的国家形象有着极其重要的意义。当前,"三山五园"中具有中华民族特色的建筑和水系,在文化传播的过程中,成为一种中华文化符号。我们将这一特色文化进行传承,能够让人们了解到中国传统文化,领悟到文化遗产背后蕴含的思想文化,从而有力地塑造中国团结统一的国家形象。

二、对京西稻的栽种培育和宣传推广塑造了勤劳智慧的国家形象

京西稻的历史源远流长,早在东汉时期已开始种植,是"三山五园"的重要组成部分。京西稻是由皇帝选育,因而被称为"御稻",所产谷米供宫廷食用,因而产出的谷米被誉为"贡米"。京西稻有着悠久的历史文化,是在北京西北郊皇家园林及其周边精心培育种植的水稻。[1]京西稻种植区域穿插在皇家园林之间,形成"山、水、田、园"的景观体系,成为北京地区独特的景观格局。[2]除了景观格局的独特之外,京西稻田的规划也蕴含着巧思。京西稻田利用园内水系进行灌溉,又依靠地形进行排水培育,将农耕与园林相结合,使京西稻田既有实用价值,同时又具有观赏价值。

古代帝王大都重视农耕,清帝曾亲临劝课农桑之所,督促农业生产,勤耕劳

---

① 李晓光,张宝鑫,杨洪杰.京西稻历史发展及其文化展示探析与实践[J].农学学报,2019,9(9):76-81.

② 魏晋茹,岳升阳.农业文化遗产视角下的京西稻发展[J].农业考古,2016(1):30-34.

作。皇家对京西稻的精心培育，凸显出中国重农重稼治理思想，反映了劳动人民勤劳、朴实的传统美德。如今，在玉泉山下的稻田里，京西稻种植传承人通过育苗、插秧、施肥、收割等，采用传统农耕方法耕作，悉心维护京西稻的生长，直至稻花飘香，稻浪滚滚，喜获丰收。在丰收的时候，整个金灿灿的丰收景象也成为稻田里的独特景观。田中有米、有历史，稻里有诗、有文化。随着农耕技术的不断发展，京西稻的栽种培育也采用了新技术，融合新的农业发展理念，不断提升京西稻的产品品质。人们从古至今对京西稻的培育展现出人们对劳作的热爱，对农耕的重视，展现出中华民族勤劳、智慧的良好形象。

京西稻是北京"三山五园"历史文化符号之一，近几年不断对京西稻进行传承、改良和大力培育，策划出京西稻博物馆体验地，宣传京西稻的种植历史，为大众讲解京西稻的相关历史背景和文化传统。京西稻作为一种文化遗产，一直以来都在不断被研究、培育和创新，深受人们的欢迎。在推广宣传京西稻的过程中，不断让大众认知京西稻这一品牌，通过京西稻了解中国的传统农耕文化，形成大众对我国这一农业大国的整体认知。京西稻不断传承发展，不断利用自身历史文化优势，已经成为北京的重要文化符号。通过对这一文化符号传播，体现出中华民族自强不息、自给自足的奋斗形象，从而塑造出我国勤劳勇敢、充满智慧的国家形象。

三、对园林文化的传播利用塑造出拥有高度匠人精神的国家形象

"三山五园"中著名的颐和园，即中国的四大名园之一，主要由昆明湖和万寿山组成。颐和园注重建筑与自然的结合，依据自身地形和山水特点因地制宜，通过艺术构思将自然要素有机地结合在一起，再加上精心的技艺创作，从而达到源于自然又高于自然的艺术效果。颐和园利用自身的万寿山和昆明湖的山水特点，运用"依山为轴，以水为心，旷奥兼备"的总体建筑布局理法，巧妙地借助山水结构来布局规划，从而建造出别具一格的园林景观。[①]这种巧夺天工的匠心独运极大地体现了中国劳动人民在园林建造上的设计智慧，体现了中国劳动人民高超的造园技艺和艺术巧思，也很好地体现了中华民族的匠人精神。

---

① 张冬冬.颐和园园林建筑布局理法浅析［C］//中国风景园林学会2013年会论文集（下册).北京：中国建筑工业出版社，2013：221-225.

"三山五园"作为一个文化概念，随着近年来不断对其加大传承和传播，已经成为一种文化符号，不断唤起人们对文化的共同记忆，强化人们对"三山五园"这一中华文化符号的认知。通过对符号的传播吸引大家了解"三山五园"文化，深入了解它的建构历史，从而让人们深刻地体悟到"三山五园"所蕴含的历史文化价值。目前，媒介技术不断发展，媒介平台的建立为事物的传播起到很好的助推作用。我们能够借助媒体平台向人们直观地展示代表国家形象的文化符号，以多种形式向世界展现我们国家优秀的文化遗产，强化人们对中华文化符号的认知，从而塑造出我国拥有高度匠人精神的国家形象。当下，"三山五园"文化通过多种形式进行传播，不断加强人们对这一文化符号的认知。"三山五园"通过舞剧《人生若只如初见》、纪录片《行走三山五园》、喜马拉雅音频节目《三山五园，朕有话说》、老北京风土文化栏目《这就是北京》、颐和园"百鸟朝凤"系列文创产品、"三山五园"国际学术研讨会等各种形式进行文化传播。《这就是北京》中的《您不知道的皇家园林》《三山五园话海淀》《三山五园——访古迹，有新意》《北京的"三山五园"》几期关于"三山五园"的节目向大家展示出"三山五园"中建筑上精雕细琢的图案，巧思构造出的水系走势，似有若无的湖泊仙境，都体现出拥有高度匠人精神的国家形象。

　　"三山五园"内精巧的艺术构造和巧妙独特的文化趣味，人们无论是通过实地观赏，还是通过文学作品、影像作品，都能够体会到这其中的匠人精神，感受到文化遗产的艺术魅力。"三山五园"园林建筑作为一种具有特殊意义的文化符号，透过历史文化遗产能够看到背后民族的形象，运用纪录片传播我们的国家形象，在传播文化的过程中不断建构集体记忆和文化认同。文化遗产的存在能够证明历史史实，能够向人们"诉说"发展，能够传播历史文化，更能承载历史文化记忆。"三山五园"文化的传播能够让人们对中国整体的国家形象从软实力的角度进行考察，不断建构我国的国家形象，让世界了解我国这一拥有高度匠人精神的国家形象。

结语

　　"三山五园"作为中国具有代表性的传统园林，有着得天独厚的地形地势，通过一些构思精巧的园林建筑设计和景观格局规划，使得它既有令人赏心悦目的生态美，又有巧夺天工、别具一格的艺术美。不管是"三山五园"内的藏传佛教建筑、水系概貌，还是辛苦栽种培育的京西稻，都蕴含了中国传统文化思想观念，从多角度展现出中国人民的智慧和技艺。目前对"三山五园"的研究不断增加，其所蕴含的文化有着极大的传播价值。"三山五园"也在文化传承发展的过程中，基于深厚的传统文化积淀，打造文化IP，与知名品牌联名，拓宽文化传播渠道，扩大文化知名度。除此之外，通过一些媒介平台进行影像、文字等多形式传播，还通过一些文化活动、展会等形式传播。"三山五园"这张首都文化"金名片"，传承着国家历史文化，具有重要的社会象征价值，对社会稳定发展起着重要的作用。由此，保护传播好"三山五园"文化，能够让人们通过对文化的了解，增进对国家历史发展的了解，能够多角度塑造出中国的国家形象。

媒体融合与媒介运营

《人民日报》建党百年系列报道的内容分析

韩晓宇*

【摘要】 本文就《人民日报》"奋斗百年路 启航新征程"系列主题报道的内容和结构框架，从报道数量、表现形式、文章篇幅、报道题材、版面分布、消息来源等六个方面进行分析。通过梳理其框架结构和内容，从而剖析融媒体环境下系列主题报道的内容特征及其框架结构设计。

【关键词】《人民日报》 建党百年 内容分析

传统媒体时代下，主流媒体掌握着一家独大的话语权，但随着新媒体技术不断发展，媒介生态环境发生了剧烈的变化。融媒体环境下，主流媒体对话语权的掌握成为越发重要的课题。习近平总书记曾多次强调新闻媒体舆论工作的重要性。在2021年建党百年之际，这一具有重大历史意义的节点成为新闻媒体关注的焦点。《人民日报》是国内群众了解党的政策方针的主要阵地，专业度高且内容的把关和审核严谨，所以笔者选择《人民日报》建党百年系列报道进行内容分析。

---

* 韩晓宇，北京联合大学应用文理学院2020级新闻与传播系硕士研究生；主要研究方向：网络文化与新媒体传播。

一、概念阐释：内容分析与框架理论

（一）框架理论

框架理论起源于人类学家格雷戈里·贝特森（Gregory Betson），他于1955年以戏剧和幻想理论提出框架理论。他认为，在交流活动中，由三个要素组成的信息组合正在被传递：感官刺激的符号、符号的参照和独特的参照，以及符号周围的传递和接收端之间的交互规则。贝特森所说的框架实际上意味着如何理解彼此的符号，以及如何传递符号周围双方的交互规则。但与传播最为密切相关的，是加拿大裔美国社会学家欧文·戈夫曼（Erving Goffman）在框架分析中系统提出的框架理论——经验组织主义。戈夫曼将这个框架定义为："框架是指人们对外部客观世界的理解和解释的认知结构。人们对现实生活经验的归纳、结构和解读都依赖于一定的框架。框架使人们能够定位、感知、理解和总结许多具体的信息。"[①]在新闻传播领域，由于现实世界过于繁杂，人们接收信息的能力却是有限的，因此需要大众媒介通过筛选和加工把信息呈现给受众。框架主要包括两大层面，一是新闻生产前期过程中的新闻材料的选择，二是新闻是如何呈现出来的，即新闻报道的内部的逻辑。但就具体研究方法而言，无论是对哪一层面进行研究，新闻报道都要通过数量、篇幅、信源、题材、来源、版面分布等来完成框架组成。本文将结合框架理论，对《人民日报》"奋斗百年路 启航新征程"建党百年系列新闻报道进行内容分析，得出《人民日报》建党百年系列报道的整体框架。

（二）议程设置理论

议程设置理论是由麦库姆斯和肖提出的，他们认为大众媒体虽然不能决定人们怎么想，[②]却可以影响人们想什么。媒体通过对新闻事件的强调来左右受众的注意力。这其中暗含着社会环境是大众媒体再加工的结果。后来又有了议程设置的第二

---

① GOFFMAN E. Frame analysis: an essay on the organization of experience[M]. Boston: Harvard University Press, 1974: 21.
② 张梦宁，杨瑞瑞.危机事件网络舆情的扰动因素研究[J].传播力研究，2017，1（4）：142.

层——属性议程设置：媒介不仅可以左右受众的注意力，还会影响人们怎么想。新媒体环境下，学者们又研究出了议程设置的第三层，即网络议程设置。[①]笔者将主要从议程设置理论的第一层和第二层着手，对《人民日报》"奋斗百年路 启航新征程"建党百年系列新闻报道进行内容分析。

二、样本与类目的选择

（一）样本选择

《人民日报》身为一份典型的党报，其优势显而易见——公信力强、覆盖人群广、权威性高等。此外，《人民日报》在融媒体建设中也表现突出，从其中央厨房建设到如今各种融媒体爆款的出现，都可以看出其建设融媒体的决心。而《人民日报》报纸虽然是较为传统的媒体，但其内容在融媒体环境下也发生了相应的改变，有一定的研究价值。

《人民日报》响应中宣部"奋斗百年路 启航新征程"大型融媒体采访活动的号召，推出了建党百年系列主题报道。《人民日报》报纸是此次报道的主要阵地。因此，笔者在《人民日报》图文数据库中对其"奋斗百年路 启航新征程"系列报道进行抓取。样本为该系列全部报道——报道日期从2021年1月20日到2021年7月9日，总计592篇，90余万字。

（二）类目建构

本文将从报道数量、表现形式、文章篇幅、报道题材、版面分布、消息来源等六个方面进行类目建构，对《人民日报》"奋斗百年路 启航新征程"的专题报道进行内容分析。

1.报道数量

报道数量与媒体资源分配成正比关系。因此，新闻报道数量的多少可以从一定程度上反映出作者对新闻事件的重视程度。此外根据议程设置理论，传播者可以对

---

① 李曼婷.关联网络议程设置视角下明星人设的建构和传播［J］.戏剧之家，2019（35）：71.

现实世界进行选择性呈现进而影响人们对外部世界的认知。媒介可以通过新闻报道的呈现和资源分配来强调影响受众的议程。而新闻报道的数量可以在一定程度上反映出《人民日报》是如何控制大众注意力的。

2.表现形式

新闻报道的表现形式主要有图片、文字、视频等。新闻报道的报道形式可以看出融媒体环境下《人民日报》报纸的丰富度。而报纸的丰富度越高，其媒体融合程度也就越高。

3.文章篇幅

文章篇幅可以从侧面反映出报道是以何种方式呈现的——消息、评论、通讯等。并且可以根据文章篇幅与时间的变化关系看出议程设置的路线。因为议程设置理论中便认为媒体强调的程度与受众对新闻事件认知度成正比。而文章篇幅是衡量媒体强调程度的重要因素。

4.报道题材

将报道题材根据报道的副标题和主要内容可以大致分为领域、地区、历史等类别。从报道题材中可以发现《人民日报》"奋斗百年路 启航新征程"系列报道的内容偏好。而这也是议程设置理论的第二层"属性议程设置"的内容之一，可以看出媒体是从哪些角度引起受众注意和引导受众想法的。

5.版面分布

议程设置理论认为将新闻摆在越重要、越显眼的位置，便越能够增加受众的关注度。因此通过对新闻报道分布的版面进行统计分析可以帮助我们看出新闻报道的受重视度以及新闻报道内容的多样化程度。

6.消息来源

消息来源即消息从何而来。通过对消息来源新闻的统计分析，可以判断出新闻报道原创度。而原创内容的多少在一定程度上反映出对主题事件的重视程度，并且可以在一定程度上发现融媒体环境下专业媒体的优势所在。

三、报道的整体框架

（一）报道数量：利用媒体资源吸引受众注意力

在《人民日报》数据库中搜索"奋斗百年路 启航新征程"这一主题，可以得到相关新闻报道592篇，报道时间为2021年1月20日至2021年7月9日。虽然受到纸质版版面和时效性等因素的限制，但是《人民日报》作为在京主流媒体的党报代表仍然推出大量相关系列报道——从1月至7月每个月都会有"奋斗百年路 启航新征程"的系列报道。就图1数据分布的整体趋势而言，其中1月初至3月底整体起伏比较平稳。仔细观察后可以发现报道在2月初出现一个小高潮，却于3月出现下降趋势。但这次报道数量的下降并不意味着《人民日报》对于建党百年的新闻报道关注度下降了。其背后的原因是两会在3月召开，《人民日报》对两会的相关报道导致关于建党百年的系列报道版面减少，因此相关报道数量在3月出现下降趋势。

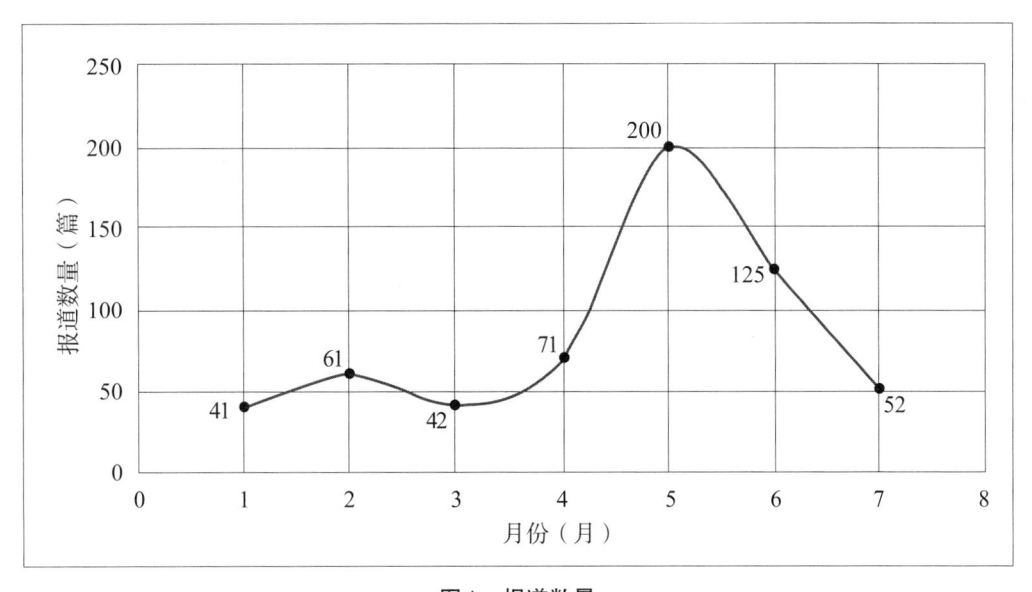

图1 报道数量

接下来，新闻报道于5月左右达到高峰期，6月至7月又逐渐下降。总体来看4月15日之前的报道数量低于4月15日之后的报道数量。但是值得注意的是，7月报道数量下降的原因并不是因为《人民日报》对建党百年这一新闻点减少了关注度，而是因为此次系列报道在7月9日就基本结束了，所以7月进行报道的时间短。这就造成了7月的相关新闻报道总数远不及其他月份。但是如果以天为单位进行统计便会发现7月前后的报纸对建党百年系列报道的数量是远大于其他时间的。例如7月1日当天的新闻报道就多达13篇，7月2日有16篇报道。而报道总数较多的5月，每次的报道数量在8篇左右。因此虽然7月的报道总数少，但是以天为单位来看，其实7月的新闻报道数量远大于其他月份。这体现出《人民日报》在七一左右加大了对相关新闻的报道力度，来最大限度地引起受众的注意力，从而更好地引导舆论，来为七一建党日当天造势。

在议程设置理论中，麦库姆斯和肖认为，媒体通过对某些其认为是"大事件"的新闻进行报道和强调，以此引起受众的注意力。由此可以发现，《人民日报》通过对"奋斗百年路 启航新征程"建党百年系列报道的数量的增加和时间上的持续，来决定受众"看什么"。

（二）表现形式：文字为主但呈现形式多样

通过图2数据分析可以发现，《人民日报》推出的建党百年系列报道的表现形式主要以纯文字为主，占比达50%以上。其次便是图文混合、纯图片和视频资源。这可能和发布新闻的渠道有一定关系，因为《人民日报》毕竟是典型的传统媒体，新闻发表在报纸上，因此文字表达成为最主要的形式。例如在2021年4月1日的第5版里的3篇文章中《"以后的生活，一定会更好！"》（亲历者说）》《一代人有一代人

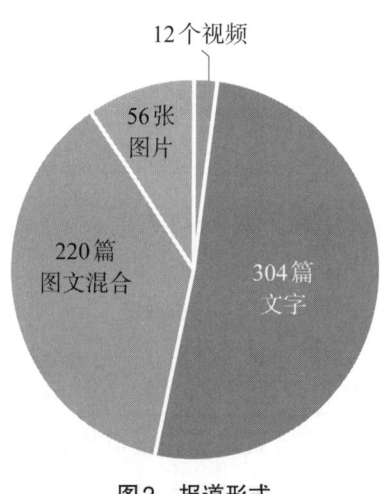

图2 报道形式

的使命》这两篇都是纯文字报道。这样的纯文字表达方式在纸媒上更容易呈现。

融媒体环境下，多模态的表现形式已经成为主流。我们已经从读文时代转向读图、看视频时代。纸媒在变革的媒介生态下并没有很大的优势，并在日益激烈的竞争环境下日渐式微。但是《人民日报》作为老牌党报，在融媒体环境下主动求变——尽量增加图片表现的数量，并且以新闻报道中插入含有二维码的图片的形式来与受众进行互动，给受众带来良好的体验感。同时视频资源的增加也使得纸媒表现形式更加丰富、内容更有可读性。例如，2021年6月1日第9版至第12版对西藏进行的报道，推出了大量的图文结合的报道，《党的光辉照边疆 边疆人民心向党》中有2张图、《站上新起点 发展路子宽》中配了3张图、《强化党建引领 展现担当作为》有4张图、第12版中更是一整版的6张图展现雪域高原的美丽画卷。特别是在7月1日当天，不仅用9至19版10个版面的内容对"奋斗百年路 启航新征程"的建党百年系列报道进行刊登，且第9版、第10版、第13版、第14版等版面，几乎全都是以图片为主，文字为辅。而在剩余的版面中也用了大量的图片。在这一天的报道中均采用了大量的图片，增加了文章的可读性、丰富性。例如，第13版中的"主题花坛展现壮阔画卷"，用10张图展现了北京长安街沿线10组立体花坛，展开一幅生动的百年历史画卷，为党的百年华诞献礼。

文字、图片、视频的多种表现形式增加了纸媒传播内容的趣味性，这在一定程度上保证了媒介内容的达到率、增加了受众注意力的停留时长，进而提高受众对于建党百年这一重大新闻事件的关注度。但是整体来看文字占比较多，视频资源出现的数量仍然较少。这说明《人民日报》虽然已经在不断地适应融媒体环境，但是程度仍有些偏弱。

（三）文章篇幅：长短交错令文章详略得当

在对文章篇幅进行梳理时，按照篇幅和时间、篇幅和数量两组维度，生成了图3、图4和图5三组图。其中，篇幅随时间变化的图案可以看出媒体设置的议程随时间是如何变化的。从图3中可以看出报道篇幅增多的范围在200至500篇以及系列报道的末尾部分。这一范围也恰巧是前文中分析的5月报道数量的高峰处以及7月1日前后，这表明了这两个时间段是媒体关注的重点。如果将1月至7月的报道分为1月至3月的前半段和4月至7月的后半段两个时间段，从图中可以明显看出后半段的篇幅远大于前半段的篇幅。这体现出媒体在快要接近7月1日建党当

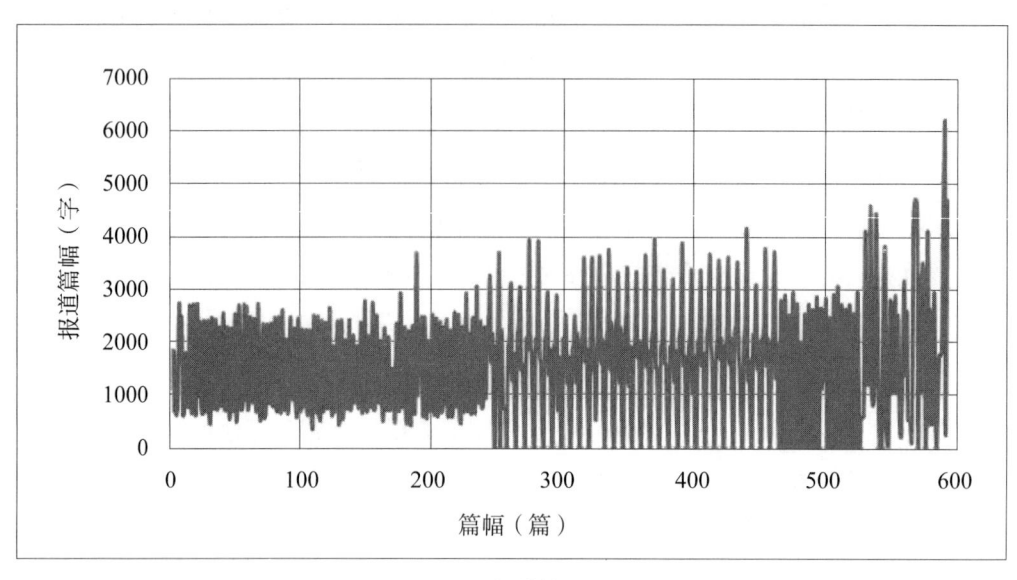

图3 报道篇幅

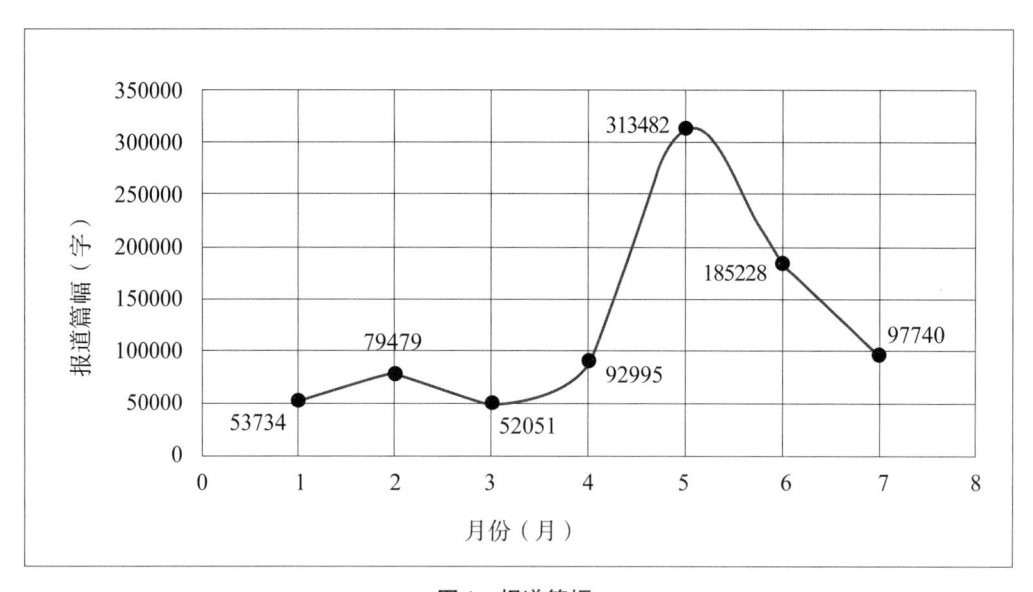

图4 报道篇幅

天时，通过提高报道篇幅，从而增加媒体声量，进而提高受众对这一重大节日的关注。

  同时，可以从图3和图4中观察得出《人民日报》对"奋斗百年路 启航新征程"系列报道的篇幅呈现出长短交替分布的趋势。笔者推测这可能是《人民日报》为了适应受众阅读的习惯而特意为之。因为融媒体环境下，受众阅读的特征也变得

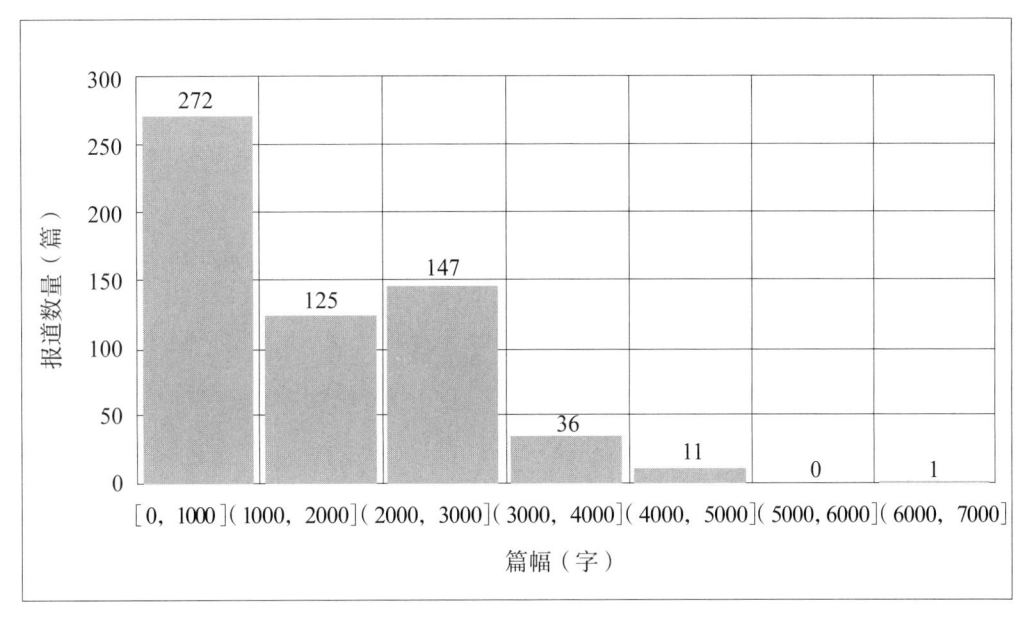

图5 报道篇幅分布

更加碎片化、浅层化。而《人民日报》新闻报道长短交错的篇幅分布方式，不会令受众一直阅读长篇文章，从而使受众的注意力更加容易保持。

此外，从图5中可以看出报道篇幅为1000字以内的最多。这也符合上一段的推论——较短的篇幅，更适合受众阅读。而1000字以上的文章总数也并不低，这体现出纸媒的特性在融媒体环境下的优势——适合深度报道。这一点能够很好地体现出传统专业媒体在新媒介生态下的意义：引导人们深度阅读、加深思考深度和思考的连贯性，从而避免受众陷入纯粹的碎片化、浅层化的阅读困境。

（四）报道题材：分类清晰且重点突出

议程设置理论第二层的属性议程设置认为，媒体可以通过报道事件的不同角度来影响受众怎么想。如图6所示，此次系列报道的题材总体上可以分为历史、区域、领域、其他等四大类。这也可以反映出媒体是如何通过报道内容来引导受众的想法的。其中前三类题材，是根据介绍的内容而划分。第四类题材几乎包含了前面所有题材的内容，因此分为其他部分，这一题材总体占比较小。

其中，在对历史题材进行报道时，是按照时间顺序将重大历史事件从不同维度进行展现。其中，这一题材主要有三部分的内容——辉煌历程、感悟初心、亲历

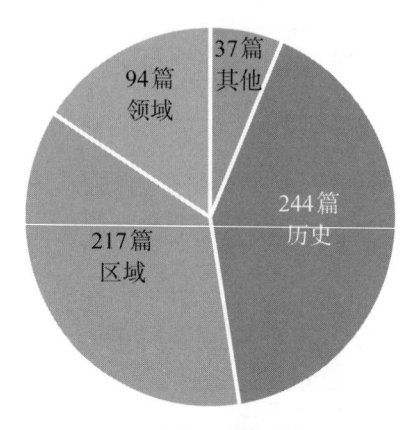

图6 报道题材分布

者说。"辉煌历程"是对时间线上的重大历史事件进行梳理，通常会配上相关图片进行解释说明。"感悟初心"部分为对相关事件的评论，使得系列报道更加有深度。而"亲历者说"部分是由历史事件的涉及者的采访、相关资料内容的摘录构成。例如，4月21日第5版和第6版中对改革开放这一重大历史事件的报道。第6版中的辉煌历程部分以《向最难处攻坚 向最关键处挺进》这篇文章报道在深化改革开放各个地方做出的努力；又以《全面深化改革取得历史性伟大成就》这篇对清华大学薛澜教授的采访来解读深化改革开放的成就；亲历者说部分，用《109枚公章见证放管服改革》通过对天安门东侧的中国国家博物馆里收藏着的109枚公章进行描述和解释其中意义来进而象征政府简政放权。在历史题材部分用这样的逻辑串起了从"一大"至今的重大历史事件。

在区域题材中，从2021年5月6日第9版开始，以介绍北京为源头分别介绍各个省和直辖市，展开这部分的报道。这一部分的报道内容主要可以分为对当地取得成就的梳理、为未来转型发展做出的努力、党建建设工作的成就和意义、图片报道等内容。例如在对北京进行报道的时候，以北京市委书记蔡奇的投稿《坚持以首都发展为统领奋力谱写社会主义现代化的北京篇章》来介绍党的十九大以来首都北京取得的新成就。《城市转型发展 古都生机勃勃》一文中以6篇报道组合而成，介绍首都北京中轴线申遗、丽泽商务区发展、首钢换新颜、科学城建设、北京商务中心区建立等几个方面的转型升级发展的成绩。在第11版中，用整版来介绍党建、红色文化相关的内容。如《以党建引领超大城市基层治理》一文中介绍了从"吹哨报到"改革，到推出"12345热线"建立"接诉即办"机制，经过几年探索，形成的一条具有首都特色的超大城市基层治理新路径。[①]

在领域题材中，又分为兵团、水利、农业、科技、国防军事、脱贫攻坚等多个部分，从不同的维度来详细描述了建党百年以来的成绩。例如在2021年6月9日的第9版、第10版中刊登的"脱贫攻坚篇"中以《彪炳史册的人间奇迹》介绍区域性整体贫困得到解决，完成了消除绝对贫困的艰巨任务，创造了又一个彪炳史册的人间奇迹的重大历史性成就；文章《大力弘扬脱贫攻坚精神》中强调了大力弘扬脱贫攻坚精神，团结一心，英勇奋斗，我们必将战胜前进道路上的一切困难和风险，不断夺取坚持和发展中国特色社会主义新的更大的胜利。并在第10版用几幅图片呈现出脱贫攻坚中的山乡巨变。

而"其他"部分涉及面较广，几乎包含了上述所有题材类型的内容。因此不再做过多赘述。通过对题材部分的梳理可以看出《人民日报》建党百年系列报道从时间线、区域线、领域线的不同角度展开报道。从不同的方向对建党百年来中国共产党带领全国人民不断奋斗、走向美好生活的历史进行总结。展现出中国共产党全心全意为人民服务的伟大精神。对这些内容进行报道，可以很好地引导舆论，从而为建党百年营造良好的社会氛围。

（五）消息来源：重视原创并引导多方参与

图7是消息来源的分布图，总体可分为由本报记者发出的原创稿件、接收他方来稿的投稿稿件、对以往历史资料的摘录、对以前新闻报道的回顾等四大类。其中原创稿件占比超过60%，这体现出《人民日报》对这次系列报道的重视程度以及专业媒体的原创能力。例如，区域篇中对天津的报道《天津在创新中奋力实现高质量发展》《以新发展理念引领转型升级》《天津坚持和完善党对基层治理的全面领导 高质量党建引领高质量发展》等文章都是由《人民日报》本报记者发出。而原创能力是传统媒体的珍贵财富。这是因为，融媒体环境下虽然一些新媒体的影响力逐渐加大，冲击传统主流媒体的地位。但是诸如"洗稿"等之类的现象频出不仅引发了人们对抄袭的批判、对知识产权保护的重视，更令人们越发体会到专业媒体超强的创作能力的可贵，从而增强了主流媒体的公信力。

在融媒体环境下，受众的地位也在不断地提升，出现了人人皆媒的状况。因

[①] 朱竞若，王昊男.以党建引领超大城市基层治理[N].人民日报，2021-05-06(11).

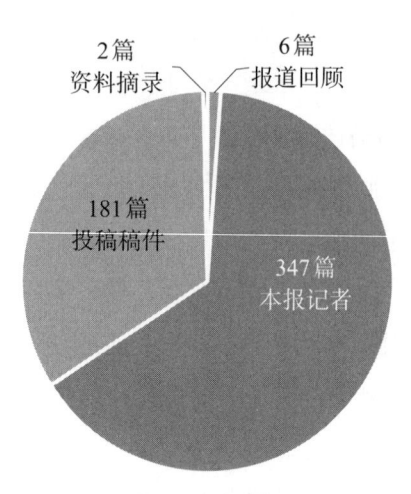

图7　消息来源

此，在进行新闻报道时也应该更重视受众的体验感、提高受众参与度。根据图7可以看出，此次系列主题报道收录的稿件占比也较多，投稿者的身份有历史事件的亲历者、政府官员、学者等，角色分布较广。例如，在历史题材的报道中有"亲历者说"这一模块，在区域题材中，每个地方的第一篇报道皆是由当地的市委书记、省委书记的投稿。这体现出媒体在进行相关系列报道中发动受众参与，在受众参与投稿的过程中，不仅丰富了稿件的内容，还可以通过参与者的人际网扩散相关报道，进而提高系列报道的传播度，令报道更吸引受众关注。

（六）版面分布：版面分布广并于建党日前后达到高峰

从图8中可以看出，新闻报道的版面分布范围较广，从第5版到第20版都有涉及。这说明"奋斗百年路 启航新征程"的系列报道内容涉及的领域较广，体裁的呈现方式也更加多元。同时，此次系列报道从2021年1月19日开始，在7月接近尾声。在新闻报道的前期即1月19日至5月5日，版面基本上都分布在报纸的第5版和第6版中，只有少数报道如5月3日建党百年系列报道中对党的十九大进行报道的时候占据当天报纸的第5、6、7、8四个版面。这说明，在报道的前期《人民日报》并未对此次系列报道进行过于密集的刊登，只是单纯追求能够保持一定的出现率从而吸引受众的注意力。在报道的中期即5月6日至6月7日，这段时间的报道均占据当天报纸版面的第9、10、11、12四个版面。可见这段时间报道的内容版面占比较前期有明显上升，表现出《人民日报》开始对此次系列报道加大关注力度。但是在新闻报道的中后期即

6月8日至6月27日，报纸中建党百年系列报道所占版面又开始下降，变为了第5、6或者第9、10两版。在临近建党百年当天之际，新闻报道版面又由多变少，其中原因值得推敲。在新闻报道后期即6月28日至7月9日的相关报道版面变多，特别是在7月1日当天及附近，版面高达10版，达到了当日报纸版面的50%，体现出《人民日报》想要通过扩大版面占比数量，增加报道内容，来扩大舆论声势、营造良好的舆论氛围。

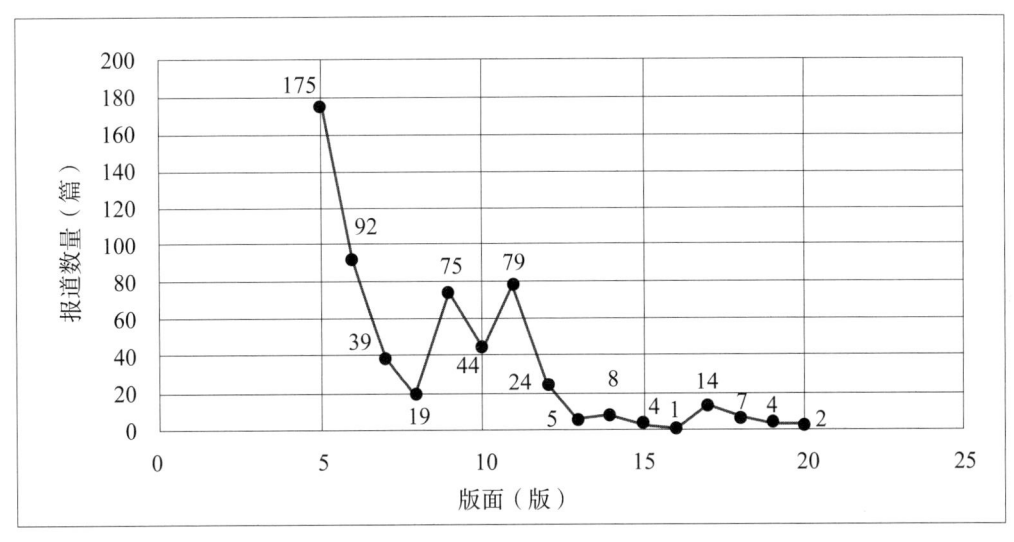

图8　版面分布

结语

总的来说，在内容分析部分，通过数据的整理和分析可以得出，《人民日报》对于"奋斗百年路 启航新征程"系列新闻报道报道持续时间长、报道数量突出且集中、报道内容详略得当、报道形式图文并茂、信源重视群众声音、原创能力强，可以较好地适应融媒体环境的受众阅读习惯的改变、为受众设置议程、引导舆论。但是也存在着由于其他重大事件抢占建党百年系列报道的报纸版面造成时间上的断层、报纸表现形式中视频二维码数量较少、中后期版面设置的数量较少等问题，在一定程度上减弱了此次系列报道的传播效果。当然，对新闻报道整体框架的分析还可以从整体倾向、信源分布等角度呈现。未来，主流党报在进行重大主题报道时，应尽可能采取与融媒体环境更加适配的表现形式，同时增强报道的规律性，从而使报道的传播效果更好。

融媒时代主流媒体话语形态转变的驱动因素分析

刘振宇[*]

【摘要】 新传播生态下,连接、整合、激活和搭载成为互联网传播致效的第一要义。随着多元化声音进入大众传播场域,信息的联结、舆论生成机制等都发生了翻天覆地的变化,主流媒体的舆论影响受到了一定的冲击。面对当今技术变革的现实,传统的主流媒体话语形态正在使得自身话语权逐渐流失。过去僵化、封闭的话语逻辑已难以适用于当今开放多元的融媒体时代需求。因此,主流媒体想要入驻互联网各端口接触用户,成为社会黏合剂,就必须要适当调整,转变其话语形态。主流媒体话语形态的转变,不仅契合了社会信息传播模式趋势性变化及当前意识形态领域工作的新需求,同时也有助于增强其引领网络舆论的本领,提升主流媒体的传播力、影响力、引导力。本文将着重分析当前主流媒体话语形态转变的内外驱动因素,以便更好地促成话语形态的转变升级。

【关键词】 主流媒体 话语形态 媒体融合

从媒体融合到深度融合,这标志着媒体改革进入了全新阶段。主流媒体,作为中国共产党宣传舆论阵地的核心中坚力量,自始至终承担着解读政策、传播思想、引导舆论等重要任务,在话语权方面有着绝对的优势。但是,现代技术更迭致使传

---

[*] 刘振宇,北京联合大学应用文理学院新闻与传播系2020级硕士研究生;主要研究方向:网络文化与新媒体。

播生态环境发生巨变，传统主流媒体面临着巨大的话语权危机，同时，当前的政治、经济、社会、技术等多方面因素都驱动着主流媒体话语形态发生转变。因此，在全新传播生态环境下，主流媒体唯有深刻理解话语形态转变的环境因素，不断调整、转变其自身的话语形态，敢于同新兴媒体在融合创新中谋求新发展，才可能在新的话语格局中占据有利地位。

一、国内关于话语形态的研究

目前有关话语形态的分类，复旦大学新闻学院孙少晶教授在首届"新媒体与社会发展"全球论坛演讲中给出个人见解，明确将其分为以下几种：强调信息新闻价值的新闻话语形态、具有网民创新性的公共治理话语形态、凸显政府意志的政治话语形态、话语网络化的网络话语形态、过度情绪化的民粹话语形态。

关于融媒时代背景下媒体话语形态的转变趋势，南昌大学新闻与传播学院的李东很早就有所洞察，他指出："在自媒体环境下，媒体话语发生了三个转向，即由宏大叙事向微叙事转变，由精英话语向草根话语转变，由意识形态话语向消费话语转变。自媒体时代媒介话语由意识形态话语向消费话语的转变，是由经济、社会、政治、文化等各种因素的现实发展决定的。自媒体的出现并不意味着意识形态话语的消亡和消费话语的大行其道，意识形态话语在塑造国民主流价值、加强公民意识、增进民族认同感等方面的功能，是消费文化话语不可代替的。"[1]华中科技大学新闻与信息传播学院的何志武、葛明驷则分析了网络原创视频话语形态的转向，他们指出："网络原创视频的生产，从以'恶搞'为代表的UGC模式到以微电影为代表的PGC模式，完成了一次华丽转身。草根视频向精品节目转变，必然带来话语形态的变化——从消解主流话语到表达主流价值观念，实质是文化属性的变化。在网络作为主导媒体的语境下，这是商业资本逻辑和主流意识形态收编的一种必然结果。"[2]

近年来，短视频平台发展迅猛，对话语形态的研究开始转向短视频领域。学者谢沁露、方嘉莉通过对淘宝直播、抖音直播等电商平台购物类直播销售的在线田野观察，将带货主播的话语内容作为研究对象，梳理出了直播带货主播的话语形态，即通过构建情感话语来满足观看者的情感寄托、经济话语来刺激观看者产生超预期

---

[1] 李东.自媒体环境下媒体话语形态的转变[J].编辑之友，2016(10)：63-65，70.
[2] 何志武，葛明驷.网络原创视频话语形态的转向[J].当代传播，2014(1)：74-76.

消费、社交话语来维系人际交往的信任与说服、网络流行话语来争夺年轻观众的关注度与喜爱。由此指出："话语形态策略下的网络购物直播就是通过直播带货过程中的主播话语建构了一个网上流通的表演情境。互动中的语言符号塑造情境角色，主播用话语表达情感，使不同观看者感受到不同情感话语背后蕴含的意义，表现出受众日常情感的缺失与精神诉求。"[①]同时，还从话语表达的情感意涵角度剖析了主播通过话语实现了受众从"卷入消费"到"沉迷直播"的媒介行为，鲜明指出了当前直播话语存在的问题，这将为网络购物直播拉动经济社会效应，丰富受众感知等提供有益探索和借鉴。

二、主流媒体话语形态转变外部驱动因素

信息化时代，互联网成为人类共同的话语空间，话语主体的多元化则在一定程度上弱化了主流媒体在网络空间的话语权。网络空间信息传播的交互性、各种观点的参差杂乱，使得我国网络意识形态话语权正在经受巨大的考验。随着新媒体的蓬勃发展，主流媒体对渠道的把控失灵致使自身塑造主流价值观能力日益减弱，对旧时话语形态的固守致使自身话语权的逐渐流失。同时，当前的政治、经济、社会、技术等多方面因素都驱动着主流媒体话语形态发生转变。

（一）政治：深度融合全新战略布局

从"十三五"的"推动传统媒体和新兴媒体融合发展"，到"十四五"的"推进媒体深度融合"，媒体融合进入新阶段、深阶段。2020年9月，中共中央办公厅、国务院办公厅印发《关于加快推进媒体深度融合发展的意见》，提出深化体制机制改革，加大全媒体人才培养力度，"推动主力军全面挺进主战场，以互联网思维优化资源配置"，中国媒体融合进程驶入升级深化的快车道。中国社会科学院大学新闻传播学院黄楚新总结道："2020年，我国媒体融合在政策导向和新冠疫情的影响下进入全面转型与深度融合的攻坚阶段。本年度的媒体融合发展，制度创新成为亮点，县级融媒完成挂牌，媒体智能化、直播泛在化成为常态，组织结构调整推进集约发展，跨界融合布局形成规模效应。但是体制机制束缚、融合差距逐渐明显，商

---

① 谢沁露，方嘉莉.卷入与沉迷：直播带货主播的话语形态、情感意涵及问题反思[J].新闻与写作，2021（9）：99-102.

业平台压缩发展空间，互联网乱象治理任重道远。未来的媒体发展数字化、智能化是主要趋势，媒体融合将在政策引导、内容科技、数字转型、供需结构以及社会治理等多维视角中谋求创新。"①同时，战略层面同步推进媒体融合的纵深发展。例如，中央广播电视总台在5G+4K/8K+AI全新战略布局下全面推开内容供给侧结构性改革，主流媒体战略上升为集团整体战略。因此，在全新的传播生态下亟须转变与重塑符合新时代融合发展的新话语体系，积极响应国家政策，遵循媒体传播的新规律，转变其不合时宜的话语形态。

（二）经济：信息市场优质化程度低

市场层面，优质信息内容匮乏亟须主流媒体引领网络舆论风向。主流媒体想要引领网络舆论风向，势必要转变其传统话语形态，积极融入新媒体话语。当前互联网信息固然丰富，但优质内容却十分匮乏，而主流媒体由于拥有良好的人才队伍和成熟的生产流程，往往能生产出较为优质的信息资源，但想要进入互联网场域，就必然要适应互联网新语境。目前，短视频信息市场纷繁复杂，真假难辨，亟须主流媒体生产优质新闻信息引领正确的舆论导向，提高短视频信息优质化程度。中央广播电视总台"新闻联播"抖音号的开设，不仅可以有效传播真实可靠的新闻信息，丰富短视频信息市场，而且还可以成为网络舆论的风向标，净化短视频信息市场，弘扬传播主旋律。当主流媒体进军短视频市场，在坚守立场和态度的同时则需要适当改变其过去严肃刻板的话语形态，应以更具亲和力的沟通方式、更有吸引力的话语形态、更有趣的语言风格，与受众进行交流与互动。

（三）社会：用户本位满足受众诉求

喻国明、方可人认为："媒介的新认识和媒介划分的升级'迭代'的正确逻辑应该是从媒介本位向用户本位转移。互联网逻辑下的'用户视角出发'已经改变了媒介的内容生产和传播规则，并逐步通过商业逻辑渗透到媒介样式的改造之中。"②其实，早在20世纪，原创媒介理论家麦克卢汉提出的"媒介是人体的延伸"的论断

---

① 黄楚新.全面转型与深度融合：2020年中国媒体融合发展[J].现代传播（中国传媒大学学报），2021（8）：9-14.
② 喻国明，方可人.传播媒介：理论认识的升级与迭代——一种以用户价值为逻辑起点的学术范式[J].新闻界，2020（3）：34-41.

就暗含了"以用户为中心"的理念之光。

放眼当下,媒体在进行传播时,只有以"用户本位"的思维进行产品和内容的构想,真正从用户的视角出发思考问题,才能实现良好的传播效果;只有把握社会化媒体的传播特性,才能实现用户(节点)间连接,从而进一步扩大传播效果,正确引导舆论、构建主流价值观。视角转换,则必然带来话语的改变。因此,在主流媒体话语形态的转变过程中,坚持"用户本位",放低话语姿态,适时转变思维模式,才能有效吸引用户的注意力。

(四)技术:网络环境催生技术更迭

互联网技术的变革使得媒体可以通过大数据分析等方法来指导自身转变话语形态,通过点赞、评论、转发等直观数据可展现其传播效果,以便于更好地调整其传播策略,适应时代需求。当今,主流媒体在进行话语转变时可以借助大数据等相关技术进行动态监测传播效果,实时了解用户需求,打造话语魅力,制造话语适配的流行环境,以此来扩大媒体的传播力和影响力。大众传媒时代,精准掌握媒体传播效果是极其困难烦琐的,但随技术的不断更迭,我们由此进入了"图像时代",媒体的传播效果逐渐呈现出量化、可视化特征,通过点赞、评论、转发等直观数据可以清晰观测其视频内容的传播效果,技术可以让媒体更加快速地获得话语形态转变的效果,从而促进媒体适时调整。

三、主流媒体话语形态转变内在驱动因素

主流媒体话语形态的转变升级与其内在传播模式的变革有着必然的联系,平权化的信息传播模式使得草根话语兴起,大众媒体的向心力由此减弱,这将迫使主流媒体转变自身话语,主动融入互联网语境之中,引领正确的网络舆论走向。此外,图像时代的悄然到来,文字与图像之间的相互映衬将为意识形态传播带来革命性变革,从理性意识形态逐渐转化为感性意识形态,由于图像中蕴含着意识形态的感性成分,主流媒体只有充分挖掘并解读运用,才有可能在移动网络空间中获取一定的话语权。正如王志昭所言:"面对新的传播生态环境,主流媒体必须把握好当下信息传播大众化和意识形态传播感性化两个重大趋势性变化,依靠深厚的媒体专业素养和不可替代的资源优势,主动创新传播方式,转变传统生、冷、硬的话语风格,

变抽象为具体，变含蓄为直白，变严肃单调为个性化、生活化、网络化，在生动、形象、简单的语境中，努力实现主流意识形态的有效传播，增强主流意识形态对民间舆论场的引导，实现两个舆论场的同频共振。"[1]

（一）平权化信息传播模式

互联网的去中心化等传播特性，极大地降低了传播门槛，过去"魔弹论"早已土崩瓦解，被动接收信息的"受众"早已变为传受一体的"用户"，拥有多种表达观点、见解的渠道，可谓是掀起了一场声势浩大的传播话语平权运动。融媒时代，互联网技术的蓬勃发展，微信、微博等社交媒体勃兴，带动了草根阶级的崛起，单向传播演变为双向传播，信息传播去中心化、再中心化趋势明显。一方面，用户的媒介使用权增强，表达沟通的媒介趋于多元化。另一方面，公民对于公共事务的讨论逐渐移步于虚拟网络空间之中，大众媒体的向心力由此减弱，公众舆论也呈现出碎片化倾向。在新媒体环境下，话语风格逐渐口语化、平民化、通俗化，社会信息传播方式呈现出平权化趋势，这一定程度上削弱了传统媒体对信息资源和信息传播权力的垄断地位。习近平总书记指出："人在哪里，新闻舆论阵地就应该在哪里。"面对新形势，主流媒体势必要适时调整话语风格与传播方式，改变原有叙事方式，实现话语下沉，由独白式宣传转向对话式交流，实现非线性交互传播，从而吸引用户，引领舆论。因此，主流媒体话语转变适应了当前社会信息传播平权化、大众化的趋势。

（二）感性化意识形态传播

移动互联网的发展使得用户个体可轻松获取信息和传播思想，多种渠道获得不同的思想观念，并加以自我经验对信息进行二次加工，重新投放到社交网络之中，这将在无形中改变了网络空间中的意识形态格局。当前，意识形态传播是否有效直接取决于其传播方式及内容是否被受众所接受，显然，过去高姿态宣传方式已然不适应当前意识形态传播工作的需求。随着移动互联网技术的发展，意识形态的思想观念可以储存于影视形象和符号象征中，以生动的感性形式传达至社会各个层面，因此，意识形态传播出现感性化新趋势，顾名思义，感性化传播则更加偏重强调感

---

[1] 王志昭.自媒体时代主流媒体传播话语风格转变探析［J］.新闻爱好者，2020（2）：57-59.

性形象和生动体现。

在移动网络空间中，一方面，意识形态话语适应当前碎片化的传播路径，故事是其意识形态的重要传播载体。另一方面，相同利益诉求和价值观念的群体聚集，在此开展着不同类型的网络活动，而具有仪式性质的活动逐渐成为感性意识形态的表达渠道。移动网络技术加速网络群体意识形态的形成，意识形态竞争复杂多样，不同阶层群体都生产和传播着自己的群体意识形态，因此，其中更是包含着众多的矛盾和冲突，亟须网络主流意识形态来规范和指引。图像时代到来，文字和图像之间的相互映衬将为意识形态传播带来革命性变革，从理性意识形态逐渐转化为感性意识形态，由于图像中蕴含着意识形态的感性成分，主流媒体只有充分挖掘并解读运用，才有可能在移动网络空间中获取一定的话语权。

结语

媒体深度融合背景下，主流媒体传统的话语形态已难以适用于当今开放多元的融媒体时代需求。融媒时代，主流媒体想要入驻互联网各端口接触用户，成为社会黏合剂，就必须要适当调整转变其话语形态。主流媒体话语形态的转变，从外部驱动因素来看，与当前的政治、经济、社会、技术等多方面因素都密切相关，政治层面，深度融合战略布局促使主流媒体主动转变其话语形态；经济层面，优质信息内容匮乏亟须主流媒体引领网络舆论风向；社会层面，用户本位视角转换势必驱使主流媒体话语形态的转变创新；技术层面，传播效果量化、可视化驱使主流媒体适时调整话语转变策略。从内部驱动因素来看，主流媒体话语形态转变，不仅符合社会信息传播模式趋势性变化和当前意识形态领域工作的新需求，同时也有助于增强其引领网络舆论的本领，提升主流媒体的传播力、影响力、引导力。

主流媒体在亚文化平台的传播内容研究

——以"央视新闻"B站视频号为例

李佳伦[*]

【摘要】本文结合新媒体背景下短视频和亚文化平台的发展规律,以"央视新闻"的B站视频号在2019—2020年的运营内容报道为研究对象,从央视新闻和B站的融合动因、央视新闻在B站平台的内容主题特征、呈现形式、传播内容存在的问题以及未来的发展对策进行研究。分析央视新闻在内容议程设置的过程中的特色和优势。同时对于标题内容、视频内容、视觉内容、听觉内容、账号分布等进行分析。在此基础上总结出新媒体时代,央视新闻在B站平台的传播内容以及成因分析,思考主流媒体在亚文化平台的积极传播策略和深度融合。

【关键词】亚文化平台 央视新闻 媒介融合 内容运营 B站破圈

当前的媒介环境下,代表主流文化的主流媒体和代表亚文化的自媒体平台面临着各自的改革难题,产生了对立和碰撞,往往对于同一事件产生一定的语境割裂,同时主流媒体面临着转型乏力、流量和人才流失等问题,亚文化平台[①]面临着破圈困难、内容泛滥等困境。中央广播电视总台作为传统主流媒体的代表,具有极高的话语权和公信力,在媒介转型、融合升级的过程中积极尝试,入驻亚文化社区,在

---

[*] 李佳伦,北京联合大学应用文理学院新闻与传播系2021级硕士研究生;主要研究方向:政治传播。

[①] 亚文化平台全称是亚文化视频平台,是主要以分享亚文化内容为主的视频运营平台,主要传播ACG内容。

B站成功运营自身的账号矩阵，成为当前主流媒体在拓展自身传播边界的典型范例。

"朱广权rap版"央视新闻于2019年12月9日经B站官方微博发布，央视新闻驻扎B站的消息不胫而走，话题影响力直线攀升，又一热门IP在互联网中脱颖而出。此后，央视新闻在B站深耕运营，拥有了"央视新闻""央视网""央视网快看""小央视频"等多个B站账号，在半年时间内，总粉丝量已突破800万，成为B站最有影响力的官方UP之一。

一、央视新闻入驻B站平台的动因

B站的全称是"哔哩哔哩"，英文名称为bilibili，其在诸多亚文化分享平台中具有年轻化和快节奏的特点。早期的B站是一个ACG[①]短视频的内容制作和内容分享平台，创建于2009年6月26日。创立初期名为Mikufans，搬运优质动画番剧、鬼畜区调音和各种二次创作是其主要运营内容。B站作为新兴的青年文化传播社区，以动漫成名并在吸引到粉丝用户群体后，不断增强其社交触点，如今已发展成为具有动漫、直播、Vlog等数十个分区的亚文化传播平台，成为亚文化传播领域的重要企业之一。经过多年的发展，B站已初具明显的用户等级划分，形成圈层化社区运营，目前不同爱好层级的文化社区已达7000余个，主要服务于用户、创作者和内容。

在亚文化平台不断崛起的同时，当前主流媒体面临着话语权解构、流量流失、人才匮乏等困境，以央视新闻、《人民日报》等为代表的主流官媒亟待积极融入亚文化自媒体平台，打破两个舆论场的隔阂，破除双方发展困局。在这种背景下，央视新闻决定入驻B站。

（一）央视新闻和B站各自的发展改革

当前我国网民规模已接近10亿，互联网普及率超过七成。[②]公民从网络平台上获取新闻内容已经成为主要的形式。随着社会化媒体的发展，传统主流媒体争夺公共议题的主动权，推进自身媒介融合已成为大势所趋。中央广播电视总台在带领主流媒体的转型方面起着关键带头作用。

央视新闻从机构组织的架构、内容的制作与投放、人才的更新引进、媒介的营

---

① ACG是指动画、漫画、游戏内容创作与分享的视频网站，以传播亚文化内容为主。
② 李阳.面向社交网络中影响力传播研究进展［J］.信息安全研究，2022，8（6）：622-627.

销、公信力的维护等方面均进行了改革。从中央广播电视总台的揭牌、朱广权段子上热搜、《主播说联播》短视频栏目的成功、康辉Vlog的爆红等均体现了总台的主动作为。[①]

基于互联网和移动互联网的各类新媒体及其相关应用的迅速普及，传统主流媒体受到冲击已经是不争的事实，但这同时也给传统媒体的发展进步带来了新的机遇。无论是外交部针对企图抹黑中国言论的强势发声，还是官媒入驻各大社交平台的积极互动，在这种环境之下，各类传统媒体纷纷思考对策应对新媒体的挑战，从舆论场之间的对立和排斥，逐步转向媒介之间的适应和融合，主流媒体转变传播观念，逐渐善于运用新媒体技术进行传播。

与此同时，B站作为一个强圈层性的社区平台，容易引发受众的内容共情和自我表达欲。平台内容准入门槛选择性降低，积极提供内容生产链路，共享现有的技术生产经验。

2020年4月，"老番茄"成为B站首位出圈成功的UP主，坐拥千万粉丝。何同学与粉丝的自拍、大司马的游戏视频等内容传播，同样产生了极大的反响，实现了个人和平台的价值重塑。

但是平台内部UP主的成功，并未得到社会主流的认可，最初只能被认为是圈层化的内部现象。作为一个专注于亚文化内容的ACG社区，B站于2018年在北美上市后，通过资金运营和跨行业交融开启亚文化内容的深层破冰。从2020年的跨年晚会受到了主流社会的高度认可，评分甚至一度高达9分以上，到何冰《后浪》的宣传视频引起了互联网的轩然大波，再到自制综艺《欢天喜地好哥们》、自制剧《云起雨落时》。在2018年后，B站突破现有舒适圈的限制阴云，努力挣脱二次元文化下的技术链条，破晓固有ACG圈用户使用现状，注入大量主流文化新鲜血液，众多日常类、文化类、艺术类内容不断涌现，愈来愈多的文化圈层在B站成型。

同时破圈的B站也吸引了大批主流媒体和中央机关的关注，早在央视新闻入驻B站之前，2017年，共青团中央发表文章《真当团中央不上B站？》，宣告其正式入驻B站。[②]据观察者网报道，B站月平均活跃用户为9270万，"90后""00后"用户

---

① 孙鹿童.主流媒体深度转型的突破与坚守：基于"央视新闻频"的个案分析[J].中国记者，2021(6)：89-92.
② 王妍丹.新媒体时代共青团组织引领青年思想的路径探析[J].广西青年干部学院学报，2019，29(2)：64-67.

占比81.7%，成为当下广大青年聚集以及谈论的话语空间。而共青团的入驻，不仅是落实"党管青年"的重要原则，也正是主流媒体逐渐改变话语传播策略，积极参与网络议题的生产与传播，把握舆论引导的话语权的表现。

不同于传统新闻稍显刻板的叙事方式，共青团中央等主流媒体从入驻B站、微博、微信公众号等社会化平台以来，就积极使用更加容易与年轻群体产生共鸣的题材以及网络流行语，改变原有的话语表达，拉近与民众的距离，找回网络冲击下严重流失的受众。

（二）B站自身的平台特色

截至2020年，B站月均活跃用户突破1.5亿，移动端月活用户达1.14亿；2020年年初，胡润研究院发布《2019胡润中国500强民营企业》研究报告[①]，B站位列民营企业第180位；B站2019年营收67.8亿元，同比增长64%。B站的成功得益于多种因素，也吸引了主流媒体积极入局。

由于B站诞生于自媒体环境中，在该环境下，受众个人意识普遍觉醒，更加强烈的个人意愿和需求得到体现。对于平台固有用户，后台人员研究技术赋能效力，将其视作内容生产出发点和落脚点，不断挖掘用户兴趣增长点、提高平台内容传播效能、改善用户阅读浏览偏好、深耕内容匹配土壤，从而扶正内容发展导向大旗。

央视新闻作为官方媒体的代表，在自媒体环境下离场化倾向较为严重，需要以受众为导向，增强贴近性和普适性。

B站成功塑造了"社区"的概念。如在B站中就有音乐社区、游戏社区、动漫社区、美妆社区等各种不同风格、不同类别的社区同时汇集于一个自媒体平台，会产生多元的碰撞与融合效应。B站内容的日渐多元，其实是跟随着Z世代成长发展起来的，也是社区式平台发展的必然方向。

由于亚文化主导之下的各个圈层具有不同的语境，B站作为亚文化的主要传播平台之一，其主要涵盖的关于"粉丝、网红、弹幕、表情包、盲盒、土味"等特有元素难以避免地产生文化冲突，尤其是主流文化与亚文化之间的隔阂碰撞。

对于传统媒体而言，亚文化平台具有传播范围广、传播时间迅速、传播自由度高等特点，对于主流媒体的转型发展和热点事件的传播均有促进作用。目前《人民

---

① 谁是中国最有价值的民营企业：《2019胡润中国500强民营企业》[J].上海企业，2020（2）：81-82.

日报》、央视新闻、《南方周末》、湖南卫视等均已在B站平台开设账号，并进行深度地融入和传播。

加拿大传播学家麦克卢汉认为，我们塑造了媒介，而媒介反过来塑造了我们[①]，弹幕与视频的结合作为一种新的媒介呈现形式，本意在于协助受众参与有临场感的交流与互动，但弹幕也成为受众对内容创作者作品及本人表达喜爱与尊敬的符号仪式，密集的弹幕往往就像对生产者的盛大加冕。

（三）央视新闻入驻B站平台的优势

作为主流媒体的代表，央视新闻入驻B站平台，相较于其他B站平台视频号主体来说具有不可比拟的优势，这也是其主动进行媒介融合的动因所在。

1.新呈现：强技术呈现全面适配5G时代

央视新闻致力于在B站、抖音、微博等新媒体平台构建账号，打造账号森林，吸引更多的原创内容作者加入，除此之外，央视新闻具有强大的资金、技术、人才做支撑，常年处于全国领先地位，在5G快速发展的大环境下，积极适应5G的发展需要，在B站平台充分发挥自身的优势。

2.新表达：正能量内核融合年轻态内容

央视新闻作为官方主流媒体，其视频号内容以正能量的正面宣传为主，在亚文化平台中，央视新闻致力于改变传统主流媒体的表达方式，以年轻态的表达方式为特色，用新技术和当代视听语言创新内容的表达形态，积极迎合年轻态的受众人群，扩大主流正能量的影响力。

3.新话语：强话语地位稳定自媒体舆论场

央视新闻经过多年的用户沉淀和积累，具有极强的话语权和地位优势，B站作为自媒体平台，容易在舆论发展的过程中产生舆论乱象、群体极化等极端现象，甚至对于主流舆论场产生冲突对立，央视新闻入驻B站，有助于稳定舆论场，更好地稳定和营造B站的生态环境。

---

① 何道宽.媒介即文化：麦克卢汉媒介理论批评[J].现代传播（北京广播学院学报），2000（6）：25-31.

4. 新用户：亚文化群体弥补传统收视人群

央视新闻在B站主要面向年轻用户，以15—35岁为核心用户群，与传统电视收视人群形成互补，成为亚文化平台之中难得的主流声音。

5. 新供给：开放式平台整合优质内容资源

央视新闻从组织架构、内容营销等方面均进行了改革，平台以半开放的形式聚合总台内外的优质资源，在不同的渠道进行投放和发布，实现了集约式和聚合式的发展，从而打造优质内容资源。

二、央视新闻B站官方视频号的内容特征

伴随着B站在2018年之后的出圈计划，央视新闻在2019年用朱广权的视频积极融入B站，并且取得了成功，成为媒介转型融合的典型范例。

央视新闻B站官方视频号的传播内容具有其独特的传播和制作特点，横向对比央视新闻B站官方视频号以及B站其他UP主账号的投稿，其内容具有主流性、权威性、正面性的特点，新闻主题多集中在社会和民生。横向对比央视新闻在其他平台和传播渠道的账号来看，其内容也具有一定的年轻化、圈层化和亚文化的元素，从而成为独具特色的新媒体传播账号范例。

图1反映了2019年12月8日，中央电视台的主播利用央视新闻在B站的账号发

图1 朱广权代表央视新闻在B站的第一条视频投稿截图

布了一段视频，同时在总台的电视端也宣布了这一则消息。视频里面朱广权使用各种新潮的词汇和语言，还玩起了 Rap。这段视频成为央视新闻在 B 站的首秀，并瞬间登上了各大平台的热搜，央视新闻 B 站官方视频号一天内涨粉百万。

（一）软新闻与硬新闻相结合

在央视新闻的 B 站投稿中，随处可见封面黄色的大字，那些醒目的文字将"玩梗""冷幽默"的策略发挥到了极致，完完全全符合 B 站用户的胃口。"迷之自信，谁让我是特朗普""隔空对线，极限一换一""特朗普：你永远猜不到我会做什么"等封面文字，将大家心照不宣的幽默氛围良好地营造出来，也极大地勾起了 B 站用户阅读新闻的兴趣。这种迎合但不失自我态度的做法，在明确表达自身的态度后，也将新闻与"泛娱乐化"巧妙地结合在了一起。

央视新闻作为主流媒体，在 B 站的投稿内容多以时事政治和民生热点等硬新闻为主，近期央视新闻 B 站平台的投稿以国际局势、新冠肺炎疫情、国内热点为主，伴以科普历史投稿丰富内容。区别于在广播电视平台的硬新闻和短视频平台的投稿，作为中视频平台，央视新闻在 B 站的投稿更加注重软硬新闻的结合运用报道。

B 站用户的主体虽然为年轻人，但是本科及以上的高学历占比较大，对于严肃新闻的内容要求也比较高，在语言的表述形态、观看的习惯、分析问题的方式存在着隔阂与矛盾，而现在，这种矛盾正在逐渐被打破。

从 2020 年开始，疫情的居家隔离催生了线上教育的蓬勃发展，B 站作为互联网新兴平台之一，成为最大的学习平台。央视新闻的官方账号成为这个学习平台的重要推手。数据显示，2019 年有 2027 万人在 B 站学习，这一数据目前还在不断地增长，新闻也是"学习"的一部分，在 B 站学习和了解新闻成为当前年轻人了解时事、参与时政的潮流之一。

（二）新闻视角贴近百姓

在央视新闻进军 B 站伊始，官方媒体和行政组织早已入驻 B 站，新的文化浪潮接踵而至。传统宣传主流思想的央视新闻节目，在新媒体碎片化的传播模式下，很难引起青年受众群体的共鸣。新闻作为一种话语形态和传播方式较为固化的传播内容，需要突破原有的僵化模式。

与其他平台相比，央视新闻在B站平台的投稿内容更加贴近符合用户的需求，针对不同年龄段、不同受众的不同需求，央视新闻设立了央视新闻、央视频、央视财经、央视网体育等不同的账号，以"央视新闻"账号为例，账号设立的内容更加具有趣味性和贴近性，设立了"红色档案""相对论""不懂就问""主播说联播"等不同风格、面向不同受众群体的不同栏目。在形式上符合年轻人的口味，在风格上融合了ACG的风格，注重借鉴有创意的动漫、音乐、游戏等多种元素，提升观看时的互动性和观众的愉悦感，以此来增强新闻的温度和传播的效力。

央视新闻的媒介平台受到年轻人热烈欢迎并非巧合。21世纪20年代成为Z世代[①]大规模出圈的时代，年轻人的求知能力和认知素养使其占据了近年来的文娱市场。主要热点新闻信息的创作和表达由"70后""80后"转移到了"90后"甚至是"00后"。随着政治经济全球化趋势的发展，他们对于关乎自身的社会热点事件的关切程度逐渐提高。而B站由于其自身的多元优势，相较于其他的自媒体平台拥有更加普适化、包容性的特点。

（三）聚焦公众监督领域

由于亚文化平台是一个意见充分交流的舆论场，在热点事件突发的情况下，主流媒体是引导公众观念的关键。在碎片化时代，很多用户对长视频存在着抵触心理，于是央视新闻在入驻B站的时候，会采取策略，对于某一热点事件及时投稿、多次投稿，更加注重在亚文化平台上的舆论监督性和专业性，聚焦公众监督的领域。

（四）内容评论性强

横向比较B站平台的其他账号所发布的内容，央视新闻在平台所发布的内容更加有深度性和思辨性，央视新闻多次在B站平台针对时事热点进行评论和解释，能够对舆论场中的不确定因素进行稳定和引导。

1.借鉴青年亚文化特质

央视新闻重点打造"主播说联播"等栏目，通过内容的层层筛选、节奏和语言

[①] 高菲.Z世代的短视频消费特征分析[J].新闻爱好者，2020（5）：40-42.

的紧密安排和戏剧化的呈现，使得评论的观看性更强。作为新闻栏目，针对热点事件评论发声时，具有更强的倾向性和重点性。让平台内的青年亚文化群体更好、更主动地接收到新闻热点评论。

该类视频借用了亚文化的青年特性，借鉴、转化了原本枯燥乏味的政论观点，在平台进行打造之后形成了自身独特的风格和价值。

2.立场鲜明，针对性强

央视新闻于2021年4月7日的投稿《歪曲事实！BBC新疆报道的画面和解说词完全相反》就目前国际关注的新疆人权问题，及时阐明中国立场和中国声音，对于外界的无端指责和抹黑进行回应，展现出事实本来的原貌。同时特约评论员，对于事件进行点评和回击，让B站平台有了更多正能量的声音。2021年4月5日的投稿《对英雄的崇敬除了铭记，还应有关爱》针对清明小长假破亿的出游人次发表评论，希望受众对于英雄的关爱和崇敬不仅要体现在节日中，还应贯穿于生活中的每一天。[①]

（五）主要人物的塑造性强

为了更好地融入平台，符合受众的口味，央视新闻在B站平台中将主播引入自己的视频号之中，同时更加注重流量塑造。力求打破原有舆论场对于央视新闻的刻板印象。例如，近期的视频一方面邀请到了王冰冰、易烊千玺等人气明星来讲述新闻，提升自身的流量价值；另一方面也着重打造自身的内部流量主播，如"康辉Vlog"、朱广权段子等都成了热点话题事件。

另外，央视新闻的很多视频投稿也以普通的人物为主，以小见大。用个人的生活体验出多元社会生活，更容易激发平台受众的情感共鸣。在对其他人物进行塑造时，也是如此。

三、央视新闻B站官方视频号的内容呈现形式

B站成为继微博、微信、抖音、快手之后，央视新闻登陆的又一个新媒体平台，年轻一代描述的"我在B站看C站"成为现实。在内容投稿的不同组成部分中，标

---

① 李欢欢，韦湘燕，杭晓娟.人类命运共同体理念对外传播的不足与应对[J].沈阳工业大学学报（社会科学版），2022，15（3）：237-241.

题、视频、视觉、听觉、账号矩阵均有特点，形成了独特的视听元素。

（一）标题内容：语言吸引力突出

央视新闻在B站平台的投稿有其自身的特色，如《造型奇特！三星堆的铜器奇奇怪怪、可可爱爱》《前方高燃！醉拳遇上十面埋伏有多飒》等标题语言风格轻松活泼，具有典型的B站风格，适合B站的生态环境。

1.风格动漫化

同样的新闻素材，央视新闻在B站和其他平台的投稿采用了不同的标题，B站的投稿标题具有典型的ACG特征，甚至带有动漫游戏画风。标题作为B站投稿视频的封面，占有举足轻重的地位。

在《全程高燃！央视boys再合体唱〈青春〉》《海洋那么美，拒绝核废水！》《宠物侦探是个什么职业？》等投稿中，频繁出现"高燃"等词汇，以及疑问句和感叹句形式的标题形式。标题的呈现有弱化新闻性的倾向，具有一定的情绪化引导。

2.保留央视新闻元素

同时央视新闻的投稿内容的标题也保留了其自身原有的特色，《总理带来"好消息"！》《两会上的女记者怎么过节？》等投稿的标题也具有典型的央视新闻风格，可以保留原有稳定的受众群体。投稿的点赞量均稳定在10万以上，体现了央视新闻在B站传播过程中的成功运营。

（二）视频内容：时长简短，主题突出

区别于央视新闻在抖音平台的短视频、在微博平台的长视频以及在传统电视节目的模式，B站平台的投稿时间适中，不易产生审美疲劳，也不易产生碎片化的浅阅读。时长稳定在1分钟至5分钟，既内容丰富，又主题突出。

适中的时长剪辑可以兼顾流量和内容，保证每条视频都可以符合平台的要求和央视新闻的设定。

在主题的选择方面，央视新闻设定了多个栏目，"直击现场""主播说联播""独家记录""红色档案"等栏目涉及政治、经历、文化、生活等各个领域，主

题鲜明，实现了个性化定向推送。

（三）视觉内容：注重结合弹幕互动

弹幕文化是B站平台的特有文化，根植于二次元文化之中。央视新闻在B站的投稿之中积极适应弹幕生态环境，为了打造其高黏性的社区化亚文化平台账号。弹幕文化之下的央视新闻也有了更多的及时性和互动性。视觉效果强，图文和弹幕结合使得受众在观赏节目时的冲击力增强。

当前国内二次元动漫爱好者最主要聚集的视频网站A站和B站早在2008年就引入了弹幕功能[①]，之后弹幕作为一种新兴的元素流行于视频网站，此后国内主流视频网站纷纷设置了弹幕功能，弹幕的影响力也从一种现象变为一种文化，从小范围变为普适化。在央视新闻视频号的投稿下，社群成员通过弹幕、评论与其他成员进行互动、交流的形式，是一种浅层次的文化参与，这样的参与建立在他人创作的文本上，通过对他人提供的文本进行解构、拼贴与二次编码，从而生成新的意义。创作受人喜爱的内容会获得群体高度的认同，也可以获得社群地位的赋予，而对某类文本的喜爱也会强烈提升用户创作视频内容的动机与期待。因此，bilibili的用户对自身所处的圈子有强烈的认同感，他们渴望参与、分享内容、表达喜爱并获取群体的认可。

（四）听觉元素：节奏快，沉浸感强

弹幕视频之下的央视新闻投稿娱乐性较强，节目的节奏较快、沉浸感和体验感较强，在听觉方面，区别于传统的刻板严肃的节目风格，B站中的央视新闻也有了鬼畜的元素存在。新闻配音更加的活泼轻快，字幕配合更加的随意生动，成为央视新闻的栏目特色。

（五）账号分类：主次分明，特色鲜明

在央视新闻官宣入驻前，总台旗下多个频道早已关联B站，其中央视频粉丝数多达百万，央视纪录、央视网快看、央视网体育等账号粉丝数已逾十万。总台的新

[①] 2006年弹幕视频网站鼻祖NicoNico，开始尝试在视频画面中实时显示用户评论。这一附带及时评论的视频播放方式不久之后被中国网站引入，出现了国内两大弹幕视频网站（AcFun站和Bilibili站）。弹幕视频的创新被引入国内后，发展迅猛、流传广泛。

媒体矩阵布局远不止B站，在斗鱼、微博等新媒体平台中也抢占了各自的传播高地。央视纪录、央视网快看、央视网体育等账号在抖音平台的媒介运营已驾轻就熟，十余个媒体账号均蓄势待发。在B站的账号，按功能可分为财经、体育、纪录、生活、时政等，按主次重要性可分为以央视新闻和央视频为主、以央视财经和央视网体育为辅的新媒体账号矩阵。

由图2可见，央视新闻在B站平台形成了功能各异、作用不同的新媒体账号矩阵，实现了功能化、主次化、差异化传播。

图2 央视新闻在B站平台的账号矩阵

四、央视新闻B站官方视频号传播内容的发展建议

（一）长短视频兼顾，满足用户多元需求

随着移动互联和智能化技术的日益进步，碎片化信息的接收与传播也愈加广泛和快速。碎片化信息充斥于各大新媒体平台，B站也不例外。

央视新闻在B站的投稿，既有突发事件的及时投稿，例如《现场！浙江温岭一辆槽罐车发生爆炸》，这类投稿时长较短，多为30秒，但及时发布新闻，回应受众关切，也有《武汉UP主实拍：医院、医生和武汉人生活的情况》这样的深度报道，也包括《一个动作，教你如何避免吃撑伤胃》这样的生活贴士。后两者主要为中视频和长视频，可以满足受众较长时间的观看欲望，进行深度的内容普及。对于同一事件，央视新闻往往先及时发布一则短视频进行及时报道发布，再发布中长视频进行内容的深度报道和分析。

短视频与中长视频的结合，一定程度上减少了短视频所带来的信息碎片化程度，也避免了长视频过多导致用户审美疲劳和用户流失，这样的内容发布方式为B站用户提供了一个了解国内外局势、参与公共事务的良好途径。

（二）发掘原创内容，激发用户分享行为

央视新闻在B站所投稿的视频、专题的原创性较高，但是多数内容仍缺乏其自身特色，与央视新闻在其他传播渠道的投稿具有较高的重复性。如《主播说联播》等栏目，央视新闻在B站平台上的投稿多为其他平台完整版发布之后的剪辑版，这样不仅会分散原有的受众流量，也会降低受众的阅读兴趣。同时，发掘原创内容才能更好地适应B站的平台特色。例如关于"朝鲜退出东京奥运会"的内容报道，央视新闻在抖音、微博、App和在B站的投稿，除了标题不同以外，其他内容几乎一致。B站青年用户对于鬼畜、番剧等亚文化兴趣居多，央视新闻可适当增加一些严肃性较低的内容，提升内容趣味性，吸引受众多元化的信息关注。

（三）积极回应重大事件，掌握主动权引导舆论

在国际国内重大事件频发的背景下，央视新闻在重大事件中的表现成为各种媒介平台重要的参考标准。

例如，在香港和新疆问题上连续数天在B站发布《视频起底香港乱局幕后黑金》《香港市民自发清理路障》等内容，表明我国的外交立场，并对相关问题的背景向受众进行普及。

在互联网不断普及的大背景下，网民的身份逐渐多元化，B站作为青年聚集的社区，多元化的特征更为明显。但是较高的媒介触碰率和较低的媒介素养又产生了

一定的使用冲突。作为亚文化平台中的主流官方媒体，及时地将官方立场传递。同时增强互动性，对用户的评论信息进行监管和回应。牢牢掌握话语权引导舆论的同时，帮助平台使用者增强其媒介素养，从而在信息泛滥的环境中增强信息的抓取、辨别、理解和批判能力。

（四）完善播放模式，提升用户体验

移动端上的B站视频，目前播放模式仍然较为单一，以横屏播放为主，主要为传统的视频播放，央视新闻的播放模式也较为传统。与竖屏播放为主的抖音、快手等社交媒体平台相比，用户在碎片化环境下的体验感较差，视觉冲击力和感官结合度较弱。因此央视新闻需要在横屏还是竖屏播放上有所选择，可以对用户开展调研，在更大程度上提升用户体验，强化好感度与忠诚度。

结语

在众人皆有发言权的时代，央视新闻进驻B站成为沟通主流文化和亚文化、主流媒体和自媒体的重要桥梁。当前，中国网民数量占全国人口总数近七成，庞大量级的手机网民几近全数，移动端成为主流选择。在移动互联网时代，央视新闻为媒体融合与转型作出了漂亮示范。央视新闻积极融入亚文化平台，实现因地制宜发展，体现了官方主流媒体积极融合转型的决心，为其他媒体和其他平台的建设发展提供了更多的经验和借鉴。

主流媒体在快手上的传播特征

王 美[*]

【摘要】 主流媒体于2019年前后入驻快手，并主动进行适应新媒体时代传播特征的改革，主动适应新时代年轻观众的观闻习惯，主动出击抓住新闻舆论的高地。本文在对快手上的主流媒体进行研究时，将5W模式作为理论框架，采用个案分析法对主流媒体快手号进行研究。在传播主体方面，主流媒体作为专业媒体把控短视频质量；在传播内容方面，分析主流媒体在快手上分发的短视频的题材特征以及主流媒体是否适应移动化和碎片化的传播方式；在传播渠道方面，短视频的分发以算法推荐为主，辅以用户搜索；在传播对象方面，对主流媒体快手号的受众信息进行统计分析。本文根据对主流媒体快手短视频的分析，探讨其在传播方面的特征，以期为其他媒体提供参考。

【关键词】 主流媒体 快手 传播特征

引言

最近几年，移动互联网发展迅速，短视频正逐渐成为受众获取新闻资讯的重要手段。短视频使得新闻的时效性进一步增强，拓展了主流媒体在进行新闻报道时的话语空间，为主流媒体的有效传播开辟了新渠道。短视频新闻是指以移动智能终端为传播载体，依托于移动社交平台及社交链条，播放时长在数秒到数分钟之间的视

---

[*] 王美，北京联合大学应用文理学院新闻与传播系2021级硕士研究生；主要研究方向：融媒体新闻传播与实务。

频内容产品。区别于传统新闻播报，短视频新闻是将新闻现场的画面制作为数秒到几分钟的新闻视频，配以解说和字幕，发布在短视频平台的新的新闻形式。因拥有简单的生产流程、较低的制作门槛和较强的参与性等特点，缩短了受众浏览信息的单位时间，具有较高的传播价值。2017年，短视频竞争进入白热化阶段，内容制作偏向专业化制作，接近九成网民使用短视频。

新闻短视频多以正能量作品为主，突出人文关怀，体现社会价值，给受众带来积极正面的影响，促进了新闻和短视频特色的结合。2021年，媒体继续将短视频作为重要的言论阵地，加大对短视频的投入，保持稳定的内容呈现，引导积极的网络舆论。

但是，主流媒体快手号的发展也存在很多问题。发展态势不平衡、同质化严重；一些新闻账号由于无人管理，出现活跃度较低、停更等现象；甚至还有的新闻标题过于媚俗。整体上呈现出内容同质化、娱乐化、监管不到位、经营不善等问题。

互联网不断更新换代，环境复杂多变，主流媒体如何利用快手短视频成功转型突围，成为一个重要的研究论题。主流媒体快手号寻找转型成功之道，需要研究和遵循快手的特点，反思和总结自身经验，制定合理的传播策略。必须依据网络传播环境和受众需求进行短视频新闻创作和传播，提高主流媒体快手短视频的曝光率，增加主流媒体的快手粉丝量。短视频的新闻价值有待深入发掘，主流媒体在短视频新闻转型方面仍需优化策略。

一、传播主体的特征

主流媒体快手号的内容定位是优质讯息短视频，即主流媒体以短视频的形式将国家大事政事、社会热事传达给受众。传播主体即传播者，它在传播过程中是新闻信息的发出者，通过筛选、整合、编辑、分发来控制传播内容。主流媒体以其专业权威性获得受众的信赖，掌控着信息传播的话语权。同时，受众的主体性也得到提升，可以对主流媒体发布的内容进行加工和再传播。

（一）专业化的新闻传播主体

首先，主流媒体作为专业的新闻媒体，以为受众提供专业权威的新闻信息为责任。其次，传统媒体积累的资源和经验对主流媒体进行短视频转型有一定帮助。尤其是面对重大突发事件，主流媒体因自身经历丰富更有经验应对处理突发事件。主流媒体快手号的新闻工作人员具备专业的新传知识，对新闻理念和新闻伦理规范都有深刻的理解。在短视频的选题制作上更加专业，能够保证新闻的真实性和准确性。受众信任主流媒体，主流媒体能够担此重任。

主流媒体快手号是党的耳目喉舌，引导积极向上的网络舆论环境是其职责。互联网是一个虚拟之地，言论发表相对自由，不可避免会出现恶意之声，主流媒体布局快手短视频的作用此时便可凸显出来。主流媒体通过快手号呈现主流内容，积极引导受众的正确舆论导向。①

快手使用者集中分布在三四线城市，主流媒体通过快手短视频与三四线城市受众建立联系。主流媒体将编辑过的体现家国大事的短视频传播出去，保证受众了解新近政事热事。与传统的观看新闻联播获取讯息相比，受众倾向于观看适合手机竖屏、不受时空限制、移动便捷的短视频资讯。主流媒体机构和新闻从业者不会局限在新闻制作的框架中，结合时事，探索短视频形式，以期与受众达到良好互动。

（二）大众化的新闻传播主体

在传统的新闻生产框架中，主流媒体占据主导地位，主流媒体掌控着话语权，受众只能被动接收信息。在传统的报纸、广播、电视新闻播报中，主流媒体的主体性优势突出，受众仅是大众传播的一个环节。随着新媒体网络的迅猛发展，主流媒体话语权中心地位被打破，受众的主体性作用凸显，受众也可以成为传播主体。受众不再被动选择，主动权有所提升。受众可以选择获取新闻资讯的渠道，可以选择获取内容，可以主动探讨和发表自己的看法，并为讯息进行二次加工和传播。

快手是凸显用户主体性的社交化媒体，快手上信息资讯丰富，为用户提供众多选择，快手可以根据用户喜好推送相关内容。主流媒体快手号拥有新闻、时政、资讯等标签，快手根据自己的计算系统可以将这些资讯优先推送给相关用户。快手用户主体性进一步凸显，用户可以选择接受或不接受某些资讯，在选择信息过程中不再处于被动地位。快手用户可以自主选择和参与到新闻的生产传播中，对新闻发表意见。在主流媒体的快手短视频中，点赞、评论、转发成为用户与主流媒体互动的标志。用户参与到主流媒体的传播过程中，实现新闻选择自由和言论自由。同时，

---

① 李天语.短视频新传播特征及策略探究［J］.中国出版，2021（19）：46-49.

有利于提高用户的社会参与意识和社会责任感。

新闻传播主体向大众化发展，传播主体越来越多元化。但对主流媒体快手号而言，依旧承担着喉舌作用，依旧受到用户的监督。

二、传播内容的特征

主流媒体快手号加工制作一系列短视频，通过短视频内容的内外关联，向受众呈现主流媒体在快手上的形象，影响着受众对快手上主流媒体的印象。

（一）主题特征

本文选取《人民日报》、新华社、《中国青年报》和《新京报》等主流媒体快手号在2021年3月发布的短视频作为研究样本，对样本进行分析探讨，并得出以下内容：主流媒体快手号发布的短视频内容以时政类、军警类和社会正能量类为主。

时政类短视频包括领导人重要讲话、出访、外交部发言人发言、外交活动以及国际新闻短视频。主流媒体快手号善于将领导人讲话进行选择性截取和重点解读，使用领导人讲话观点传播主流价值观，引导正确舆论导向。外交部发言人讲话主要凸显我国在对待某些政事时的态度，有助于提高受众的社会责任意识和爱国主义情怀。国际新闻短视频相对较少，其目的是让受众了解国际上目前的政治动态。

军警内容包括军队日常训练、两军现场演练、执勤救援现场等几大类。军警类短视频展现了当代军人警察实力强劲、保家卫国、大公无私的形象，这类短视频容易激发民众的民族自豪感。执勤救援现场类短视频体现军人数年如一日的巡逻活动，这些短视频诠释了军警爱国敬业、无私奉献的形象。温情暖心类短视频体现战友之间、军人与亲人之间的亲情，表现军警舍小家为大家的无私形象。军警类短视频不常公开，推送这类短视频能够一定程度上满足受众的好奇心。其中，表现军人阳刚向上的气质和救援行动类短视频获得最高点赞量。军人代表的是国家，突出这类短视频就是突出国家形象。

社会正能量类短视频包括民众爱国行为、见义勇为和底层人民努力奋斗的故事。社会正能量类短视频表现社会中积极向上的正能量行为，通过广大用户的点赞分享，使正能量行为在社会中传播。一种是民众自发的爱国言行，主流媒体快手号会发布世界各地中国民众的爱国言行，宣传中国民众的爱国行为，弘扬民众爱国精神。正能量类短视频还包括普通民众乐于助人、见义勇为的故事,这类短视频大多取材于监控录像,展示普通民众舍己救人的行为。普通民众努力奋斗、热爱生活的短视频容易感动受众,使受众联想自己,对未来充满希望。

(二)形态特征

主流媒体快手号短视频重视视觉碎片化和音乐情感化表达。报告显示,3分钟以内的视频最受受众青睐。有学者发现,10—30秒的视频是受众观看的最佳时长,此后视频越长,完整观看的比例越低。主流媒体快手号50%的短视频在15秒左右,80%的短视频不会超过30秒。[①]主流媒体快手号将画面和声音进行剪接,去除冗长多余的部分,取其关键精彩内容,以短视频的形式展现给受众,充分体现主流媒体快手号短视频的短小精悍、节奏紧凑。这种形式符合短视频受众碎片化的使用习惯,且视频短小,易于分享传播,二次传播效果显著。碎片化的形态表明主流媒体在短视频转型中主动迎合快手平台短视频传播形式,发展短视频新闻。

主流媒体快手号迎合网络时代要求,不再局限于报纸、电视、网页新闻,生产符合受众观看习惯的短视频新闻,以快手平台为依托,进行短视频新闻的创作和探索。

三、传播渠道的特征

主流媒体快手号通过快手平台将传播过程中各种因素相互连接起来,主流媒体在快手上实现传播渠道的构建。快手是基于人际传播关系建立的社交化媒体平台,主流媒体快手号制作的短视频新闻已渐渐深入到私人社交范围。

(一)跨平台的内容分发渠道

算法推荐传播是快手平台的主要传播手段。主流媒体快手号的新闻短视频拥有自己的各类标签,用户基于观看习惯形成观看喜好。快手借助算法推荐技术,根据主流媒体新闻短视频标签和用户喜好,将新闻短视频优先推送给相符用户,实现个

---

① 李馨怡,邵璐.基于5W模式的短视频新闻传播特征研究:以Vlog为例[J].新闻研究导刊,2019(13):236-237.

性化分发。用户首次使用快手时,快手会依据用户个人所呈现的基本信息将使用者列入相应的标签,对快手用户进行标记。当用户长时期关注某类消息,快手会对这类消息进行标记,以此作为用户喜好的切入点,并将相关个性化资讯推送到用户面前。用户在快手上的信息浏览数据被记录,这些记录通过用户观看资讯的时长、是否转发评论、是否对快手号进行关注体现出来。快手及主流媒体快手号通过记录下来的浏览数据分析用户的喜好,不断依据用户喜好进行个性推送。

快手日活用户亿字开头,用户文化水平普遍较低,所居城市较不发达,接触新生事物的速度较慢。主流媒体布局快手,可以使得主流媒体接近底层群众,提高主流媒体在底层民众中的话语权和传播力。

主流媒体的快手平台算法推荐可以通过首页信息流推荐。[①]主流媒体快手号报道的重大新闻和社会热点问题受到普遍关注,此新闻短视频点赞量高、完整播放比例高,被推荐到首页信息流的概率大。主流媒体快手关注还可通过相似关注推荐。在某主流媒体快手号首页进行关注,下方列表会出现类型相同的主流媒体的快手号,用户依据情况可进行关注。热搜也是主流媒体快手短视频被推送传播的一个途径。某个新闻短视频被大量点赞评论,便会出现在热搜榜。主流媒体快手号的用户基于共同兴趣聚集在一起,与价值观相同的用户进行互动,可促进圈子的紧密度,坚定个人立场。

(二)宣传推广渠道

用户的社交传播是主流媒体快手号形成裂变的重要方式。快手通过设置转发分享链接将新闻传播权分发给用户,主流媒体快手号上的短视频新闻可以通过用户转发扩大短视频新闻的传播量,进而增大主流媒体的影响力。用户能够自主选择传播渠道,在短视频新闻播放页面有转发分享功能,用户可以将短视频新闻资讯转发给快手上的好友或者陌生人。用户也可将其分享给第三方社交软件平台上的好友,这一功能使快手和第三方社交软件形成链接,进一步扩大快手及主流媒体的影响力。

主流媒体快手上的新闻作品也可以通过用户分享到第三方平台,快手用户多将新闻短视频分享给微信好友或分享在微信朋友圈。微信有10亿多用户,微信好友是基于熟人小圈子关系建立的社交平台。主流媒体快手号的用户将新闻作品分享到微

---

① 孙昊.新媒体时代下新闻类短视频的传播探析:以抖音为例[J].视听,2020(8):164-165.

信后，可以从微信好友中将用户引流到主流媒体快手号，增加用户对主流媒体快手号的关注度，降低主流媒体的获客成本。

目前，传播渠道不再以主流媒体为中心，用户的社交互动打开了新的传播渠道形态。短视频新闻分享向用户私人好友方向转变，但用户主动转发的积极性不高。

四、受传者的特征

主流媒体快手号上的受传者有一个更确切的称呼——用户。用户一词表明受众不再是单纯的被动接收者，用户除了接收信息外，还可作为传播者将信息传播出去，也可作为制作者对所接收信息进行二次加工。快手中的用户能够自主选择，在信息选取中具有主观能动性，用户在传播过程中处于主动地位，这是主流媒体在制作短视频新闻时必须考虑的要素。

（一）受传者的人口特征

主流媒体快手号的用户画像中男性比例显著，男性占比为58.58%，女性占比为41.42%，受众中男性占比高于女性。[1]主流媒体快手号的短视频新闻更符合男性需求，时事政事、军事救援和国际大事呈现的是男性视角，这类短视频新闻受男性青睐，因此男性受众高于女性受众。

艾媒数据中心发布的调查结果显示，截至2020年3月，快手用户群体中，年龄区间在24岁及以下的用户比例最高，占比为48.58%，25—30岁用户比例次之，占比为29.27%。[2]以此类推，主流媒体快手用户年龄在18—30岁之间，这表明主流媒体快手短视频新闻的受众年轻化，主流媒体短视频新闻未来的发展潜力在年轻群体之间。

快手用户主要分布在三四线及以下城市，这类用户占比高达61%，一线城市用户仅占12%。另外，快手用户所在城市主要是北方城市，短视频业界一直有"南抖音，北快手"之称，可见快手在北方城市中的普及率和使用率较高。主流媒体快手

---

[1] 艾媒数据中心.2020年3月快手用户性别分布［EB/OL］.（2020-05-07）. https://data.iimedia.cn/data-classification/detail/30412789.html.

[2] 艾媒数据中心.2020年3月快手用户年龄分布［EB/OL］.（2020-05-07）. https://data.iimedia.cn/data-classification/detail/30412790.html.

号的用户来自发达城市特征明显，发达城市经济水平、发展速度、人才储备、科技能力高于普通城市，用户使用媒介的成本较低，媒介使用率较高。但发达城市主流媒体快手用户接近饱和，主流媒体快手用户下沉。三四线及以下城市因网络普及，大量快手用户关注主流媒体的快手号。三四线及以下城市发展潜力大，主流媒体布局快手理应重视这部分用户。

快手平台为主流媒体的用户聚集提供了场所。传统的互动是身体在场，网络时代，用户可通过互联网和媒介平台，将身体在场转变为用户虚拟在场。快手短视频播放界面是手机竖屏模式，为主流媒体的快手用户提供观看场所。[①] 短视频新闻以手机全面屏展示，自动播放，以情感音乐吸引用户注意力，使用户在观看视频时不受干扰。众多观者进入同一个短视频新闻播放页，通过点赞和评论，体现自身虚拟的身体在场。

（二）受传者的互动仪式

共同的关注点是实现用户聚集在同一虚拟场所的必备条件。主流媒体快手号的用户作为参与者，在互动交流中拥有共同的关注点，也就是观看某条视频、点赞和评论。用户的观看行为等数据会反馈给主流媒体快手号的运营者，以便主流媒体及时对快手号的短视频新闻作出调整。运营者根据数据可以提高作品质量，打造特色优势，积累用户信任。

主流媒体快手号发布的短视频中大部分作品带有情感色彩。情感是激励用户参与互动的重要条件，产生情感可以使用户进行下一步操作，如观看完整视频、点赞、评论和分享。用户之间通过互动进行交流，分享共同情感体验，增强成员间的认同感和凝聚力。用户在互动中得到情感释放，强化了群体内部的归属感。这种共情感体验可以提高主流媒体快手号的用户黏性，扩大主流媒体的传播范围和影响范围，给主流媒体进行一场积极正面的宣传。

结语

目前，短视频新闻是主流媒体转型的新形式。主流媒体打造媒体矩阵，抓住短

[①] 朱奕锦.主流媒体短视频新闻生产的发展特征及现状分析：以"抖音"平台新闻短视频的内容生产和传播为例［J］.中国传媒科技，2021（5）：111-113.

视频领域的话语权，必须要掌握快手平台的传播特点和话语逻辑，让快手平台成为主流媒体引领话语权的新阵地。主流媒体要将自身的传播特点和短视频新闻的特色相结合，利用短视频新闻快速传播的优势，扩大自身的影响力，将年轻受众在内的受众群吸纳进自己的阵地中。本文以部分主流媒体快手号为研究对象，分析其在快手上的传播特征，希望本文能为主流媒体快手号的研究提供一些参考，帮助主流媒体完善短视频转型之路。

新媒介·新青年·新观察

抖音平台中意见领袖对美妆产品的推广策略[*]

张静茹[**]　吴惠凡[***]

【摘要】近年来，随着短视频的火爆，美妆类短视频逐渐变成美妆产品的"种草机"，改变了消费者的美妆观念和方式，并由此引领美妆消费新潮流。本文主要以抖音平台为研究对象，探讨分享型、专业型和明星艺人型美妆短视频意见领袖的推广策略，并对意见领袖推广行为给出相应建议。在抖音平台中，意见领袖在推广美妆类产品时，既要满足消费者对产品的购买需求，更要引导消费者理性购买，维护良好的平台环境。

【关键词】意见领袖　抖音　美妆产品　推广策略

颜值经济正在迅速崛起。国家统计局数据显示，从化妆品零售情况来看，2021年1—3月，化妆品零售总额为933亿元，同比增长41.4%。其中，3月化妆品零售额为368亿元，同比增长达42.5%，和1—2月相比，提高了1.8个百分点。中国美妆市场正在逐步扩大。短视频凭借自身内容制作简易、传播速度快、画面呈现生动有趣，以及对流行音乐、场地的整合运用，引领了新媒体时代的潮流，成为受到各行

---

[*] 本文系2018年国家社科基金青年项目"社会责任视角下的网络意见领袖传播效能评价研究"（项目编号：18CXW030）阶段性成果，并受北京市教育委员会科研计划项目"首都网络意识形态传播中意见领袖的作用机制研究"（项目批准号：SM201911417004）资助。

[**] 张静茹，北京联合大学应用文理学院新闻与传播系2021级硕士研究生；主要研究方向：网络文化与新媒体。

[***] 吴惠凡，通讯作者，北京联合大学应用文理学院副教授，硕士生导师；主要研究方向：网络传播，新闻实务。

业青睐的营销传播新阵地。因此，一种新兴的营销传播模式应运而生，即短视频营销模式。①

在抖音短视频中推广美妆类产品，往往更容易受到网民的关注。通过短视频对美妆产品进行推广是信息化社会中新出现的一种销售模式，这种模式更加平民化，也使消费者在对美妆产品的选择上更加多元化。抖音短视频为消费者和商家之间搭建了一座桥梁，意见领袖以视频的展现形式对产品进行介绍，便利了消费者的同时自身也能获得一定的经济利益。尽管商家的销售模式与传统的销售模式不同，但是消费者始终是核心，在抖音平台中，意见领袖在美妆类产品的推广中要充分发挥作用，引导消费者理性购买，在满足消费者对美妆产品的购买需求的同时，促进抖音短视频平台的良性发展。

一、美妆产品推广中不同类型的网络意见领袖

意见领袖是传播学中的一个概念，由美国社会学家保罗·拉扎斯菲尔德在20世纪40年代美国总统选举中调查选民投票行为时提出。他发现在一个群体中总是有一些人具有权威性和领头作用，他们通常最先接触到大众传媒所发出的信息，通过自我判断会在此信息上添加自己的观点和想法，加工后再传播给追随他的人，从而对追随他的群体产生一定的影响。

意见领袖对信息的传播效果产生了非常重要的影响，作为媒介信息的中间环节，能够影响大众的舆论方向。如今的网络意见领袖是伴随着互联网的发展和普及而出现的一种新型的意见领袖，他们活跃在网络中，影响着人们对信息的态度。如今网络意见领袖呈现出多阶层、多身份、多元化的发展局面和趋势，不仅政府的领导、娱乐圈的艺人、网络上的各种领域的专家学者可以成为网络时代的意见领袖，贫困山区的农民、草根阶层以及打工族也能成为网络时代的意见领袖。

而在抖音平台中的意见领袖通过短视频和直播的形式进行传播，他们对商品进行推荐，促成商家与消费者之间的交易，影响更多消费者的购买行为，同时也达到了流量变现的目的。互联网融入社会生活的方方面面，与消费群体的日常接触互动程度逐步加深，消费者的购买行为很容易受到意见领袖的影响。针对抖音中对美妆

---

① 张静，王敬丹.新媒体时代下的短视频营销传播：以抖音为例［J］.杭州师范大学学报（社会科学版），2020（4）：113-120.

品牌的推广，不同意见领袖对美妆产品的推广策略形成的不同效果是很明显的。

（一）测评分享型意见领袖

这类意见领袖在抖音等自媒体平台运营自己的账号，喜欢分享自己长期以来在化妆过程中的技巧、感悟、图片和视频，没有相关的经验，凭借对美妆产品的热爱和对美妆的向往成为美妆类短视频意见领袖，能从日常的分享和与粉丝的互动中得到快乐，得到自我价值的实现。

无论是分享还是测评，都是一种较为直观的呈现模式，主要通过直接介绍产品的功能，展示产品的优点，以及真人试用和专业检测，增强受众对于产品的信任。[1] 分享型意见领袖通常拥有多个平台的粉丝，从论坛到博客、微博再到抖音、快手等短视频平台，每一个领域都有各自的意见领袖，他们针对某些事件发表自己独到的看法，从而吸引一大批拥护者。这些意见领袖大多是平民草根，与用户有一种天然的亲近感，这就增强了互动性和粉丝黏性。[2] 这些人本身在其他平台也是美妆领域的意见领袖，在抖音只需要转变内容的呈现方式，适应新媒体的发展和用户的选择偏好即可，因此往往能够收到比较好的传播效果。

（二）专业型意见领袖

这类意见领袖通常具有美妆产品和美妆技巧等方面的相关学习、研究或工作经验，抖音为他们提供了一个平台来展示自己的专业技能，供用户学习，提高化妆水平。这类群体有专业的化妆师、美妆产品的研发者等。观众往往被美妆博主专业的化妆技巧、丰厚的产品知识以及自身的使用感受所吸引，通过对美妆博主的信任，产生购买行为。[3] 因此，专业型意见领袖在美妆产品推广中占据一定优势。例如，抖音中的美妆类短视频达人程十安，其本身就拥有专业的化妆技能，通过在自己的账号上教网友们化妆而走红，目前拥有千万粉丝。

---

[1] 冯斯毓.自媒体植入式广告的创意模式分析[J].新媒体研究，2021，7(12)：27-29.
[2] 魏国强，杨晓璇.自媒体时代"意见领袖"的影响力与责任研究[J].出版广角，2021(17)：82-84.
[3] 吴海燕，郭琪瑜.美妆博主微博平台营销策略研究[J].黑龙江人力资源和社会保障，2021(13)：141-143.

(三)明星艺人型意见领袖

这类意见领袖通常是因为参演某些影视作品中的重要角色或是参加某档综艺节目被大众所熟知,人们将自己对其影视角色或综艺人设的喜爱投射到他们身上。因此明星艺人型意见领袖本身就带有很大的流量,有专业的摄影、编导团队,有独特的艺术审美,妆容打扮也一直受到跟风追捧,善于发掘好用的美妆产品,并愿意分享给大家。社会学研究发现,不同的欣赏趣味是由不同的社会等级生产出来的,然而一旦生产出来之后,它就开始履行社会区分的功能,从而积极参与社会结构的再生产。[1]明星艺人本身所在的社会等级就赋予了其社会高端欣赏趣味的标签,入驻短视频平台之后,会立刻收获一大批粉丝,并且粉丝的黏性一般较高。

二、美妆类意见领袖在抖音平台的推广特色

(一)鲜明的"人设":攫取粉丝经济的红利

一个抖音短视频达人的基本素养就是树立自己的人设。在进行美妆产品的推广前,首先,要看产品的质量和适用人群,在推广时把要点介绍清楚,站在消费者的角度来推广产品,这样才能得到消费者的信任和长期的关注,将客户变成粉丝,将粉丝变为客户;其次,要挑选与自己形象定位所符合的产品,例如抖音美妆博主程十安有一头靓丽柔顺的秀发,其推广售卖的护发精油就达到了23万的销量,因为观众能够直观地看到效果,所以很容易认可其推广的这类产品,比较之下,她推广的其他产品均未达到如此高的销售额。因此,美妆产品与"人设"定位相符是重要的运营策略之一。特别是在明星艺人型意见领袖所参与美妆品牌的推广中,应该结合人设,选择最佳的美妆品牌,以及适配度高的产品。由于明星艺人型意见领袖的话题度和影响力最为突出,因此营销效果也最为显著,同时营销成本和营销风险也更加高,因此挑选与人设适配度高的美妆品牌就显得尤为重要。

---

[1] 邢虹文.文化的区隔:电视文化与社会分化[J].社会,2004(8):4-6.

（二）超强的互动性：增强目标用户的黏性

抖音后台提供了完整且精确的统计数据系统（创作者服务中心），系统、精准地帮助短视频创作达人了解与粉丝的互动情况。各大意见领袖在实际的抖音推广过程中，以回复评论和私信、转发抽奖、秒杀等方式，建立与消费者之间的亲密关系。有数据表明，超过一半的抖音用户会看评论，评论区的交流互动对于第三者而言有很大的影响力，可以显著增加第三者对意见领袖的信任度。

建立积极的互动关系，对于意见领袖的产品推广行为具有多方面的意义。首先，通过互动的方式可以及时解答用户对产品的质疑、不满、误解，强化沟通，减少差评和负面反馈；其次，积极地与粉丝互动，解答粉丝的问题，可以使粉丝对自己所推荐的产品有安全感和归属感；最后，品牌方也可以通过消费者的反馈及时对产品的性能方面作出相应的改进和提高。

（三）频繁"蹭热度"：提升核心账号的流量

为了更好地给产品引流，抖音平台的意见领袖不断尝试新的宣传途径，如与微博账号、微信公众号形成"两微一抖"的个人联动机制，用微博账号、微信公众号为产品抖音账号做引流；设立几个与自己相关的抖音小号，为抖音大号引流；与自己风格类似的抖音意见领袖相互点赞互动，互相增加账号热度。[1]

围绕近期比较火的话题拍摄视频，也是一个行之有效的推广途径。如前段时间抖音爆火的沉浸式视频，蝉妈妈数据显示，有11个话题的播放量超过1亿次，累计播放量近百亿次，热度最高的话题"沉浸式化妆"播放量已经近30亿次。话题热度趋势显示，最近一个月内，"沉浸式化妆"的参与人数翻了一倍，播放量暴涨100%，其间抖音美妆博主美妆豆发布的沉浸式化妆话题的视频获得了2276042的点赞量，后期的产品推广完成了从几千的销售量到8.9万销售量的飞跃。

（四）出彩的文案：引发用户情感的共鸣

当抖音平台中的意见领袖发布视频进行产品推广时，其视频文案的质量，也是影响推广效果的一个重要的因素。当文案内容能够引发用户的情感共鸣时，产品就

---

[1] 胡晔.自媒体中意见领袖对女性消费的影响［J］.营销界，2021（5）：197-198.

会达到一个较高的销售量。有些广告痕迹明显的视频文案，用户在评论区很可能就会直接指出，导致产品推广失效。同样，当视频的文案内容过于夸大产品功效时，也会降低用户对意见领袖忠诚度。而当文案的内容编辑过于简单时，就很难影响消费者的购买行为。以抖音美妆博主几米为例，其在2021年10月11日发布的一条推广视频，文案为"滑不溜秋靠自己，明日之星就是你！！！"这一文案引发了许多冬天皮肤干燥的用户的共鸣，加上视频中博主对自身经历的讲述，其所推广的产品最终达到了7万的销售量；在2021年11月17日，其发布的一条纯推广硬植入的广告视频，文案为"秋冬！必囤！今天咱们不上火明天对象少挨骂"，能够很直观地看出是一条广告推广，在视频的讲述中也缺乏与大多数人的共鸣点，因此产品销售量仅为2.6万。因此，文案内容的质量对推广效果的影响显而易见。

（五）花样翻新的促销：促成消费行为的发生

抖音平台中大多数意见领袖通常会在产品推广的最后，强调本次产品的推广销售低于市场价，以此刺激消费者的消费行为。一部分消费者受到消费主义的影响，在促销刺激中更加容易冲动消费。这种消费主义起始于19世纪末20世纪初以大众消费为主要特征的西方消费社会，是以超越人的生存实际需要，崇尚物欲的一种社会意识形态。[①]因此，促销刺激对于提高产品销售量是非常有效的。在抖音平台中，常见的促销形式有捆绑销售、加量销售和降价销售三种。当消费者被意见领袖推广的产品吸引时，促销的形式能够更加坚定消费者的消费意愿，加速消费行为的发生。当然，有时消费者的消费行为也不完全被促销活动所左右。例如，抖音平台美妆博主Rika_花花的产品推广视频，有30元优惠券的粉底液销售量为9000，有10元优惠券的粉底液销售量为4万，优惠力度大的产品销售量反而低。由此可以看出，当前期的推广使消费者对产品有了购买意愿时，促销价格的影响就被弱化了。

三、美妆类意见领袖在抖音平台的推广建议

比起其他类型的视频推广，抖音短视频推广在成本方面更具优势。同时，抖音短视频具有互动性强的特点，品牌广告呈现出来的效果也更加直观。抖音短视频

---

① 许馨月.自媒体对大学生消费主义价值观的影响及对策分析：以时尚美妆类自媒体为例[J].科技传播，2021，13（1）：102-104，120.

推广在内容和形式上的多样化不仅可以满足用户的不同需求，而且容易吸引用户关注，达到更好的营销效果。加上意见领袖在品牌推广中的特殊地位，抖音短视频推广的传播范围变得更加广泛，传播形式也更加灵活。由于"把关人"作用的下移，抖音平台中的意见领袖在对美妆产品进行推广时，要坚持真实性原则，向用户传播准确的信息，切勿虚假宣传，同时还需要注意以下几点。

（一）定位清晰

公众的审美水平经由社会上文化艺术行业的不断发展和进步而逐渐提高，多元价值观的发展使公众的审美更加丰富多样。因此，为了满足公众的多元化需求，意见领袖需要把自身在行业的定位进行多元细分，美妆行业意见领袖也不例外。

抖音平台中定位于推广美妆产品的意见领袖，其团队本身应该提高对所推荐产品的质量把控能力，在对某种产品进行推广之前，要对产品加以慎重选择。意见领袖要提高自身的媒介素养，结合自身定位寻找产品，而不是什么类型的产品推广都来者不拒。只有推广符合自身特点，真正好用且安全的产品给消费者，才能达到与消费者共赢的状态。作为商家也应该有规范且稳定的供应链，在产品的质量上多花时间，多下功夫，并且使消费者购买产品之后享受到优质的售后保障服务。总之，短视频自媒体人应当同优质的商业客户达成合作，以使得团队能够长久发展。[1]

（二）推广适度

任何一个意见领袖，如果每一条视频都是产品推广，那么粉丝的好感度只能是越来越低。尽管商业化的盈利是大势所趋，但如果每期视频都只有商业化的内容，那么意见领袖自身的形象定位也会有所崩塌。更多的干货分享和情感交流，使粉丝可以从视频中有所领悟和收获，这才是意见领袖的主要价值体现。因此，无论是意见领袖个人还是整个团队，都应该谨慎设置所推广产品的内容和推广频率。同时，处在大数据的时代，在进行传播前可通过大数据分析进行精准的广告投放，减少向用户推送其不感兴趣的领域，避免过度打扰，以此有效地节约资源。[2]

意见领袖应该以一种"把关人"的身份存在，通过对产品的认真筛选，提高

---

[1] 罗乔木.短视频自媒体发展现状及趋势［J］.中国传媒科技，2020（9）：42-44.
[2] 方翔.谈移动互联网时代自媒体平台短视频的发展研究［J］.计算机产品与流通，2020（4）：130.

账号发布视频的质量，向粉丝提供更有价值的信息，增强粉丝对自己的信任度。当前，由于商业利益的诱惑，一些意见领袖当粉丝涨到一定的数量，拥有流量之后，就把账号完完全全变成其推广产品、开直播卖货的工具，这些意见领袖在把关过程中违背了初心，成了品牌推广的工具人。这样以商业盈利为目的的推广行为，会导致粉丝好感度和信任度的流失，进而出现掉粉现象，这无疑是一种得不偿失的短视行为。因此，对于意见领袖而言，要把内容分享放在首位，把商业利益放在次要位置。

（三）加强监管

目前我国形成了以政府监管为主，辅以行业自律与社会监管的自媒体广告监管模式，这一模式在一定程度上发挥着有效作用。[①]有关监管的问题，不仅需要平台更需要政府部门的努力。相关部门应当严格按照法律法规加以治理，市场监管部门应该积极介入，拓宽监管途径。当在抖音平台上发现不良的产品推广行为，或是侵犯消费者权益、误导消费者的行为时，监管部门应当积极执法，而进行产品推广的意见领袖与产品供应商应当共同承担相应的法律责任。然而，现实的情况是，短视频平台中产品的推广形式、技术、传播链等过于复杂，许多问题尚未在法律法规中得到显现，由此造成监管部门在具体的执行过程中略显无力。对此，相关法律法规应该根据平台的传播实践不断完善。

此外，抖音平台的高互动性也带来一定的传播风险。一些博主发布的视频内容下经常会出现一些负面甚至是别有用心的评论，这些评论的存在污染了网络环境，也给意见领袖的舆论引导带来了挑战。监管部门除了在对品牌方和意见领袖进行监管时，也不能忽视平台中的这类用户。

结论

在短视频盛行的今天，美妆产品的推广策略越发多元化，不断更新着人们对于产品推广的认识。随着5G时代的到来，产品推广更是随处可见。这不仅是一个机会，更是一个挑战。在互联网平台上，用户面对无孔不入的产品推广也会产生审美

---

① 邢璐.新《广告法》视域下我国自媒体广告监管策略研究［D］.成都：成都理工大学，2020.

疲劳，甚至产生"免疫"，普通的推广方式不再能够对消费者的购买行为产生预期的效果。对于推广美妆产品的博主而言，只有真正站在消费者的角度上考虑问题，才能得到消费者的信任，对消费者的消费理念和消费行为产生影响，成为真正意义上的网络意见领袖。在媒介竞争日趋激烈的今天，严格把关质量、迎合受众需求、加大内容创新是一个好的推广策略必不可少的部分，也是网络意见领袖在产品推广中必须牢牢把握的方向。

哈利·波特IP的影游联动研究

林玉娜[*]

【摘要】 本文以哈利·波特IP为例,通过梳理电影与游戏两种媒介的共性与特性,对"哈利·波特"系列电影与《哈利·波特:魔法觉醒》影游联动的基本逻辑进行了探讨,同时提出此次影游联动的成功对我国IP影游联动的借鉴意义:注重游戏逻辑框架与玩法设计,保证趣味性与沉浸感;采用复古绘本画风还原电影风格,降低了游戏门槛;选择海外IP跨国合作,实现"双赢"。最后,对未来的影游联动模式作出展望,提出影游融合是未来电影与游戏发展的重要趋势。

【关键词】 哈利·波特　IP　影游联动

引言

2021年9月9日,华纳兄弟与网易联合开发的RPG手游《哈利·波特:魔法觉醒》正式上线,这是一款融合了角色扮演元素的卡牌类游戏,采用复古绘本形式的画风,很好地营造出了魔法世界的神秘感。《哈利·波特:魔法觉醒》手游一经上线,不仅受到哈利·波特忠实粉丝的欢迎,更受到很多非粉丝玩家的喜爱。据七麦数据统计,游戏首周的iOS下载量预估高达269万,首周收入预估为2847.5万美元,迅速登上iOS国服畅销榜榜首的位置。《哈利·波特:魔法觉醒》上线后,活跃量与

---

[*] 林玉娜,北京联合大学应用文理学院新闻与传播系2021级硕士研究生;主要研究方向:城市影像创意与制作。

话题度不减，截至2022年3月3日，近7日日均下载量达到43675人次。[①]

哈利·波特作为全球知名IP，其版权的开发和运营对其他IP具有较大的示范和借鉴作用，从原著小说到电影，再到线下的主题乐园、盲盒手办乃至如今的手游，其利用各种媒介呈现形式，共同构筑和编织着哈利·波特的IP宇宙和故事世界。而《哈利·波特：魔法觉醒》作为哈利·波特IP版图的一部分，以游戏独特的叙事方式和表现形式与其他媒介形式上的内容相互衍生、相互联动。基于此，本文结合相关文献以哈利·波特这一世界级IP为研究对象，旨在通过对哈利·波特IP的影游联动基本逻辑进行梳理，分析此次成功联动的可取之处，从而对我国其他IP的影游联动提供参考和借鉴，同时对未来的影游联动模式作出展望。

一、基本概念阐释

影游联动这一概念的提出最早可以追溯到2014年，是由游族网络提出的一个运营概念。影游联动实际上是IP的联动，通过影视与游戏这两种不同的媒介表现形态将IP呈现出来，在两者的高效联合与跨界合作下释放出IP巨大的文化生产力。近年来，影视与游戏无论是在产业方面还是作品方面都有相互联动、相互促进的趋势。在新媒体时代，影游联动已经成为影视、游戏、动漫乃至整个IP产业链上的各个行业相互融合与相互促进的重要共生形式。一方面，游戏可以对电影的剧情进行不断更新与丰富；而电影也可以将游戏的故事背景以清晰的框架逻辑传递给观众，塑造更加鲜明与立体化的人物形象，另一方面，通过影视与游戏的相互联动、相互补充还能够促进大量影视观众和游戏玩家的相互转换，实现流量的叠加，发挥巨大的市场潜力。

目前，学界有关"影游联动"这一关键词的研究可以大致分为本体论研究、营销策略研究与作品制作研究三种类型。聂伟等从影视与游戏本体出发，探讨影游联动的基本逻辑与目前存在的问题，并对影游联动这一跨界合作模式提出发展建议与新的可能；[②]曹菲以网易出品的端游《新倩女幽魂》为案例，从跨界营销、品牌叠加效应、粉丝效应等角度出发，分析影游联动营销的基础和策略；周新宇等将"游戏"看作电视剧作品拍摄与制作过程中的一种新的技术形式，对以游戏引擎实时渲

---

① 数据来源于七麦数据：https://www.qimai.cn/app/downloadEstimate/appid/1476656987/country/cn。
② 聂伟，杜梁.泛娱乐时代的影游产业互动融合［J］.中国文艺评论，2016（11）：62-70.

染技术为基础的数字化电视剧制作流程进行探究。[①]本文将从本体论研究出发，以哈利·波特IP为例，从电影与游戏的特点入手，对哈利·波特IP影游联动模式进行分析与讨论。

二、影游联动的基本逻辑

毫无疑问，电影与游戏在本质上是两种完全不同的媒介，具有不同的内容呈现形式。但从媒介性质上看，电影和游戏都是基于图像、视频、文字等视觉画面，加以声响和音效的复合型媒介，都是基于现实而架空现实的视听作品，在人物塑造、故事建构与画面呈现等方面有一定的共通之处。

（一）电影与游戏的共性

1.基于"虚拟的现实"的视听作品

无论是"哈利·波特"系列电影还是《哈利·波特：魔法觉醒》游戏，在本质上都是基于"虚拟的现实"而创作出来的视听作品。一方面，电影和游戏都可以通过精美的画面与特技效果将故事可视化地呈现在大众面前，加以人物角色台词、音效与背景音乐的配合与烘托，给予观众或玩家全方位、立体化的沉浸式视听盛宴。另一方面，电影与游戏又都是基于现实、架空现实的作品，在现实世界基本规律的基础之上构建一个具有想象力的虚拟世界，供观众或玩家在这个虚拟世界中发挥想象、自由创造。例如，哈利·波特IP在普通人日常生活的基础上，打造了一个具有魔法的奇幻世界，在这个世界中，有普通人也有身怀魔力的巫师，有魔法学校和老师也有魔法课和作业，通过一个个鲜活的人物和真实的情感关系以及虚拟世界中与现实相似的生活场景，都会让观众或玩家更有参与感和体验感。

2.统一的世界观与故事架构

"哈利·波特"系列电影与《哈利·波特：魔法觉醒》游戏作为哈利·波特IP

[①] 周新宇，李萌，黄心渊.游影联动影视剧IP开发模式研究：以谍战题材电视剧为例[J]. 中国广播电视学刊，2021（9）：86-88.

版图中的两种重要内容承载形式，其故事架构与世界观的统一是跨媒介联动的关键之一。詹金斯在《融合文化》一书中反复强调了故事世界的重要性，他认为故事世界中包含的内容不可能在某一部作品或者一种单一的媒介中被展示完全，一个故事世界需要在多种媒体平台上容纳多种角色和情节。一个完整的故事世界，并不是一蹴而就的，它会随着多种媒介上所承载的文本而不断更新和扩充，随着不同媒介上的故事碎片逐渐丰富，故事世界也会从混沌变得越来越清晰。在哈利·波特的IP故事宇宙中，从原著小说到电影，从游戏到线下的主题乐园，不同媒介上的"文本"相互独立又通过共同的世界观与故事背景相互勾连，每一则故事都携带着哈利·波特世界的叙事基因，并且能够利用各自媒介的特性进行灵活的表达与呈现。

（二）电影与游戏的特性

1.叙事角度：人物的中心化与去中心化

在传统的系列电影中，中心人物往往是较为固定和明确的。例如"哈利·波特"系列电影中，基本上都是以哈利·波特这一人物为主要角色，围绕哈利·波特少年、青年等不同年龄段发生的故事展开电影的叙事，完成了中心人物在不同部电影中的迁移。然而在跨媒介联动机制的法则下，传统中心人物的"中心性"受到了挑战，电影中的主角不再是中心人物，而是与其他角色平等甚至作为边缘人物以推动剧情的完整性。《哈利·波特：魔法觉醒》游戏不再以哈利·波特的视角展开故事内容，而是以玩家个人为中心人物进行魔法世界的探索。在游戏中，哈利·波特这一角色的中心地位被大大削弱，与其他电影角色一样，以卡牌对抗、技能加成的方式出现，相比之下，由于玩家的身份需求，电影中的教授与授课老师们的职位与职责则得到了很好的保留和深化。

2.叙事方式：受众的被动接受与主动参与

从媒介的特点来看，电影本身就是一种传播相对单向和被动的媒介形式，通过框架的建构与画面的呈现向观众讲述一个故事或传达一种价值观；而游戏的不同之处在于，在游戏世界中，受众的身份能够从"旁观者"转变为"参与者"，玩家可以在游戏规则下进行自由拓展与个性化创造。而在《哈利·波特：魔法觉醒》游戏中，玩家被赋予了更多的"创作"自由，用自己的声音录咒语、换装搭配，玩家的二次创作大大提升了游戏的互动性,也增添了游戏趣味,成为"出圈"的重要因素。玩家可以自由选择室友,加入学院、社团以及战队等游戏社群,主动与其他玩家进行交流和互动。在社区中可以自由分享心情,系统也会自动挑选热门话题供玩家们进行讨论;另外,游戏还设有"舞会"这一系统,同样是社交创新中的一环,邀请不同的玩家共舞,通过交互性的社交功能,使得这个魔法世界更加真实,玩家在增强自身体验感与沉浸感的同时,也能够获得群体归属感。

(三)电影与游戏的联动

影游联动实际上是不同形式媒介的IP共享,基于电影产业与游戏产业跨界合作的基础上,进行"泛娱乐化"深度融合,利用两者共同互补的属性,使电影、游戏的次生文化得到进一步发展。"哈利·波特"系列电影能够通过线性的动态画面将故事内容有逻辑性、有条理性地传达给观众,但作为传统的电影传播形式,"哈利·波特"系列电影也无法摆脱影视单一的传播形式,只能通过银幕单向地将故事内容传递给观众;而《哈利·波特:魔法觉醒》作为一款RPG手游,能够给予受众高度的自由,将受众的身份从"观众"转化为"玩家",主动参与到游戏中进行自主的探索和发现,另外,游戏的叙事性并非像电影一样直观和清晰,不同玩家对游戏机制、剧情解锁的探索深度不同,对故事的把握程度也有很大的差异。而影游联动就很好地解决了"电影"与"游戏"两者的偏向问题,通过哈利·波特这一大热IP的共享,在两种不同媒介上各自进行故事内容的叙事,在保证游戏独特交互形式的基础上,又能够以电影的审美特性对游戏内容、游戏影像等进行解构和还原,完成其在不同媒介载体中优质内容之间的相互转化。同时在两种媒介上的故事文本又是相互联系、相互呼应的,利用两者的不同属性进行故事世界的相互补充、相互衍生,进一步为哈利·波特这一"魔法宇宙"增添新的内容和文本。

哈利·波特IP的影游联动实际上也是流量的相互叠加。哈利·波特这一IP的共享与跨媒介联动自然会将电影的粉丝引流到游戏上来,在《哈利·波特:魔法觉醒》正式上线之前,便受到了众多电影"哈迷"的期待,据数据统计,从2021年9月7日开放预下载到9月9日正式开服短短两天的时间,该游戏的预约量就超过了1500万人次。游戏能够依附于电影的流量进行发行和宣传,有利于降低风险与成本,并能够最大限度地挖掘IP的经济价值。《哈利·波特:魔法觉醒》游戏也借助这一大热IP吸引了大量"非粉"玩家,通过对游戏机制与剧情内容的接触,对哈

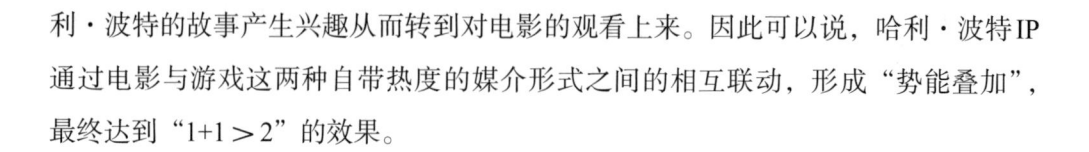

利·波特的故事产生兴趣从而转到对电影的观看上来。因此可以说，哈利·波特IP通过电影与游戏这两种自带热度的媒介形式之间的相互联动，形成"势能叠加"，最终达到"1+1＞2"的效果。

三、哈利·波特IP影游联动的成功之处与借鉴意义

（一）游戏逻辑框架与玩法设计，保证趣味性与沉浸感

在内容为王的时代，游戏的"世界观"与故事架构成为吸引消费者最重要的途径。纵观游戏市场，大部分成功的游戏制作背后都有强大的故事背景、剧情以及复杂的人物关系支撑，《哈利·波特：魔法觉醒》游戏也不例外。得益于原著小说和电影对于哈利·波特魔法世界的故事塑造，《哈利·波特：魔法觉醒》这款游戏已经具备了十分成熟的故事架构与世界观，人物关系和身份背景都十分清晰。在游戏规则方面，游戏在原著与电影的基础上，选用卡牌对战这一游戏玩法，相比传统的卡牌游戏选择即时战斗的模式，魔咒的特效与咒语也对电影进行了还原。同时，舞会、录咒语、魁地奇、课堂答题等各种新奇玩法都能够在游戏中得到呈现，在剧情的叙事中加入了一些与电影相呼应的游戏机制，很好地融入了剧情，同时也能够增加玩家的沉浸感，唤起对电影情节的记忆与共鸣。

（二）复古绘本画风还原电影风格，降低了游戏门槛

与电影大部分较暗的镜头画面相呼应，《哈利·波特：魔法觉醒》游戏选用怀旧的羊皮纸复古风，为游戏增添了一层神秘感。强烈的风格化设计，打破了固有的卡通、写实等传统手游画风，搭配上随处可见的欧洲中世纪建筑场景，给玩家带来更加沉浸式的魔法求学之旅，即使是没有看过原著或电影的玩家，也能够感受到浓烈的魔法世界的氛围。同时，游戏中人物形象的塑造也采用了少见的复古绘本画风，在还原电影中演员的面貌特征基础上进行了一定形象夸张，使玩家能够迅速识别出电影中的人物形象，产生共鸣。这类看似冒险创新的美术风格，优势也是显而易见的，在内容上省略掉传统手游用大量文本剧情堆砌世界观的烦琐做法，从视觉层面塑造魔法氛围，在深层次还原原著IP的同时，也降低了非粉丝玩家的理解成

本，降低了游戏的门槛，使游戏摆脱了IP的限制和束缚而走向大众化。

（三）影游联动的跨国合作，打造"双赢"模式

影游联动对于游戏公司来说，可以将影视IP的流量引入游戏产品上来，获得大量粉丝，迅速占领一定市场。但国内优质IP不多并且很难全球化，因此，选择海外顶级IP，打造跨国IP合作模式，成为当下中国游戏公司发展的重要出路之一。近年来，部分国内游戏公司积极争取海外IP进行跨国联动，除了《哈利·波特：魔法觉醒》手游之外，腾讯游戏携手孩之宝、派拉蒙、华桦传媒共同参与"变形金刚"IP的影游联动合作，开发《变形金刚》端游；另一家本土游戏巨头游族网络也拿下美剧《权力的游戏》IP的手游改编版权。这样跨国IP合作的形式能够创造国内外公司双赢的局面，一方面，有利于海外IP在中国市场的落地和"破圈"，不再拘泥于以往小众的粉丝群体，进一步扩大受众群体；另一方面，国内游戏公司也能够借助IP已有的热度节省原创精力与宣传成本，甚至可以通过IP在全球的知名度实现"出圈"，例如尚未"出海"的《哈利·波特：魔法觉醒》手游，就已经通过玩家们在社交软件上的分享在海外市场上占据了一定的舆论优势。但同时需要注意的是，影游联动并不是简单的IP"换皮"，需要在巧妙地利用电影中的经典剧情的同时能够与游戏这一互动型媒介相融合，以《哈利·波特：魔法觉醒》手游为例，游戏不仅还原了电影经典桥段及故事世界观，更是以哈利·波特中魔法对战这一环节作为游戏的核心，将让观众能够在游戏中沉浸体验到电影中角色的经历，提升游戏的趣味性的同时也能够提升玩家的使用黏性；另外，面对广阔的中国市场，如何处理文化差异问题，将海外IP进行本土化改编和演绎，也是国内游戏公司在进行影游联动跨国合作的时候需要考虑的关键问题。

结语

"哈利·波特"系列电影与《哈利·波特：魔法觉醒》手游作为两种媒介形式，有其各自的特性，也有共性，而影游联动的基本逻辑实际上是在其个性与共性基础上IP的共享与流量的叠加。一方面，游戏能够依附于电影的流量降低宣传发行的风险与成本，另一方面，游戏吸引大量的"非粉"玩家，也能够进一步提升电影热度，形成"势能叠加"，达到"1+1＞2"的效果。而哈利·波特IP此次影游联动的

成功也从游戏机制设计、画风与资本合作方面为我国本土的IP产业或游戏公司提供了一定的借鉴经验，在未来我国的IP产业应当摆脱IP"换皮"的简单套用，而更加注重把握和尊重不同媒介的特性，实现内容与形式上的深度融合。

目前，以《头号玩家》为典型的部分影视作品已经出现影游融合的趋势，不再拘泥于传统影游联动依附是电影与游戏两种媒介的相互联系和相互补充。而在未来，随着技术的不断精进，电影与游戏的边界将被进一步模糊，以更密切的方式进行深度的融合。目前，VR电影、沉浸式剧本杀等剧情式、角色扮演式游戏就可以看作国内市场对影游融合模式的初步尝试，利用AR技术与VR技术打造沉浸式虚拟场景，让电影与游戏这两种媒介形式在同一空间中共存。在电影中融入游戏环节或在游戏中加入电影情节的形式，既以游戏的方式增加了电影的互动性与参与感，又利用电影的叙事方式放大了游戏的戏剧情节与沉浸体验，将成为电影与游戏未来融合的重要趋势。

网剧《庆余年》第一季微博营销策略分析

伍 婷*

【摘要】微博营销是影视产品进行宣传营销的有力手段之一，随着移动社交平台的不断发展，影视产品的营销方式日趋丰富。本文以电视剧《庆余年》第一季为例，通过观察分析其微博营销的过程、方式和效果，发现其营销问题并提出建议，为其他影视产品在移动社交平台上的营销策略提供借鉴。

【关键词】《庆余年》 微博营销 新媒体

改编自猫腻同名小说的电视剧《庆余年》第一季由孙皓导演，会集张若昀、李沁、宋轶、陈道明、吴刚、李小冉、辛芷蕾等实力演员。该剧自2019年11月26日在腾讯视频、爱奇艺首播以来，收获一众人气和好评，掀起一阵热度，电视剧方在各大社交平台做出了一定程度的宣传，其中，将宣传重点集中到新浪微博。本文通过研究《庆余年》在播出前、播出时的微博营销情况，探究影视产品微博营销的优势及劣势，为影视产品微博营销提供借鉴。

一、《庆余年》微博营销过程分析

新浪微博具有强大的经济效应，利用微博进行营销成为企业常用的手段和形

---

* 伍婷，北京联合大学应用文理学院新闻与传播系2021级硕士研究生；主要研究方向：融媒体新闻传播与实务。

式。微博可以有效地实行品牌的建设、维护和传播以及危机的处理。[①]影视产品根据这一特性也开始进行微博营销，从以往只是由艺人、导演等主创发微博宣传其作品，到如今影视剧通过专业的宣传团队或者外包宣传团队进行系统且专业的微博营销，足以见得微博营销对于影视产品宣传的重要性在不断提高。

（一）影视剧开播之前：在新浪微博预热

早在2017年9月，《庆余年》官方就在新浪微博上注册了官方账号。第一条微博内容是宣布电视剧《庆余年》的亮相，并告知2018年年初开拍。官方账号注册后，该官方微博不断发布与剧相关的内容信息，在2018年1月25日电视剧的新闻发布会上，该官微也是实时跟进，根据发布会的流程，在微博上同步发出内容，介绍角色名并@该角色的演员。此后的每一个月，该官微都会时不时带相关话题发布内容。在此期间，张若昀、李沁等主创人员也仍然带《庆余年》的相关话题发布微博，维持热度。

（二）影视剧开播期间：与官方新浪娱乐深度合作

《庆余年》剧组在剧播出时，既在抖音平台上实时带电视剧话题发布视频作品宣传，也在新浪微博发布相关内容宣传电视剧。电视剧播出前期，主创人员发布微博宣传，获得大量粉丝的积极响应和自发宣传，娱乐营销号随即跟随热度带电视剧相关话题发布微博内容，引起大量路人用户的关注。

新浪娱乐是新浪微博中的一个官方娱乐资讯板块，业务范围包括音乐、影视、明星资讯等娱乐频道。新浪娱乐旗下的官方微博账号有新浪娱乐、微博明星、微博大明星、微博爱豆、浪里看娱等。在此期间，所有的相关矩阵号都带《庆余年》相关话题进行微博发布。可以看出，《庆余年》将营销渠道侧重于新浪微博并与新浪娱乐达成深度合作。

1. 线下扫楼，扩散出圈

"扫楼"的本义是指一栋楼从一楼到楼顶一家一家地拜访，现在也指明星到娱

---

① 黄志宏，孟华敏，宋莎.浅谈网络平台传播效应：以新浪微博为例[J].经济研究导刊，2020（20）：136-138.

乐公司一个部门接着一个部门地宣传，是当下明星艺人宣传作品的热门方式。

《庆余年》播出期间，主演的宣传也从未停止，主演张若昀、李纯、宋轶、郭麒麟、田雨、佟梦实、张昊唯、刘润南、刘美彤、贾景晖共10人进入新浪扫楼，扫楼时，艺人在自己的微博发布直播链接，粉丝可通过艺人发布的直播链接跳转到"一直播"App观看直播，针对不同艺人策划的扫楼活动丰富多样，如郭麒麟在剧中角色形象鲜明讨喜，便让他在直播时还原剧中动作，更有其他根据艺人本身特征策划的活动以及当下热门互动小游戏。

艺人扫楼在直播时展现了与剧中角色截然不同的形象，剧里剧外呈现出的反差备受观众喜爱，扫楼直播活动让明星显得更加亲和，俘获不少死忠粉的同时又获得许多路人好感。如在剧中饰演五竹的佟梦实，由于在剧中戴着眼罩从未露脸，不少剧迷也对五竹的长相感到好奇，在新浪扫楼直播中，佟梦实在还原剧中形象的同时，更是表演在线摘眼罩，以优异的颜值顺利出圈，"五竹终于摘眼罩了"话题在短时间内阅读量高达1124.8万，讨论量达3.5万，不少路人惊呼"原来五竹叔的扮演者这么帅！"佟梦实的新浪微博粉丝数也猛增至715万。

2.紧贴剧情，艺人联动

《庆余年》在播出期间凭借良好的口碑在前期积累了一定数量的观众，为了保持持续不断的热度，剧组主创人员参与了新浪娱乐电视频道发起的"idoltube[①]"活动，"idoltube"话题在新浪微博中阅读量高达304亿，讨论量达1.3亿，该话题下是最新的爱豆作品资讯，参与该活动的电视剧，在每集更新时，演员都会带"idoltube"话题发布本集的与自己有关的部分剪辑。

在《庆余年》剧组中，有张若昀、李沁、李小冉、李纯、宋轶、田雨、佟梦实、贾景晖、李子峰、赵柯共10人参与"idoltube"话题活动。共发剧情剪辑视频60条，视频播放量达7200万，新浪娱乐官方微博推广助力，微博KOL及粉丝群体积极跟进。

3.精准挖掘，玩转话题

《庆余年》播出期间，相关话题屡次登上微博热搜榜，营销团队及时捕捉热点，

[①] idoltube：新浪娱乐官方账号"新浪电视"在微博创建的互动话题，以分享安利"最新出炉的影视剧、综艺等视频卡断"为主要内容，通常由官方娱乐账号、艺人账号及粉丝等附带该话题发布微博，以此来达到安利艺人相关影视剧和综艺的目的。

精准挖掘有料、吸引用户点击的话题词，并用官方微博带话题词发微博，以此带动其他娱乐类账号微博KOL、粉丝号等为话题词增加热度，如《庆余年》刚开播时，主演张若昀发博宣传该剧，获得众多明星艺人好友的转发、评论，其中，知名演员刘昊然在该微博下方评论一张张若昀在剧中角色通过图片加工穿上公主裙的图片，随即官方微博新浪电视就带话题词"刘昊然给张若昀P公主裙"发微博，引起大量关注，该话题词获得3.2亿阅读量和14万讨论量，最终登上微博热搜。

在扫楼直播时，收看直播的粉丝们能看到演员与新浪工作人员的互动以及演员自身展现出来的形象特点，无论是粉丝还是路人在收看直播，都能对演员的行为及时地发表评论，团队根据演员直播时的表现和评论反馈挖掘热点，推出话题词，吸引微博用户。如剧中司理理的扮演者李纯，喜爱健身，身材瘦小却力大惊人，团队在策划直播活动时让她与工作人员掰手腕，前前后后来了几名女工作人员和男工作人员都掰不过李纯，在直播结束后，官方微博及时推出"李纯掰手腕"这个话题，在官方微博矩阵和娱乐类账号紧跟话题热度发布微博后，成功将"李纯掰手腕"这一话题送上热搜。

在每一集播出时，除了演员们会跟进"idoltube"这个话题热度，官方也会跟随剧情建立话题来参与讨论，为剧增加热度。如《庆余年》刚开播时，官方微博新浪电视账号就发布"小范闲是冬冬"这个话题，话题来源是剧里范闲小时候的扮演者韩昊霖，是大热的国庆档电影《我和我的祖国》里冬冬的扮演者；电视剧前期一直没有现身，但名字却不断被提及的陈萍萍在剧播出至中期都始终保持神秘，直至陈萍萍终于出现的一集播出时，官方随即带"陈萍萍上线"发布微博，并置顶陈萍萍的扮演者吴刚的相关微博，引起热烈的讨论，该话题阅读量高达4.5亿，讨论量达9.8万，登上微博热搜榜第17位。

4. 最美表演，肯定演技

《最美表演》是新浪微博的一个特别企划，让网友们投票选出优秀的十位演员，最后是让这十位演员与金牌的导演合作打造十个创意的短片呈现给观众。

2019年的《最美表演》参演者有《庆余年》中的主演张若昀、李沁，在《庆余年》播出期间，两位演员参与《最美表演》，演技受到了广泛的认可和肯定，同时又积攒了大部分路人缘，在演技肯定的加持下，更多人对《庆余年》产生兴趣。

二、电视剧《庆余年》第一季营销效果与问题分析

(一)《庆余年》营销取得的效果

通过对上述《庆余年》基于新浪微博的营销过程进行分析，可以看出《庆余年》考虑了自身自带流量优势以及新浪微博上庞大的用户基数，将营销重点放在微博，与新浪娱乐达成公关合作。由此可见，《庆余年》在微博上获得了相当一部分电视剧迷，爱奇艺、腾讯视频随即推出VIP会员超前点播服务，即在VIP会员抢先看6集的基础上，需额外再付费50元可超前解锁6集电视剧。这一举动瞬间将两个视频网站推上风口浪尖，从中也看出《庆余年》的火爆。不仅在两个视频网站的播放量持续上涨，剧中演员的热度也是极速攀升，在各社交平台上的粉丝数和互动量都在《庆余年》播出之后不断上涨，演员本身的商业价值和影响力也得到提高。

(二)《庆余年》微博营销策略存在的问题

虽然《庆余年》最终的播放量及反响达到一个不错的效果，但在微博这一移动社交平台的营销过程中还是存在一些问题。

1.演员扎堆宣传效率低

上述中，剧中大部分演员积极参与"idoltube"、扫楼直播等活动。当红明星的火爆人气足以为电视剧带来更多话题热度，但一些人气相对不怎么高的明星所参与的宣传活动得到的反馈和粉丝关注都比较少，虽然其中有佟梦实这样经历宣传之后收获更多关注的个别例子，但究其原因是其在剧中角色形象鲜明，且其长相帅气俊朗，获得了一批女性粉丝的喜爱。

但相对于刘美彤、刘润南、贾景晖等这些在剧中作为配角，且现实生活中粉丝较少，参与"idoltube"活动时，微博转发、评论、点赞数都相对较少，2020年1月1日，根据主演张若昀与配角贾景晖的"idoltube"互动情况对比，张若昀的转发数高达两万，贾景晖的转发数仅十位数。从扫楼直播活动来看，当红明星郭麒麟在扫楼时场面火爆，且直播观看人数841万人，人气相对较低的演员刘美彤扫楼时，直

播观看人数仅320万人，且无论是直播点赞数、评论数都远远低于郭麒麟。从互动数的对比可以看出人气较低的演员对电视剧的宣传起到的效果甚微。因此，《庆余年》基于新浪微博的营销时，剧中演员付出的时间、精力、经费较多，但宣传中最主要的效果还是取决于当红明星及剧中主演。

2.宣传内容被快速更新覆盖

新浪微博用户平均每天发布超过千万条微博内容，信息更新得十分迅速。如果粉丝没有及时地关注发布的信息，新的内容就有可能被迅速地埋没在海量的信息中。且新浪微博热搜榜单前五十名不停地在实时根据热度变换排名，《庆余年》的热度不仅需要自身过硬的优质制作水准，还需粉丝、营销号、路人用户的维护。新浪微博庞大的人口基数决定了用户爱好的各不相同，路人用户对《庆余年》产生真正的兴趣和自发参与讨论成为《庆余年》维持热度的关键。

根据新浪微博基本功能特点，无论是电视剧《庆余年》官微，还是主创人员的微博，只有对其设置"特别关心"的用户才能主动看到所有有关剧目的宣传内容，其余仅仅只是"关注"或是路人用户，需要被动地搜索相关内容才可完全看见，所以引导用户及粉丝对自身设置"特别关注"，极大限度地获得浏览量及提高转评赞的数量是推广相关剧目宣传的微博内容的关键。

3.频上热搜影响正面形象

作为移动互联网时代普及率最高的移动社交工具之一，新浪微博具有巨大的口碑塑造价值、快速传播价值，更带来了营销和商业价值，因此，很多机构或个人会以付费的方式，通过策划话题和大批购买博主发博的方式，形成"买热搜"的局面，由于新浪微博一直存在"买热搜"的现象，《庆余年》也没逃过这番争议，在相关微博中，不少网友发布"别买热搜了""热搜看腻了"等类似评论。

在新浪微博这一移动社交平台，"买热搜"会被认为是炒作，而成为微博用户抵触的一种行为，从一部分人对"买热搜"这一营销行为的抵触来看，当他们将"频繁上热搜"这一现象定义为"买热搜"后，就否定了该作品本身的质量，从而不再去关注作品。

4.活动话题性不够，微博反响平平

"idoltube"作为新浪电视官微发起的一项话题活动，活动进行以来，多数为明

星或娱乐博主带话题参与,《庆余年》中参与"idoltube"话题活动的演员有10人,电视剧播出期间发布相关视频60条,根据观察得知,主创演员通过"idoltube"话题宣传、吸粉的效果不明显,并且鲜少有路人自发参与话题讨论,因此"idoltube"活动没有利用好微博的传播性,做好相应的推广,导致反响平平。

三、《庆余年》第二季营销对策与建议

2020年年初,《庆余年》完结后随即官方就宣布第二季即将开始筹划,针对第二季播出时的营销,应该要避免第一季营销时出现的问题,创新营销方式。

(一)有效融合各大移动社交平台

通过上述分析发现,《庆余年》第一季采取的宣传渠道比较单一,难免出现部分非微博用户的剧迷获取不到相关资讯的情况,应该有效融合各大移动社交平台,目前我国有微博、微信、抖音这三个全民使用度较高的平台,三个移动社交平台,其共通点就是营销成本较低,注册一个官方账号就可为之宣传,虽然电视剧官方和演员有在抖音平台上发布相关视频,但对于发布的微博数来说仍是九牛一毛,根据抖音平台的特点,可以根据剧集播出时发布的一些相关视频剪辑片段或者该集的拍摄花絮,也可以依照抖音玩法达到当红演员和粉丝互动的效果。就微信而言,可以注册官方公众号或视频号,及时推送相关剧情和实时热点,以达到多维度、多渠道宣传的效果。

(二)有针对性地选择目标受众

电视剧《庆余年》的营销在一定程度上呈现出覆盖范围广,但忽视受众需求的现象,虽然这增加了《庆余年》相关信息的浏览量,但对《庆余年》感兴趣并长期关注支持才是电视剧营销本身的初衷,所以不能只看相关信息的浏览量。基于此,除了要考虑《庆余年》营销的覆盖范围外,同样要注意考虑受众群体的针对性,具体就是先结合自身的特征,找到目标受众群体,利用平台大数据将电视剧相关信息投放至目标群体,再结合相关KOL来推广扩散,来收获真正喜爱《庆余年》的观众群体。

（三）强调作品，内容为主

《庆余年》在开播前后的营销方式是循序渐进的口碑营销，不像同期播出的电视剧《大明风华》，未开拍前就发通稿强调阵容强大，宣扬自己是"历史正剧"，观众的期待值最终与作品本身的质量不成正比，以至于《大明风华》在频繁上热搜后遭到网友质疑，口碑一路下跌。

《庆余年》第一季播出前后只是低调宣布了该剧演员，没有大肆宣扬，即使作品本身IP就带有大量粉丝，但还是在播出前将自己的位置放低，前两集播出时也没有大肆地营销推广，是观众口口相传为其增加了几分热度，接着是粉丝、微博KOL的自发宣传。《庆余年》第二季在第一季的火爆之后，可以在保证质量的基础上进行内容营销，以展现优质的内容为主。

（四）专业团队，精准互动

基于移动社交媒体的营销，讲究实时互动的特点，需要及时收集舆情并反馈给剧方宣传团队，因此需要大量人力来系统地完成运营宣传工作，第一部分是微博营销文案、物料的输出人员，第二部分是监测舆情并反馈的人员，第三部分是根据舆情调整营销方向以及统筹物料的人员。

官方发布微博后，会得到许多粉丝评论，可以回复或者点赞粉丝的优质评论，增加账号的互动性，使官方账号看起来更加亲切，收获更多粉丝的喜爱。根据微博功能，还可以通过投票形式增强与粉丝间的互动，粉丝也可以向官方账号发起提问，博主可以酌情处理。最主要的还是要靠带话题发布微博来运营账号，适当地"蹭热度"也可让该账号获得更多关注，从而提高电视剧本身的关注度。

从众多影视作品的营销来看，官方账号都会通过优质的物料来吸引粉丝注意，2019年的优秀电影《流浪地球》在获得口碑和票房上的成功后，票房每增加一亿，就会在微博上发布物料图宣布票房纪录，图片精心处理，通常以中国大好河山为背景，显眼的数字显示作品的成功。《庆余年》第二季就可以采用这种方式来吸引更多用户的注意，播放量达到一定数量后可以发布官方物料图。

结语

目前,优质的影视作品层出不穷,但要收获一定的热度,还需要采取合适的营销策略。但无论是在哪个平台,都需要根据自身作品的特点,结合平台特性,精准定位目标受众后输出自身的内容。

智能媒体与新闻伦理

智媒时代新闻生产模式创新研究
——以"媒体大脑"为例

孙葆琪[*]

【摘要】 目前，人工智能技术已经取得了显著成就，新闻业必然要经历重大改革，才能进入更加高效、高产、高自动化的智媒时代。本文旨在以新华社研发的国内首个媒体人工智能平台"媒体大脑"为例，对智能媒体新闻生产模式进行探究，分析"媒体大脑"的传感器新闻模式、MGC（机器生产内容）新闻模式、算法新闻模式、数据新闻模式相较于传统新闻生产模式的创新之处。

【关键词】 "媒体大脑" 新闻生产模式 智媒时代 人工智能

智媒化指的是媒体的智能化，根据"媒介即讯息"理论，新闻媒介既见证着新闻业的变迁历史，又记录着技术的更新换代，新闻业的发展总是与技术的进步息息相关，在新一轮技术革命的催化之下，"人工智能+新闻业"也将会创新、颠覆新闻生产流程。

新华社在2017年公布了国内首个媒体人工智能平台"媒体大脑"并发布了第一条MGC视频新闻，"媒体大脑"平台是人工智能技术在新闻行业商业化的首次应用。[①] 目前，新华社以AI合成主播、"媒体大脑"为代表的诸多探索已走在了智能媒体的前端，从新华社到全国各家媒体，一场影响深远的媒体改革正在进行。

---

[*] 孙葆琪，北京联合大学应用文理学院新闻与传播系2021级硕士研究生；主要研究方向：融媒体新闻传播与实务。

① 新华社发布国内首条MGC视频新闻[J].中国记者，2018（1）：7.

一、传统媒体的新闻生产模式

从远古时代的口口相传到近代的手抄新闻，再到印刷报纸、广播电视、互联网，承载新闻的媒介次第更迭，可以说新闻的滥觞历史悠长，与人类发展史有着相互重合的关系，每一次科技革命的能量也在新闻业中迸发出强烈的火花。

根据李普曼的拟态环境论，现实环境并非客观环境的镜子式再现，因此在传统新闻生产中人的参与必不可少。传统媒体在进行新闻生产时会有固定的生产周期，在这个周期中包含了多道工序，一般呈现新闻采集→新闻写作→编辑校对→新闻分发的单向线性模式。

传统媒体的新闻采集模式主要是以人与人之间的关系为基础展开的，因此呈现点对点或者点对面的单向线性模式。一般来说记者具有采访权，能够把控第一手资料，在确定好新闻线索之后，记者需要去现场进行采访，认真收录好采访素材，为新闻写作做好前期工作。传统媒体记者筛选采访素材，评估其价值含量，围绕事件的中心确立好选题之后再按照媒体风格对采访的素材进行提炼升华。所以记者进行新闻写作，也是对新闻报道的重要把关，这个阶段同样是记者对稿件的单向线性加工。

无论是报社还是电视台，这些传统媒体的组织都十分严密，各部门内有明确的岗位分工，统一的生产目标、生产流程，新闻编辑校对的模式仍然呈现单向线性。传统媒体记者隶属于专门的传统媒体组织，他们的稿件不以个人名义发表，新闻稿件在撰写完毕后，还要经过把关人的审核。以报纸为例来研究传统媒体新闻生产编辑校对过程，可以发现这个编辑校对程序比较复杂，基本要经过"确定报纸的编辑方针→设计报纸结构、规模和风格→设计报纸的各个版及专栏→策划、组织当前的新闻报道→分析、选择稿件→修改稿件→制作标题→配置稿件→设计稿件→校对、签发"的环节。[①]

传统媒体的新闻分发还有固定的发布时间与发布终端。例如，各大官方纸媒的分发主要是靠各大党政机关的订阅，传统媒体的新闻分发仍然以大众化为基准，尽管受众的年龄、性别、职业等标签具有多样性，但是受众收到的报纸、观看的节目都是一致的，缺少个性化定制的服务。

---

① 蔡雯.现代新闻编辑学［M］.郑州：郑州大学出版社，2004：15.

总之，传统媒体的新闻生产模式呈现单向线性，新闻采集→新闻写作→新闻编辑→新闻分发，每个链条具有顺序性，无论哪一个环节出现纰漏，这条生产线都不能进行下去，整个生产进程也会被破坏。

二、"媒体大脑"新闻生产模式的创新

目前，人工智能技术不断演进，并凭借强大的力量对新闻生产模式进行了意义重大的变革，以"媒体大脑"为代表的智能媒体的发展将重塑新闻业界新格局。随着智媒时代的到来和智媒化传播的进步，在未来新闻行业竞争中，新的新闻生产模式势必会成为各家媒体学习的方向。

（一）新闻采集：传感器新闻模式

传感器新闻发源于美国，多用于调查性报道，主要是指通过传感器获取数据，对数据进行整合分析后，在报道中汇入可应用的数据，进行"讲故事"的新闻生产模式。[1]比如，2015年10月央视推出的《数说命运共同体》，5位数据分析员用了21天分析从GPS获得的"全球30万艘大型货船轨迹"，筛选整合了至少120亿行的航运数据。

"媒体大脑"具有智能化的采集设备，比如传感器、摄像头、无人机等，"媒体大脑"的2410智能媒体生产平台可以自动捕捉新闻线索、自动采集信息素材、同步监测新闻事件。2410平台可以传回实时的新闻线索、素材，也可以运用AI技术将杂冗的数据信息加工为有价值的新闻报道。同时，"媒体大脑"也具有人脸核查的功能，能够执行全姿态360°检测、人脸识别等任务，获取目标人员在视频和图片中的动态，区分所有动图、视频中出现的人物，从而节省图像资源，更加便利地发现新闻信息。"媒体大脑"还可以在丰富的信息海洋中挖掘资源，对图中的人物进行甄别，为特定人物绘制社交图谱，提升新闻制作效率。当"媒体大脑"采集到了某条素材，有关这条素材的信息、相关历史资料、相同事件材料等内容就会从系统里筛选出来，并可以进行自动化的分类、数据上传、数据分析、内容编写、视频剪

---

[1] 许向东.大数据时代新闻生产新模式：传感器新闻的理念、实践与思考[J].国际新闻界，2015，37(10)：107-116.

辑、可视化呈现等一系列工作。①

依照"媒介即人的延伸"的观点,传感器无疑拓宽了人的感知能力。与传统媒体的新闻采集方式不同,传感器新闻模式有许多创新之处。"媒体大脑"进行信息采集时主要以数据为核心,精准度及新闻真实度更强。在大数据时代,信息的数据传播具有实时、全面、个性化的特点。在进行新闻生产时,"媒体大脑"可以依赖于计算机、数据挖掘等技术对数据和现场信息进行采集,十分高效。而传统的新闻生产呈现单向线性的模式,进行信息采集时需要相应的人力、财力、物力来支撑,效率低下。在智媒时代,新闻媒体的功能更加丰富多元,不仅需要以最快的速度将新闻产品分发给受众,还需要监测、挖掘数据,为受众解读新闻报道的内涵及其前因后果、发展趋势。"媒体大脑"可以便利地收集各方面的数据资料,不断探索信息价值,增加预测性新闻的权威性和准确性。而在传统新闻生产中,预测性报道并不多见,且受数据的限制,往往准确性不足。但值得注意的是,"媒体大脑"的传感器新闻模式仍具有一定的局限性,比如感应数据的准确度不足、隐私权被干扰、技术要求高等难题仍需要在未来得到解决。

(二)新闻编写:MGC新闻模式

MGC新闻,即由机器智能生产,以AI技术为依托的新闻。通过智能化的机器设备可以采集有价值的信息线索,进行机器的智能核检环节,让机器智能自动分解消化各个部分并自主做出价值判断,随后与目前掌握的信息做比照,排列筛选其语义内容,以自动化模式对新闻稿件进行审核,最后完成视频语音合成编辑、数据可视化,生成一条完整意义的新闻。

"媒体大脑"可以从采集而来的数据中对新闻事件进行自动识别,根据新闻价值进行甄别,判断是否值得进行新闻报道。机器在对该事件的各项指标进行分析后得出的答案是肯定的,就会自动进入新闻写作模式。在进行新闻写作的过程中,"媒体大脑"不仅会将之前平台所收集的数据归纳为新闻素材,还会进一步放宽新闻报道范围,吸收与此新闻事件关联度高的数据,自动化地完成新闻写作。而且"媒体大脑"进行写作时,十分注重对原创内容的保护。媒体会对原创内容进行登记记录,也可以利用相似度算法判别技术,进行全网版权监测。"媒体大脑"在一

---

① 傅丕毅,徐常亮,陈毅华."大数据+人工智能"的新闻生产和分发平台:新华社"媒体大脑"的主要功能和AI时代的新闻愿景[J].中国记者,2018(3):17-20.

定程度上会减轻抄袭、洗稿等问题。"媒体大脑"发布的首条MGC新闻，由"媒体大脑2410会议报道模型"生成，实时调用了1000台服务器，分析了108786961个网页，调用了437个知识节点，计算耗时10.3秒，检索4465分钟音频、15793分钟视频。[①]"媒体大脑"的作品《"媒体大脑"想陪你聊聊"两高"这五年》也获得了第二十九届中国新闻奖融合创新二等奖。仅需15秒钟，5亿多个网页会被"媒体大脑"迅速扫描阅读，得到所需要的图像、文本、视频等数据，经过平台机制的处理后，自动生成可视化配音、视频、图表等。

与传统媒体的新闻写作方式不同，MGC新闻模式有许多创新之处。"媒体大脑"数据来源广泛，写作新闻时进行数据抓取，等同于记者搜集新闻素材，机器可以运用大数据技术精准地抓取与报道主题相关的、有效的海量数据，机器新闻写作在数据抓取方面，能够呈现出信息来源广泛和精准抓取的优势。"媒体大脑"能够自动匹配写作模板，经过数据采集与分析后，机器新闻写作可以用自然语言生产功能或语义算法功能来叙述整理好的素材，自动生成稿件内容。人工智能是人类能力的延伸，机器新闻写作具有强大的效用，事先设定好符合新闻报道主题的写作模板，并把相关的素材插入其中，最后自动得到连贯的文字内容。同时，机器可以在算法过程中与人类语言进行对比，对所使用的模板框架和新闻内容进行调整。但是"媒体大脑"的MGC新闻模式同样存在着一些问题，比如新闻报道缺乏温度，新闻内容过于模式化、新闻专业技能退化等，值得我们继续关注。

（三）新闻分发：算法新闻模式

算法新闻可以理解为通过大数据、人工智能等技术，来获取用户的习惯与兴趣，由采集而来的信息推测用户对于新闻报道的需求，智能化地筛选、搜集、整理相关信息，进行个性化内容的定制。算法新闻在一定程度上能够弥补用户需求，增加用户体验感。根据传播学奠基人施拉姆的媒介选择或然率公式，算法新闻既减少了用户获取所需内容的费力程度，又保证了用户最大化地得到适合自己的信息。如今，许多新闻媒体已经运用了算法新闻模式进行新闻分发，提高用户黏性，增加报道效率。

同样，"媒体大脑"也具有算法推荐的功能。"媒体大脑"能够利用新华智云的

[①] 傅丕毅，徐常亮，陈毅华."媒体大脑"提供了怎样的深度融合新模式[J].新闻与写作，2018（4）：11-15.

大数据技术,分析用户的数据轨迹,对多维度的指标进行交叉分析,深度分析用户的特点并进行分类,从而为用户勾勒自身画像,增加媒体的服务力和个性化。一般来说,算法要了解、记录用户三个方面的信息:一是用户特征,比如他的性别、年龄、职业、爱好等;二是通过算法分析报道的指标,比如关键词、标签等;三是时间、地点等信息。在分析完用户特征后,机器智能系统将适合用户的个性化信息推送到用户面前,使用户便捷地阅读自己感兴趣的内容。例如,在2018年世界杯比赛时,"媒体大脑"依据预先准备好的模板,自动生产各种视频集锦,比如进球、射门、犯规等,甚至是球迷表情也可以被制作推送。[①]

不同于传统媒体的新闻推送方式,算法新闻模式有许多创新之处。"媒体大脑"可以改善用户的阅读体验,树立以用户为核心的思维,达到用户的个性化阅读体验。在传统媒体时代,由于记者、编辑等的层层把关,传受关系不平等,传者发什么,受众看什么,而且推送的报道都是千篇一律的模板化内容,不会顾及受众的个性、兴趣。"媒体大脑"可以加强新闻传播的效果,在信息分发方面呈现出了智能化的特点,对用户年龄、性别、职业等特征进行深度解读,为用户进行个性化的推送,实现精准传播,既提升了忠实用户的黏性和传播的精确度,也提升了自身的品牌度,减少不必要的资源损耗。算法新闻固然有许多可取之处,但是目前算法新闻发展时间还不长,有一些问题并未得到很好的解决,比如浅层化阅读、信息茧房、把关漏洞等。

(四)新闻呈现:数据新闻模式

《数据新闻手册》认为数据新闻是用数据处理的新闻,也可以进一步理解为驱动,数据驱动新闻,收集、过滤、分析数据信息,挖掘数据与数据之间的关系,进行可视化的呈现。经过数据、新闻、可视化三要素的整合构成了数据新闻。

"媒体大脑"平台可以深度理解当下的媒体场景,自动分析非结构化的文字、图片、视频等数据信息。数据与新闻在一定情况下,也可以画等号。"媒体大脑"既可以挖掘过去的数据,又可以获得实时的数据,"媒体大脑"为数据到新闻的发现,做好了各种前期工作,它可以将搜集而来的数据进行筛选整合,利用AI技术挖掘出数据信息的价值。数据新闻生产的最后一个环节是可视化呈现,"媒体大脑"

---

① 沈楠,陈毅华."MAGIC"对新闻智能生产的探索[J].新闻战线,2018(15):75-77.

能够以可视化的形式展示出所需要的新闻信息，通过图形、线条、字符等不同形式加以强调需要受众关注的内容。

不同于传统新闻的呈现方式，"媒体大脑"的数据新闻模式有许多创新之处。"媒体大脑"能够以数据作为新闻主体，收集、挖掘、整理数据，通过数据来说话。而经过大数据分析后，所得的结论才更有权威性。新闻是及时的、新鲜的、真实的、专业的。而数据新闻仍具有这些新闻价值要素，数据新闻是传统的新闻报道和数据分析以及可视化等多领域的结合。[①] 媒体大脑以可视化作为呈现方式，可视化是运用图像、表格等形式来表达数据之间的联系，原始形态的数据呈现相互分离、相互独立的状态，如果将这些数据以文本的形式进行呈现，不够准确、生动，必须将数据进行可视化的操作，受众才可直接通过图表来理解它所要呈现的内容。未来数据新闻的发展仍需要更多地关注隐私泄露、新闻伦理等问题，才能有更加广阔的前景。

三、"媒体大脑"新闻生产模式的发展方向

智媒时代呈现出人工智能叠加新闻业的未来趋势，尽管目前AI技术的运用不够成熟，新闻业还面临诸多难题，但技术的加速度发展毋庸置疑，当下以"媒体大脑"为代表的智能媒体仍然需要向前探索、克服困难，迎来智能时代下新闻业的蓬勃发展。

"媒体大脑"要保持发展势头，必须要在新闻报道质量上发力，坚持新闻专业主义，提高新闻的真实性。新闻真实是多层面的，新闻失实既有新闻把关力度不够的因素，又有机器算法机制自身的漏洞，未来新闻业无论发展的路径如何，都需要在源头上保证新闻的真实性。

"媒体大脑"始终不具有人类的情感，再缜密的机器也无法代替人工，尽管"媒体大脑"已经走在了技术的尖端，但也会在一定程度上依赖人工的判断和经验审视新闻报道的内容和质量。而且在一些敏感的话题方面，现有的人工智能技术的监测还是不够严谨，人工的参与必不可少。目前AI技术能够初步审核、监测报道内容，但是细节、深度、广度、高度方面必须有人的参与。

人工智能技术渗入新闻业很容易侵犯用户的隐私而且当下在《著作权法》中，

---

① 刘高颖.数据新闻生产模式及发展方向研究［J］.传媒，2016（12）：86-89.

并未明确规定机器创作的产权责任,虚假新闻的情况确有存在。在智媒时代,"媒体大脑"要牢守底线,尊重用户,不能任意侵犯用户的隐私权。

媒介技术的变革为我们创造了新的环境,带来了新的机遇,也为我们制造了困难,技术变革这把"双刃剑",使用方是我们,责任方也是我们,正如技术中性论的观点,技术本无好坏,使技术具有好坏的是使用工具的人。但是时代趋势是不可逆的,多年前,当报纸、广播、电视等传统媒介初登上人类舞台时,也会出现一些漏洞,也正是通过岁月的积淀,这些媒介能够很好地发掘出自身的优势。人工智能媒介也不例外,尽管起步晚,但是发展迅速,以"媒体大脑"为代表的智能媒体成为主流只是时间问题,未来传感器新闻模式、MGC新闻模式、算法新闻模式、数据新闻模式等新的新闻生产模式还会不断改革前行。

腾讯直播在围棋赛事传播中的应用
——以"围棋人机大战"为例

冯羽晴[*]

【摘要】 2016年的"围棋人机大战"赛事是围棋赛事史上第一次通过腾讯直播平台进行报道,"围棋人机大战"直播凸显了传统媒体所无法比拟的优势。随着围棋赛事的发展,网络直播不可避免地已经成为围棋赛事报道的主力军。本文采用案例分析法对腾讯直播2016年"围棋人机大战"应用层面进行分析,从赛前、赛中、赛后应用,总结其报道层面的优势和缺点。

【关键词】 腾讯直播 "围棋人机大战" 应用分析

引言

新媒体的快速发展带来了体育赛事传播的变革。体育赛事的核心传播媒介逐渐由传统电视向新媒体转移。2016年的"围棋人机大战"是新媒体时代体育赛事传播的典型,移动终端取代了电视的主导地位,改变了从前"无电视,不体育"的体育赛事传播的主导模式,多种媒介的融合提升了人们对于体育赛事现场的感知,也提升了体育赛事的热度。同时,人工智能的高科技也成为围棋大战博取大众眼球的重要因素之一,大众对于新科技的猎奇心理、尝鲜心理都使得这场高科技的围棋赛事增添了神秘感。

---

[*] 冯羽晴,北京联合大学应用文理学院新闻与传播系2021级硕士研究生;主要研究方向:城市影像创意与制作。

除此之外,"围棋人机大战"这场备受瞩目的围棋赛事,其影响力不仅仅局限于体育赛事方面,这场比赛前后的相关话题更是可以扩散到围棋文化、科技伦理、新闻传播等各个方面。腾讯体育等多家体育网站运用全新的科技手段和多种直播方式对两场"围棋人机大战"进行了现场直播,并对赛前赛后的新闻进行了综合报道。Flash、视频、音频等多媒体技术的组合应用给读者带来了强烈的感官刺激和互动参与的欲望,这是电视媒体和纸质媒体的技术表现形式所不能比拟的。当全新的技术应用到体育赛事的传播中时,体育赛事也迎来了全新的发展。笔者采用案例分析法对腾讯直播2016年"围棋人机大战"进行应用层面的分析,从赛前、赛中、赛后应用,总结出其在报道层面的优势和缺点。

一、腾讯直播在"围棋人机大战"中的应用分析

(一)赛前应用分析

1.平台与其他社交软件的合作宣传

2016年"围棋人机大战"是腾讯首次进行大型围棋赛事的直播,与以往围棋赛事直播形式有着极大的不同。以前围棋赛事直播大多数都是由电视进行转播,大多在天元围棋频道进行直播,赛前一般由围棋杂志、报纸、电视台和主要的围棋网站进行赛前的宣传工作。由于受宣传手段局限且宣传力度不大,传播方式较少,传播速率被限制在固定的直播日期,所以受众范围小,局限于专门关注围棋的群众。

赛前对于比赛信息的合理组织是围棋赛事直播成功的关键,当今时代是"网络社会",各种网络媒体承担了第一时间发布、披露信息的职责,网络直播在赛前可以对赛事直播进行有效且大规模的宣传。覆盖范围广也是网络直播围棋赛事的特征之一,网络直播优势之一就是开放性和瞬达性,将音频和视频的信号能够进行全球传递。[1]2016年腾讯直播的"围棋人机大战"赛事就是利用网络直播的特性进行宣传。在比赛开始前,腾讯直播平台与各大社交软件进行合作,赛事工作人员通过这

---

① 潘顺磊,刘江波,杨俊刚.体育赛事网络直播的发展趋势探究:以腾讯体育为例[J].传媒,2020(22):59-61.

些社交软件，微信、微博、腾讯新闻等，将比赛信息和直播预告发布到这些社交平台，提前发布信息进行预热，也引发受众议论，提高比赛热度。同时与腾讯直播合作的直播平台：斗鱼直播、虎牙直播等直播平台进行联合宣传和同步直播，这些直播平台会在比赛前在本直播平台首页进行推荐，引起观众注意，比赛内容的投放是网络直播平台宣传赛事的重要环节，并且在比赛时将赛事直播列入推荐直播中，提高关注度。

网络技术的不断发展也促使着其他媒介与网络直播平台的相互融合与嫁接，比如微博直播、公众号直播等，根据以上特点，也可以给媒体嫁接进行定义：在电子传播时代，媒介与媒介之间、媒介与环境之间，四大传统媒体与互联网、手机等信息科技产品功能相互融合、内容相互补充的技术特征。[1]腾讯直播团队在赛前邀请各路职业棋手进行采访，如常昊（职业九段）、柯洁（职业九段），为这场"围棋人机大战"造势，同时推动这次比赛在微博上的热度并且利用各种官方公众号进行大力宣传，更加提升了大众对这场比赛的关注度。在比赛直播之前，腾讯直播将2016年"围棋人机大战"以首页推广的方式放置于腾讯直播平台进行宣传，然后再利用网络直播平台的媒体特点，利用各种传播渠道，与其他社交软件进行嫁接融合，迅速地把比赛信息散播出去，以此扩大受众的观赛范围。这不只是满足受众"碎片化"的信息观看方式，而且能提升赛事信息的可接受度。这样，腾讯直播的工作人员才能尽早地为比赛直播进行宣传，为下面的比赛直播提前做好关注准备。

2. AI技术渗入经典赛事回顾

在传统的围棋比赛直播中，几乎是没有在赛前进行预热的，基本上比赛开始，直播解说也同步开始，所以也导致了只有一些关注这次赛事的围棋爱好者去直接观看，而其他人则由于不了解这次的赛事而忽略。在2016年"围棋人机大战"所运用到的AI技术即与李世石对弈的围棋人工智能软件，可以提供各种最佳落子选点。在这次的"围棋人机大战"直播中由于AI技术的出现，人们对于围棋的观念出现了极大的变革，对于AI有了不同的看法，引起了极大的热议。也正是由于AI吸引了数量众多的观众。所以在直播时必须要迎合观众对于AI的热情，为观众展现AI在围棋上的运用。腾讯直播在2016年"围棋人机大战"赛事上准确地把握了这一点，在比赛前的部分时间内，为观众展现了AI对于以前的赛事和对局的评价和分析。

---

[1] 杨静.新媒体传播特征研究［D］.开封：河南大学，2009：17.

腾讯十分重视AI的作用，在赛前展示了AI对于以往棋局各个阶段胜率的计算方法和对于每一步的建议。与此同时还邀请了职业棋手在此期间进行讨论评价，不但在专业性上说明AI每一步的建议的原因，而且还分析了AI的出现对于围棋的影响，详细介绍了AI运行的方式特点和它的历史等。腾讯直播站在观众的角度上，为观众提供他们所期待的内容，迎合观众的喜好，这样不但激起了广大围棋爱好者对于AI的兴趣，而且也使没有接触过围棋的观众群体对这次比赛有了大概的了解和对这次"围棋人机大战"结果的期待，而正是因为有了这样的观众所期待的赛前预热，所以才会吸引了数量众多的观众。这种AI技术在比赛前的运用对于比赛的渗透也是传统利用杂志和电视直播赛事的方法所不可能实现的。

（二）赛时应用分析

1.场景的个性化直播切换

一场围棋大赛可以长达8个小时，不同于其他竞技体育有着强大的视觉观赏性，围棋赛事现场永远是静谧无声，所以传统的围棋赛事直播，基本只有一个直播场景，那就是比赛的演播室，观众只能看得见两名解说员在为观众解读棋局局势，十分的单调，也只有围棋爱好者能看得下去，而对于那些没了解过围棋的观众难以提起他们的兴趣，这直接导致了观看人数只能局限于有围棋基础的群众，这也是传统围棋赛事直播的一大弊病。

围棋赛事不同于对抗性的竞技比赛，非围棋爱好者也许并不能单纯从棋局中获得乐趣，那么这就需要从不同的角度来吸引这类观众的兴趣。在2016年"围棋人机大战"中，腾讯直播团队力求发挥网络直播的特点和优势，推出了比赛场景个性化切换的模式。受众体验的人性化应是网络直播的重要特点，将现场与演播室相结合的服务模式，把现场画面与视频解说融为一体，让观众可以从多角度欣赏比赛。这个模式是让国内的观看用户既可以观看到现场下棋的情况，又可以通过演播室解读来增加观众对于棋局的理解，也可以观看科学技术人员对于AI进行的系统讲解。现场直播最新内容配合live stream实时信号加工，既保证全局直播内容，也聚焦现场李世石特写画面，还能形象地了解比赛现场人工智能阿尔法狗的运行状态。[①]也体

---

① 莫彷徨2011."人机大战"，腾讯军团如何打造最强移动端直播？［EB/OL］.（2016-03-23）. https://zhidao.baidu.com/question/747104192820867612.html.

现了直播内容的多样化发展，围棋赛事的专业性较强，信息量较大，一旦观众可以选择自己喜好的内容进行观看，那么这将会极大地提升观看用户的体验感，使观众对比赛的兴趣得到极大的提升。

2.平台与受众的弹幕互动

传统的电视直播往往只能是单方面地由解说嘉宾在演播室进行解说，没有任何的互动，也不可能知道观众的声音和看法。这又是电视直播的一大短板，一个人观看围棋赛事是无趣的，但是一群观众聚集在一起就可以获得意想不到的乐趣，这两者最大的区别在于实时互动性。网络让受众不再是赛事报道的被动接收人，而变成了"多向互动"的参与者，增加直播平台与受众的黏性，满足观众的需求，从而也可以保证比赛直播的质量和收视率。而网络直播又有着直播平台与技术的支撑，所以这次的"围棋人机大战"赛事，腾讯直播把握住便捷性和实时互动性的网络直播的优势，在比赛直播过程中充分运用直播弹幕的作用，与观众形成互动，大大地提高了观众的参与感和体验感。

实时互动性是网络直播的一个重要特点，它打破了时间与空间的限制。根据传播偏向论，即传播媒体是具有一定偏向的，可以分为四种类型，口头传播偏向、书面传播偏向、时间偏向和空间偏向。而媒体可以分为两类，不同之处在于一类是空

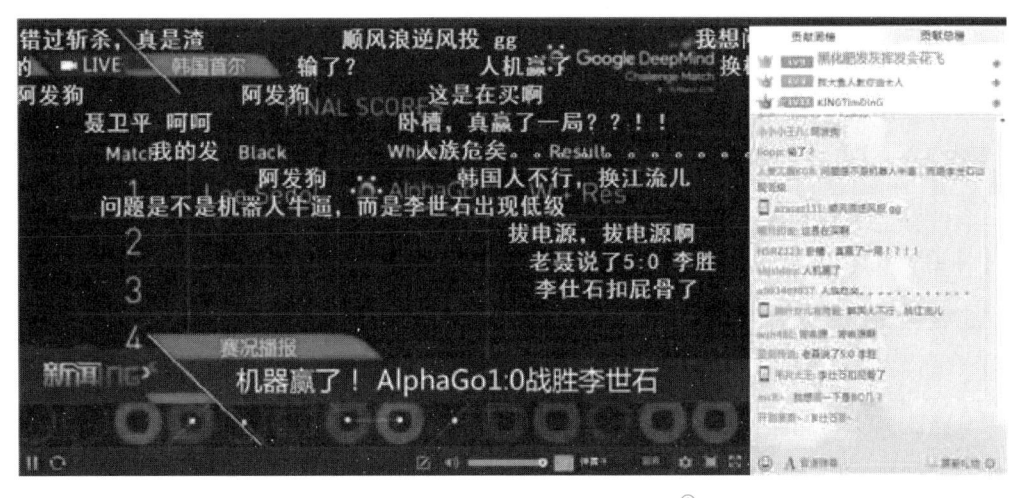

图1 直播过程中的观众弹幕互动[1]

---

[1] 多玩游戏."人机大战"李世石再败 腾讯直播神弹幕不断[EB/OL].(2016-03-11). http://game.people.com.cn/n1/2016/0311/c210053-28192951.html.

间上延伸，另一类是时间上延伸。在网络发展的今天，人们追求的具有实时互动性的网络直播平台，用自身的传播特点融合时间与空间的偏向，极大地补充了传统媒体时空偏向的单一性质，是网络直播平台发展的巨大优势。

观众在比赛过程中需要的不只是快速方便的机械式的观看比赛内容，而且还需要与主播及其他观众进行实时互动，从而满足各种受众的精神需要。在网络直播中的"双边互动"，让受众体验到了参与的快乐、受到尊重的感觉。通过对应用的观察，我们可以发现直播间评论互动人数也与解说嘉宾的实时互动有着明显的关联，在解说嘉宾注意到观众问题给予解答时，直播间互动人数会直线上升，但在更换解说或较为沉默期间，互动人数也会随之下降。由此可见，观众需要在观看比赛中获得自己的存在感。也可以说，2016年"围棋人机大战"赛事的很大收益来自实时互动性这一大特点。腾讯直播把握住这一特点，所以这次直播极大地满足了普通观众对于赛事其他的关注点。

3.平台与受众的实时胜率互动

与观众的弹幕互动同时产生的还有实时的胜率互动，此处的胜率包括两方面：一是根据AI推算出的此时棋局的胜负概率；二是通过观众投票来选出的当下的支持率。通过AI给出的胜率可以从专业性的角度给出现在局势的情况，有利于观众更清晰地知道现在的棋局情况，也可以更好地去利用观众对于AI的热情，引起观众的兴趣。而第二种实时的支持率可以更大地发挥出网络直播的互动优势，观众可以通过投票来选出自己更加支持和喜爱的一方，而解说嘉宾也可以通过实时支持率来更加了解观众心理。例如首局对弈，李世石曾收获压倒性支持，而嘉宾解说时不但会分析当前的支持率情况，也更加会偏向李世石去解说，贴合观众的情感。

当AlphaGo实力展现出来后，实时支持率显示，有不少网友倒戈，而这时解说嘉宾也会更多地去分析AlphaGo。这样的实时胜率、支持率的互动与弹幕互动更加地缩减了解说嘉宾、棋局和观众的距离，让解说嘉宾知道观众的内心世界，可以主动迎合观众看法，使观众有了更好的体验感。这是传统的围棋赛事直播所没有的，也是直播的一大优势所在，并在以后的围棋赛事网络直播中被广泛地应用。

4.与AI结合的赛况实时分析

网络围棋赛事直播可以改变传统的单一形式的展现赛事结果的传播方式，依靠着多样性、立体化的直播技术，给予受众以身临其境的感受和置身赛场的互动感受。[①]在2016年"围棋人机大战"网络直播中，在腾讯直播"围棋人机大战"H5直播页面，首次在移动端页面设立"珍珑棋局"，除一键切换实时赛况外，还可以另外设置一个窗口来显示人工智能AI对于当前局势的详细分析，在这个界面观众还可以根据自己的需求进行试下棋，在观看直播的同时自己去体验一下围棋的乐趣。而解说嘉宾也会根据当前AI给出的详细分析来对棋局进行全面的解说和分析。

这一项功能的优势在于不但可以给有一定围棋基础的观众提供更加便捷、有质量的棋局判断服务，而且还可以为没有接触围棋的观众提供体验亲自下棋的机会，让他们身临其中，引起对围棋的兴趣，也可以更有效地去激发观众对于2016年"围棋人机大战"直播的热情度。腾讯直播正是根据不同观众观看比赛的需要，开发了AI的实时赛况分析。

在传统的围棋直播中只会有一个解说画面，显得十分单调，而AI分析这个功能的开发，大大地增加了围棋赛事直播的专业性与趣味性，而且在观众体验方面也做到了满足。围棋爱好者可以通过AI分析获得丰富的比赛信息，而其他的观众也可以在试下棋中体验到围棋的乐趣。在此之后的围棋赛事直播中，随着AI技术的不断发展，这一技术在围棋赛事直播中的运用也基本成熟，获得观众的一致好评。

（三）赛后的应用分析

1.赛后经典画面回放功能

一场围棋赛事的传播不只是体现于比赛过程之中，在比赛之后依然具有自媒体对于赛事信息的时间性与空间性，在传统媒体对于赛事的传播上赛后服务可利用较少，而这次的"围棋人机大战"网络直播赛后服务，腾讯直播应用赛后经典画面回放功能，为观众提供赛后的回顾服务。观众在比赛结束之后，就可以进入直播间找到赛事回顾的链接，进入即可观看相关的视频。在比赛直播后，会有专业人员对视频下方观众的留言进行答疑解惑，还会将直播时没有来得及回答的比

[①] 潘顺磊，刘江波，杨俊刚.体育赛事网络直播的发展趋势探究：以腾讯体育为例［J］.传媒，2020（22）：59-61.

较有价值的问题进行整理归类，再进行统一的解答，以便使用赛后回放功能的观众可以享受更加全面的解答服务，可以让观众能够更加深入地了解2016年"围棋人机大战"，为观众提供更加人性化的服务。

赛后服务直接影响受众的体验感，做好赛后服务是保证赛事受众稳定和扩大赛事影响的重要条件，同时也为增加赛事直播平台与受众黏性，满足受众需要，提高赛事传播质量提供重要保证。在2016年"围棋人机大战"的网络直播中可以看出，过去的围棋比赛直播在赛事信息的传播方面只是"给予"二字，几乎没有个性化的内容回馈给观众，如同没有售后服务的手机商一样，而在这次腾讯直播中可以看出，直播的好坏不仅仅是体现在比赛举办期间，还有重要的一部分体现在比赛结束之后。比赛的内容都会在互联网上留下痕迹，人们只需要点击链接，就可以在比赛后的很长一段时间内，再次观看到喜欢的比赛，所以为赛后的观众提供完善的服务，也是网络直播在围棋赛事上的一大优势应用。

2. 基于人工智能的赛后分析

人工智能是2016年"围棋人机大战"比赛的一个最大的热门，吸引了观众的眼球，而腾讯直播也全面地利用了AI对于直播的运用，赛后的人工智能对于比赛的分析也是对前面我们所提到的赛时的AI结合的赛况分析进行互补，进一步发挥AI对于棋局分析的作用。由于当时，在棋局分析方面，AI的技术并不是很成熟，在赛时只能提供一部分的数据给观众进行解析，所以在赛后的回放功能中会将详细的人工智能对棋局的分析添加到其中，以完善人工智能应用，给观众一个圆满的服务。在这里必须要指出的是，这项应用是由于当时的AI分析技术并不成熟，不能实时提供完整的分析。但是在后来AI逐渐完善后，到现在的直播中，这项应用就逐渐地融入赛时的AI分析环节之中。

二、腾讯直播在"围棋人机大战"赛事传播中的优势分析

（一）提升赛事传播速度

赛事传播的速度直接会影响到赛事的影响力，需要说明的是，这里所提到的赛事传播速度并不只是信息传播的快慢问题，最主要的是指传播内容的速度。网络

直播赛事一个重要特征就是信息传播的及时性，这里及时性有两层含义：一是指信息接收和传递的及时性；二是网民可以自由地选择观看直播内容的及时性。赛事传播者不论何时何地在网络直播中发出信息，受众可以立刻接收，这也打破了时间障碍和空间障碍，网络直播平台属于传播媒介，可以对信息内容进行立刻生成、共享、实时互动，这也极大提升了赛事传播的速度。[①]在传统的电视围棋赛事直播之中，比赛之前，需要进行一系列很烦琐的步骤，从人员设备的准备到电视台的审核，最后才能将比赛的画面呈现在电视上，而观众则需要坐在电视机旁边，在指定的直播时间进入设定的频道才最终能够进行观看，并且由于围棋赛事的过程较长，一般是比赛进行到一定程度后才进行转播，由于种种限制，使得赛事信息传播较慢。

拥有移动端的网络直播平台具有强大的综合性和灵活性，网络直播围棋比赛中，直播准备等方面有了很大的便利，不需要审核等烦琐的过程，直播的内容可以直接进入观众的视野之中。网络直播平台的低门槛的实时互动性，在极大程度上弥补了传统赛事直播的空缺，直播属于碎片化形式，满足了现代人的生活特点，围棋的直播时间较长，有时候棋手很久才会下一手棋，比赛时间可能会达到七八个小时。网络直播可以实现观众用手机在任何场景下观看，不需要长时间地坐在一个地点，这也极大地提升了传播速度。

在网络环境下，每个人可以是信息的接收者，也可以是信息的传播者，每个人都可以作为自媒体而存在。由于受众广泛参与其中，使得各大社交媒体都成为提升赛事传播速度的重要工具，而传统直播中，受众只能是信息的接收者，几乎没有反馈的途径，这也导致了赛事传播速度的低下。通过对比传统直播方式和网络直播围棋赛事可以看出，网络直播在内容传播的速度上明显更占优势。对于赛事的包容性，让赛事的内容更加快速地出现在观众眼前，大大提升了传播速度。

（二）多元化的赛事传播方式

在文章的开头我们提到过，在过去围棋赛事的报道中往往只有专门的围棋报刊和电视直播这两种报道形式，围棋赛事传播的手段与方式较为单一化，这也是由科技手段和网络技术应用的局限性导致的，比赛信息的播发门槛比较高，并且几乎

---

① 丁兆钰.新媒体网络直播的传播模式研究［J］.传媒论坛，2021，4(6)：42-43.

所有的报道都是交给了官方的机构来运营，以文字、图片为主要传播内容，其中就算会有视频直播，也会由于围棋在一局棋中的过程时间较长，而变得枯燥无味，很多情况下也会把直播变为视频录像的形式进行赛后的解说，这也导致了观众在观看之中，仅仅是单方面的接收，而没有实时互动，或者就算是观看后有一些评论的地方，那也只能是在赛后进行，体验也会大打折扣。一些录制的视频、文字和图片也会很大程度上导致观众在观看中已经知道了结果，不再有悬念这一说，这种信息接收的延迟，观众也会减少许多"刺激"的心理体验。

在围棋赛事的传播上，新兴的网络直播为围棋赛事的报道提供了一种全新的可能，带来了传统媒体所无法比拟的优势，围棋赛事最为精彩的地方在于结果的不确定性和过程的复杂性，在传统媒体的报道下，受众所接收的信息往往是滞后的，就算是电视直播，由于其官方性质会让观众与赛场产生距离感，无法感受比赛氛围。而如今，伴随网络技术、信息技术的进化，再次部落化的今天，利用网络直播平台，以低门槛与高体验感的特征丰富了围棋赛事的传播方式，全新的赛事传播方式为观众带来了新的观看比赛体验。

（三）扩大赛事传播范围

在传统的围棋赛事的报道中，由于围棋本身的特点，赛事观看的范围仅仅局限于一般的围棋爱好者，几乎不会有其他不会下围棋的群众进行观看，所以赛事传播范围较小，观看人数也受到很大的局限。然而网络直播中，"围棋人机大战"在赛事比赛前和比赛时都会有各种网络媒体进行联合的宣传，宣传力度之大是传统媒体所达不到的，拿结果来说，2016年"围棋人机大战"的直播观看人数为1200万，这种数据是传统媒体不可能达到的。

2021年中国互联网络信息中心发布的第47次《中国互联网络发展状况统计报告》显示，截至2020年12月，中国互联网视频用户达到9.27亿人次，随着体育直播环境的不断优化，在网络直播下，赛事传播呈现了平民化的特点，在庞大的网络视频用户数量下，在与其他的社交媒体进行融合嫁接、联合宣传等，赛事信息的传播范围可以说是被无限地扩大了。这次的围棋赛事信息的传播形式是以人传人的方式扩张的，是一种病毒式传播，即利用大众的积极性和各种人际网络，使得比赛信息像病毒一样传播，[①]

---

① 詹沐清，蔡立媛.网络视频广告的病毒式传播策略［J］.新闻爱好者，2011（24）：8-9.

信息快速复制和传播，传播给更广的人群。腾讯直播通过各大社交软件来传播赛事信息并吸引广大观众，再利用网络直播平台的各种特点来赢得各种观众的喜爱。在利用其他社交软件的同时，还把握住了网络直播的各种优势，这也最大限度上扩大了赛事传播的范围。

腾讯直播的"围棋人机大战"比赛通过社交软件推广比赛信息内容，利用社交软件平台的传播特点去抓住观众，然后把赛事以直播的方式进行推广，最后再次利用社交软件平台的同时，又保留了腾讯直播本身独有的传播优势，使受众对传播信息可接收度大大提高，扩大了"围棋人机大战"赛事传播的范围。

（四）提高传播效率

在传统媒体的赛事直播中，往往都是只针对一些围棋爱好者这个基数较少的观众，一个赛事的传播基本也仅仅停留在围棋圈子。如此费时费力建立的赛事直播针对的人数往往过少，这也极大地造成了赛事在传播效率上的低下。

而对于网络直播而言，不论是在赛前的宣传上，还是在赛时的直播手段上，都很大程度上照顾到了很少接触围棋的人，吸引到这类受众，对于传播的范围有着极大的提升。不但在专业性上为围棋业余爱好者提供了更多的棋局服务，而且还极大地照顾到了很少接触到围棋的人群，迎合他们的需求和喜好。在与传统媒体相同的时间里，网络直播不但以其专业的直播技术更加扩大了围棋爱好者的观看人数，而且还运用一系列宣传手段和直播技术吸引了其他的受众，并且结合与其他社交软件的联合宣传，其首页的广告推广，在很大概率上，增加了观众的点击和观看，这也大大地提高了赛事传播的效率。同时，腾讯直播平台还推出"资源位"这一捆绑式营销，为2016年"围棋人机大战"赛事吸纳更多人气，推广直播内容，结合首页的广告推广，大概率地增加用户的点击与观看，做到有效率地对直播内容进行捆绑式的传播。这一"人性"与"捆绑"相结合的方式凸显了腾讯直播平台个性化的媒体属性，这一"人性"也恰好体现了自媒体在信息传播时的个性化特征，也同样体现了网络直播平台在信息传播时的效率以及其独有的竞争力，提高了赛事的传播效率。

三、腾讯直播围棋赛事的弊端及对策

（一）弊端

1. 直播技术有待提高

在直播中，腾讯直播团队首次对直播进行了全程报道，也由于腾讯直播第一次对重大围棋赛事进行全面直播，其中直播的制作水准还需要进行提升，还需要制作更多自制内容，以此来提升观众对于比赛的新鲜感和忠诚度。在直播的专业性方面仍需改善，比如在直播期间传谱环节出现了一些偏差，导致了在一小段时间内直播棋谱与现场棋谱出现了一些偏差，也是直播环节中出现的一个较大的专业差错问题。

另外还有信号问题，由于很大一部分观众会选择超清直播，在比赛直播期间就会出现一些卡顿问题，观众观看时出现黑屏等现象，这也是网络速率过低造成的。当前我国平均视频下载速率为16.40Mbit/s，实际上还会有一定的损耗，这也导致了很多观众只能牺牲观看体验，降低清晰度进行观看。在AI的运用上也出现了一些漏洞，当时的AI技术还不够成熟，运用在直播环节时会出现一些错误，比如在棋盘上的选点错误等。以上问题都是2016年"围棋人机大战"直播中出现的直播技术问题，在后续的直播中也需要克服这些漏洞，给观众一个更加完美的直播体验，提升直播质量。

2. 网络环境把关缺失

在2016年"围棋人机大战"的直播中，网络直播为围棋事业的发展带来了巨大的机遇，就"围棋人机大战"来看，全新媒介的推广和广大受众对于赛事的关注都给予了围棋比赛史无前例的关注度，通过这次赛事，围棋的影响力显而易见地得到了极大的提升，这次的网络直播也为没有围棋基础的人普及了围棋知识，传播了围棋文化。很长时期被冷落的围棋这项体育赛事也受到了广泛的宣传和关注。但是不得不说的是，对"围棋人机大战"这一赛事直播过程中产生了许多过度消费也值得我们反思。

第一，在直播中，一大特色是在弹幕的运用上，腾讯直播开通了弹幕与评论区来增加用户的体验感，为广大观众提供交流的平台，但是与此同时，在评论区内不乏许多观众对于棋局或者棋手本手充斥的极度不良的词语，对于其他受众也会起到不良导向作用，但却基本无法管理。这也是因为网络直播的注册门槛较低，只要注册，就可以在弹幕区进行任意发言。第二，在赛前的宣传中，许多社交软件观众既是信息的接收者也是发出者，这提升了赛事传播的速度，但也可以看到，其中很多网民发出不当言论，传播人工智能危机言论等，甚至在第一盘输了后，跑到棋手社交媒体下进行谩骂，甚至会引起公众的恐慌。

（二）对策

对于2016年的"围棋人机大战"腾讯直播，还有一些不完善的地方，例如网络环境的把关缺失和直播技术的不足等，因此直播平台还需要关注这些问题，制定合理的发展方向和对策，承担社会责任，避免不良影响。

超高的直播技术和新型的内容是吸引观众的制胜法宝，腾讯直播在技术方面应打造高水平的制作团队，不断进行技术创新，优化网络速度，提供更多满足观众需要的技术产品，以提高围棋赛事的观赏性，技术的创新必将提高赛事直播的知名度和关注度。

在网络直播环境方面，应加强对围棋赛事评论区互动方面的管控，打造和谐积极的直播环境是发展我国体育直播平台建设的重要环节。提升监管力度和惩罚力度，对不遵守网络秩序者进行严厉的惩罚，净化网络环境可以极大地提升观众观看的体验感，也对赛事的发展有着极大促进作用。

结语

通过对腾讯直播在2016年"围棋人机大战"直播中所使用的应用进行分析，包括赛前、赛时和赛后分析，总结出网络直播所体现出来的传统媒体直播所无法比拟的优势，可以为后面的围棋赛事直播应用提供借鉴。

分析腾讯直播在"围棋人机大战"赛事传播中的优势，找出网络直播在围棋赛事传播中的特点：赛事传播速度的提升，赛事传播方式的多元化，赛事传播范围的扩大，节约赛事成本，提高传播效率。我们发现赛事传播通过腾讯直播平台得到了极大的提升，但也显露出此次赛事过于依赖平台技术而变得被动等问题，在实际操作中略显不足，还需要调整。在直播过程中也会发现一些例如接收信号不好、网络环境把关缺失等问题，仍需后续解决。

新媒体环境下法制新闻道德失范现象研究

刘子平*

【摘要】 互联网为新闻传播事业带来了巨大革新动力，新媒体基础上的新闻传播快速发展。法制新闻的道德失范现象主要表现为违背公正客观、新闻失实、侵犯隐私、媒介审判等多个方面。法制新闻的道德失范损害了新闻行业的媒介公信力，给社会带来负面影响。针对此现象，法律法规及行业规范起到的判罚、限制及规范作用，新闻工作者加强自身专业修养和科学文化素养等措施可避免失范问题的发生。本文就法制新闻各类失范现象进行列举及分析，结合现有资源提出法制新闻良性发展的多项建议，以助于在新媒体背景下法制新闻传播健康发展，传递给广大受众及整个社会可持续的积极影响。

【关键词】 法制新闻　新闻失范　新闻道德

法制新闻的传播不仅发挥新闻传播本身的价值意义，更能在法律基础上体现独特亮点及重要性，法制新闻的原则与要求在现实新闻报道中往往会出现落实不到位问题。新媒体一方面成就着法制新闻的传播高度，另一方面又引发了法制新闻的道德失范。本文利用新媒体渠道，有效获取研究素材，通过内容分析法、个案分析法、归纳法等进行研究。

---

* 刘子平，北京联合大学网络素养教育研究中心，2021级新闻与传播硕士研究生；主要研究方向：网络文化与新媒体。

一、概念综述及相关理论

（一）法制新闻的概念

国内法制新闻的正式提出与相关详细深入的研究时间还不够长，法律新闻也没有详细明确的统一定位。《中国新闻实用大辞典》对法制新闻所下的定义为："法制新闻是有关法律制度建立（立法）、执行（执法）、监督等的新闻。"[1]"在国际新闻界中，这种报道内容分为'犯罪新闻''法院新闻''警示新闻'等，在中国当代新闻中，法制新闻有较强的政治性，有时涉及有关党纪政纪，反腐倡廉的新闻报道。"[2]

现阶段的法律新闻可以从报道论和信息论两方面进行展开。报道论就是以"法制新闻是……的报道"的模式进行新闻报道，就是以报道者的方向将新闻从法律角度进行新闻报道。蓝鸿文的《专业采访报道学》中写到，"法律新闻是一种有价值的事实报道，它反映了近年来社会生活各个方面发生的法律制度变化"。信息论的范围更加广阔，有法律新闻的报道还有评论方面。[3]在《谈法制新闻概念的界定》中，赵中颉将法制新闻带给社会的各种影响以及有关法律制度产生有价值的法律新闻进行了真实的报道。信息论的传播方式更能够对群众内心所需进行选择性传播，突出传播效率达到最大化的效果，从而打破仅仅围绕对法律新闻输出的局限性。[4]

（二）法制新闻的特点

如何发掘法制新闻的特点，就要在"新闻"与"法"之间进行探讨了，便能找到法制新闻中的特点。在法制新闻中，5W是比较常用的，也是新闻界的特点，学者叶春华和连金禾将5W进行更加深入的分析，将新闻的特点由事实基础上具体的表象体现出来，及时性、真实性、重要性、新鲜性都是新闻的特点。美国学者威廉·梅茨的著作《怎样写新闻——从导语到结尾》中（1983），列出了他所认为的

---

[1] 李良荣.新闻学概论[M].上海：复旦大学出版社，2001：32.
[2] 王磊.法制新闻传播的道德问题研究[D].合肥：安徽大学，2005：3.
[3] 蓝鸿文.专业采访报道学[M].北京：中国人民大学出版社，2003：77.
[4] 赵中颉，蔡斐.中国法制报业的现状、困境和突围之路[J].新闻导刊，2006（3）：15-20.

几个新闻要素：及时性、接近性、显著性、重要性、人情味。[①]

法制新闻不同于普通新闻，在共有特点的基础上，法制新闻还包含了普通类新闻没有的特点。

1. 内容的涉法性

法律新闻在新闻中的地位十分重要，报道的内容与法律密切相关。所谓的法律新闻就是将法律通过新闻的形式传递相关信息。部分法制新闻则直接联系到法律制度，内容的涉法性是法制新闻最突出、最容易辨识的特点。同时，法制新闻报道中的法律条文必须与时俱进，涉法内容符合最新法律条文要求和规定。

2. 语言的庄重性

法律新闻的语言应该是极其庄重的，并且严格按照法律语境进行报道。法律语境就是符合法律规范严肃的语言。法律语境需要足够的简单明确，语言要庄严，严格执行规范标准，"以事实为依据，以法律为准绳"。法律新闻的报道中，语言在任何情况下都要庄重沉稳，不能有开玩笑、调侃、戏谑等口吻。

3. 价值的崇法性

法律新闻的内容必然与法律密切联系，以法律的庄重艺术来传播新闻。法律新闻报道时也在传播法治理念与精神。传达法理正义也好，打击违法犯罪也罢，都是要将法律的威严表达出来，使得法律新闻引起敬畏之心。

二、法制新闻失范研究综述

近年来，学界和业界对法制新闻失范问题有一定的研究，作品大多见于各类零散论文且注重聚焦研究失范的某一方面，或是侧重某一类型媒体法制新闻道德失范的研究。

在相关的研究当中，高张乾在《我国法制新闻传播中存在的问题分析》一文中，对法制新闻在传播过程中出现的问题进行了道德分析。法制新闻内容失实、法

[①] 梅茨.怎样写新闻：从导语到结尾［M］.苏金琥，阮宁，洪天国，选译.北京：新华出版社，1983：3-4.

制新闻报道缺乏公正、法制新闻品位低俗这三大问题，实质是诚实守信、公平公正和社会责任三个关键内容缺失。[①] 孙德昊的《传播伦理视角下自媒体时代网络道德失范问题浅析》一文认为，自媒体时代，公民个体已然成为信息源，在网络社会中，由于客观约束条件的不足，导致了诸多的道德失范问题，必须采取必要措施，重建网络社会道德新规范，促进法制新闻规范报道和传播。[②]

郑保卫等在《新时期新闻职业道德研究述评》一文中，对以前和现在的新闻记者道德现状都进行了研究，并且做出评价，对于"虚假新闻""炒作新闻""媚俗新闻"之间的关联性进行了分析。主张从新闻企业、社会、公民三个角度对问题进行解决。企业要职权分明，加大管理力度。社会相关监管部门也要严格执法，做到有法可依，执法必严。公民要正确发挥舆论的作用，其不规范的行为随时随地反馈。[③] 菲利普·帕特森等在《媒介伦理学：问题与案例》中，主要列举相关学者和记者在进行此类研究工作时所遇到的一些比较常见的道德素质问题，并通过对其进行较为透彻的分析研究，对于其中一些有价值的内容设置成问题，对读者进行提问，根据所设置问题的引导性，使得读者对于此类问题进行自主的思考和理解。[④]

三、法制新闻道德失范的主要表现

（一）新闻从业者专业性欠缺

1. 新闻有偿性导致新闻失实

新闻的有偿性有两种形式，第一种就是"卖新闻"。卖新闻也有两种模式，一种是将新闻主动卖给记者或媒体，并促成一定的好处，来有偿卖出新闻；另一种是由记者或媒体主动找新闻机制求卖新闻，促成一定的好处来有偿获取新闻。这种

---

① 高张乾.我国法制新闻传播中存在的问题分析［J］.新闻传播，2009（9）：83.
② 孙德昊.传播伦理视角下自媒体时代网络道德失范问题浅析［J］.新媒体研究，2017，3（8）：18-19.
③ 郑保卫，樊亚平，舒纾.新时期新闻职业道德研究述评［J］.新闻传播，2007（12）：21-23，26.
④ 帕特森，威尔金斯.媒介伦理学：问题与案例［M］.李青藜，译.北京：中国人民大学出版社，2006：9.

"卖新闻"的行为便会给新闻职业以及社会的道德造成严重的损害。第二种"买新闻"，也就是"有偿付出"。"买新闻"中的道德问题主要是指某些媒体或记者为了能够拥有独家新闻报道而将新闻买断进行发布，通过直接金钱的交易将新闻作为独家进行采访或传播使用。此类行为使新闻内在要求遭到破坏，这样的交易行为从本质上来说是不道德甚至是违法的。

2.新闻失实的无根性

新闻失实往往是因为现在的人们看到表面就妄下结论，在时效性的因素影响下忽略了对新闻真实性的证实。例如一幼儿园出现两例诺如病毒病例，于是网络上的各路媒体将此文章的标题写成"×幼儿园出现两例幼儿疫情病例"。在如今新冠肺炎病毒持续传播的背景下，标题很明显指向新冠肺炎疫情，以曲解原意来吸引网民，极易造成恐慌。很明显，这是一则失实新闻。编写这篇稿件的作者为了获取流量故意进行偷工减料，偏离了新闻的职业道德，只能依靠受众及时评论、及时提醒避免报道进一步扩散。

（二）采访报道中侵犯隐私

在法制新闻的报道中，对当事人或报道人隐私的保护是极其普遍和重要的。中国的法律明确表明公民享有隐私权。而隐私权更是公民在社会生活中保护自己的道德权利，也就是说，在采访报道中侵犯了公民的隐私便是违法行为，无论出于哪种原因。近几年，公民的法律意识显著增强，很大程度帮助自我维护自身利益，在新闻机制方面仍然存在失范现象。个人的隐私在法律上受保护，对公民隐私肖像权的侵犯同样是错误的。若报道事件、个人与社会大众无关，没有影响到公共利益，新闻采访则不能通过任何形式、任何理由来擅自发布涉及公民隐私的信息和报道。

将民众的知情权利和举报人员的隐私权利实现平衡处理是合理处置隐私权利的实质关键要素。个人拥有隐私权，民众拥有知情权。在民众的知情权利被保护的同时，也要注重保护好个人的隐私。所以，两种权利没有绝对的对错轻重，只能根据实际发生的现实情况进行合理的判断和衡量。

（三）品位低俗的炒作性法制报道

法制新闻的报道形式出现过度娱乐性的现象时有发生，这就是法制新闻质量逐渐庸俗化的实质问题，主要在下面几类情况中表现出来。

1.缺乏道德底线的法制新闻炒作

个别媒体为了炒作枉顾大局，在某些争议性事件中站队明显，胡乱报道，导致不公平的舆论四处扩散，带给政府及相关部门极大压力。法制新闻的自身拥有很好的教育性，但是庸俗的炒作方式大大降低了这个性能，且影响了其拥有的威严性和严谨性，与其职业精神和道德精神背道而驰。

2.色情化、暴力化的报道

法制新闻内容较特殊，不可避免牵涉到暴力、色情、血腥等刑事案件。对案件要在合理的范围内进行适当报道，既可以通过这些案件科普法律知识，又可以起到警示作用。

部分法制新闻报道粗鲁、庸俗，会加重受害人的创伤。有的报道甚至为了满足部分人群的恶趣味，迎合低俗需要，过度刻画罪犯的手段和细节，甚至以小说的口吻和笔法来进行事件渲染和编排，原本有价值的新闻报道素材变得不堪入目，无法为大众普及正确的法制知识。

（四）违背法律公正客观进行媒介审判

部分不实法制新闻报道会利用舆论一定程度上造成媒介审判。[①]媒体应时刻秉持真实、公正客观的原则，力求发表公平真实的报道，同时，尊重法律，尊重法院，规范报道，决不能媒介审判干扰司法进程。

在一些刑事案件中，公诉人通常是指国家机关，而被告则是经过侦查确认的犯罪嫌疑人。在法律地位上，两者是平等的，在被告受到判决前，享有人格权。法制新闻的报道要尊重事件的原告和被告，媒体要保持公正客观，而不能有意无意地偏

---

① 曹欣.后真相时代的舆情反转与引导策略研究：以"鲍毓明事件"为例［J］.新闻研究导刊，2021，12（18）：169-171.

祖某一方，在法制新闻的报道中实现最基本的公平基础。

四、法制新闻失范的解决措施

（一）完善相关法规并严格监督

利用新媒体进行法制新闻的宣传是法律传播的重要途径之一。新闻报道中的每一字一句及法律专业术语都应仔细地审查及敲定。为了法律新闻能准确报道，应及时对新闻从业者进行相应的法律知识培训；对新闻市场进行统一审查，促进每一条法制新闻规范化，保持新闻真实性，禁止乱写乱报。

法律新闻的监管机制需积极完善，实现新闻的制度性和规范性。对于一些懒惰、贪名利甚至接受他人贿赂的工作者，应实行严格的处罚。反之认真积极对待工作，遇事冲在一线的工作记者，应实行积极鼓励措施。也可以建立团体来对每篇报道是否真实进行监管审查，确定报告的材料、证据都具备极高的真实性，正确处理法制纠纷事件，对违规情况实行责任制度，针对存在的违规问题应及时阻止并且纠正。[①]

（二）提高新闻从业者的职业道德素养

真实是新闻的生命。新闻媒体的从业人员首先必须诚实、公正和严谨，遵守《中国新闻工作者社会主义职业道德准则》，确保新闻的真实、准确、客观、公正。法制新闻的记者必须掌握事件的真实性法则，杜绝出现假新闻。法制新闻的报道是否具备可靠的真实性，是代表了对民众知情权的尊敬，更是对新闻行业的职业操守最好的解释。[②]

媒体的多样化和复杂化决定了媒体的内部职能管理需由不同的部门进行对应管理监督。单位领导及部门负责人应严格监督媒体内部的运转工作，并且要经过严格的监督机制进行环节审查，尽量避免庸俗的新闻，通常需要对各部门的新闻文稿进行文章质量检测和文章内容评价，审查中会摘除不必要的内容。新闻从业人员不仅

[①] 肖薇.法制新闻传播的道德话语表征与功用：伦理语用学的视角[J].安徽师范大学学报（人文社会科学版），2020，48（5）：148-157.

[②] 陈红.浅谈法制新闻报道的"实"与"适"[J].记者观察，2020（23）：100-101.

在外在方面上要多注意，还要注重自我修养提升，必须做到对基本的道德观念有深刻的理解，不受庸俗文化的制约，发展朝着积极方面进步。

（三）提升政治素养，正确引导舆论

法律新闻是一个国家传播法律知识的重要途径，因此该行业的工作人员应具备较高的政治文化素质。法律新闻发布前，对法律专业知识、专业术语以及法律条文的普及都需要严格把控，不仅要语言严谨性高，更要明确自我的政治方向，必须依据党的基本方针和要求开展工作。新闻工作者需对受众有深度了解，知民众所需，想民众所想。需要在新闻方面有十分敏锐和强大的观察能力和政治能力，对各种新闻的价值和观点精准把握。要坚持马克思主义新闻观，坚持正确积极的舆论导向。主体平台及新闻发布者要牢牢坚持党性原则，牢牢坚持马克思主义新闻观，牢牢坚持正确舆论导向，牢牢坚持以正面宣传为主。只有这样才能影响公众尤其是青少年信息的获取和正确价值观的形成。

结语

法制新闻的失范会传播错误的法律知识，阻碍法律普及，给社会带来难以在短时间内消除的不良影响。若法制新闻失范现象普遍，则会冲击平等、公正、文明、民主的社会主义核心价值观，对公民的社会行为产生直接的不良影响，对公民的道德培养起严重的阻碍作用。法制新闻的规范和健康发展，需要以法律为基础，完善司法，并给予规范和支持。同时，离不开社会各界的监督和参与；离不开新闻工作者自我素养的提升和专业技能的增长。媒体要加强对新闻尤其是法制新闻的把关，认真对待每一篇稿件，完善我国有关新闻行业的相应的法律法规，让整个新闻界的行为在法律范围之内，同时也要发挥新闻行业协会和社会大众的监督作用，一旦发现道德失范的行为要进行积极举报以便在造成更大影响之前得到妥善解决。对丧失新闻从业底线的行为应依法严惩。全社会应该携手共进、共同创建一个有秩序、稳固、和谐共存的新媒体法制环境，促进法制新闻的健康发展。

社交类短视频平台的传播伦理失范及建议

张思琦[*]

【摘要】社交类短视频作为一种新的传播手段提升了受众的媒介近用权，推动了传媒业发展，同时也导致了诸多伦理失范问题。本文总结了社交类短视频中五种传播伦理失范的表现，即内容创作环境愈发恶劣、电商导流消费主义加剧、压缩公共话语空间、情绪性善意导致资源错置、用户情绪消耗导致共情能力减弱，并从平台自律、立法他律和提升用户网络媒介素养等三个角度提出了建议。

【关键词】社交类短视频　伦理失范　游戏理论　使用与满足

一、研究背景及研究现状

（一）研究背景

短视频最早产生于美国，网络社区软件 Viddy 于 2011 年 4 月 11 日正式发布其移动短视频社交应用产品标志着短视频的诞生。通过 Viddy 的音效、特效美化等功能，用户简单操作即可将拍摄的视频剪辑成为 30 秒钟的视频短片，并上传至网络社区。此后 Viddy 与 Facebook、Twitter、YouTube 等社交媒体平台实时对接，使用户之间的

---

[*] 张思琦，北京联合大学应用文理学院新闻与传播系 2021 级硕士研究生；主要研究方向：融媒体新闻传播与实务。

即时交流从互发文字、图片、语音,发展到互发视频。[①]社交类短视频是指以抖音短视频、快手App、火山小视频为代表的短视频平台,集短视频创作拍摄、后期制作、发布传播、分享互动等功能为一体,强调娱乐与互动,多数搭载算法智能推荐功能,基于平台的UGC内容创作,用户通过平台可以自由创作和传播,用户黏性较高。[②]根据艾瑞咨询调查数据显示,截至2020年6月,移动网民端短视频渗透率已达65.8%,伴随5G网络的落地和加速普及,短视频用户规模将进一步增长。[③]德国哲学家海德格尔在《世界图景的时代》中预言,视觉化是无法阻挡的趋势。[④]如今短视频的发展无疑印证了这一预言。

(二)国内外学者研究现状

虽然短视频短平快的特点使得信息被碎片化、感官化地接受,加快了信息的传播效率,也提升了受众的媒介近用权,但其行业发展过程中也暴露了许多伦理问题与困境,国内外许多学者对此问题进行了研究和探讨。张婷[⑤]、Saurwein(索尔温)[⑥]等学者认为短视频伦理失范表现主要体现在侵权违法行为凸显、内容失真、泛娱乐化、低俗化及同质化问题严重、价值观偏离、算法偏见失范及用户沉浸感官刺激。虽然有学者也提出了对弱势群体的消费狂欢、模仿高风险行为等仅针对短视频传播伦理失范的表现,[⑦]但在该问题的研究领域中,侵权违法、内容泛娱乐化、低俗化等诸多失范现象不仅是短视频行业存在的问题,也是社交媒体、有声书、人工智能等诸多行业乃至整个内容生态的共通问题。因此思考社交类短视频平台的传播伦理失范现象,应该将研究范围聚焦于短视频特有的失范表现,并提出相应建议。

---

① 靖鸣,朱彬彬.我国短视频内容生产存在的问题及其对策[J].新闻爱好者,2018(11):19-24.
② 田鹏,袁智忠.社交类短视频的信息伦理失范与对策[J].西部广播电视,2020(1):7-10.
③ 艾瑞咨询.2020年中国资讯短视频市场洞察白皮书[EB/OL].(2020-10-20)[2021-12-27].https://report.iresearch.cn/report_pdf.aspx?id=3669.
④ 海德格尔.林中路[M].孙周兴,译.上海:商务印书馆,2000.
⑤ 张婷.视觉传播场域中的短视频伦理探讨[J].青年记者,2018(27):32-33.
⑥ SAURWEIN F, SPENCER-SMITH C. Automated trouble: the role of algorithmic selection in harms on social media platforms[J]. Media and communication, 2021, 9(4): 222-233.
⑦ 金霞.短视频新闻的伦理失范现象及规避[J].青年记者,2018(32):16-17.

二、社交类短视频平台的传播伦理失范现象

（一）内容创作环境越发恶劣

短视频不仅是视频时长变短，为了获得更好的播放量和点赞数，表达内容、剪辑方式、配乐等方面都发生了改变。在内容创作方面，短视频故事煽情化特征明显，创作者们利用现代年轻人焦虑情绪进行内容生产。影视解说类短视频往往用很短的时长解说影视剧作品吸引流量，侵权问题严重，导致内容创作环境恶化。据国家网信办2021年12月15日发布的消息，2021年以来，有关网站平台对2万余个"头部账号"予以关闭、暂停更新，整治了饭圈乱象、卖惨营销、恶意炫富、短视频侵权等问题。郭老师、铁山靠、殷世航等账号被封禁，让内容创作有了底线遵循。

短视频配乐的制作趋势是较短的音乐时长，但具有强传播性，所以病毒化传播内容不断增多，真正具有艺术性的作品减少，影视剪辑方式趋向于追求博眼球的炫酷效果。抖音等短视频平台中提供的BGM（背景音乐）只选取一首作品的副歌和高潮部分，用来刺激用户的耳朵，抓住用户注意力。音乐创作者在这种影响下，迎合流量，整体音乐内容生态趋向于缩短音乐作品时长。Quartz在2019年发布的一份报告中发现，2018年所有热门歌曲中有6%为2分30秒或更短。所以从短视频的整个制作流程来看，创作者为了追求流量和关注，各环节的内容生产空间均被压缩，长此以往，劣币驱逐良币的现象更加严重，内容环境愈发恶劣。

（二）电商导流加剧消费主义问题

短视频平台的发展目的并没有停留在集聚大量互联网用户的注意力，而是将注意力转化为经济效益。短视频中的形象往往是具体的个人形象，当足够多的用户对其产生忠诚度和信任感时，推荐商品便成为视频生产方顺理成章的行为。短视频可以用更加生动、形象的方式推介商品，并且相比于以往根植于社交媒体类文字平台的软文推荐，短视频通过形象的推荐、情绪的煽动，并即时提供购物链接，缩短用户购物路径，使用户非理性消费。互联网用户碎片化、感官化使用短视频平台必然

使得消费更加随时、感性，加之算法推荐的作用，消费主义问题进一步加剧。短视频平台的电商产业链条中，用户、商家、营销方、内容创作者、MCN机构等主体均涉及在内。商家通过营销方接触MCN机构或者网红个体去进行营销策划，借助短视频平台这一渠道发布信息，平台提供商品链接，将商品短视频和链接同步传送到用户面前，促进消费，平台可以统计这一流程中的全部数据情况，便于监测和提升电商销售销量与业绩。①抖音、快手等短视频平台都进行了这一商业布局。字节跳动的抖音电商在双十一当天的商品交易总额同比2020年增长224%，②短视频平台购物逐渐成势。短视频平台通过自身构建电商功能，将用户流量导入自身的商业链条，逐步扩大自身商业规模的同时，加剧了消费主义。普通用户需要在浏览短视频时警惕平台通过构建电商而设置的消费主义陷阱。

（三）压缩公共话语空间

以抖音短视频平台为例，用户在平台中的互动方式为点赞、评论和转发，评论字数上限为100字，短视频的时长普遍在5分钟以内。这样的传播方式互动性有限，无法让用户真正产生交流，公共话语空间被压缩，严肃深切的话题被规避，娱乐化倾向越发明显。短视频平台用户生存在平台算法构建的信息茧房中，以娱乐至死的心态面对信息环境，并进一步影响真实世界，形成信息环境的环境化影响。互联网新媒体的出现被赋予过乌托邦的期许，但如今极大增强用户媒介近用权的短视频平台并没有拓宽民众的交流空间，反而将其压缩成了娱乐化、浅层化的媒介环境。

凯斯·R.桑斯坦在《信息乌托邦：众人如何生产知识》中提出人们习惯将自己包裹在由兴趣引导的信息领域，亦即信息茧房中。短视频平台依赖的算法机制是根据推荐用户浏览过的相似内容或者社交好友的浏览记录进行精准推荐，长此以往，用户只能接触到平台推荐的同质化的内容，无法接触到不同观点不同声音，不利于培养公众的表达意愿，压缩了公共话语空间。并且用户会将在短视频平台中接收到的信息和观点通过行为反映到真实世界中，例如网络亚文化对青少年的消极影响，

---

① 姚林青，顾恩澍.短视频电商模式的演进机理研究［J］.现代传播（中国传媒大学学报），2021，43（1）：123-128.
② 井寻.抖音和快手，握不住双十一［EB/OL］.（2021-11-16）［2021-12-27］.https://www.huxiu.com/article/473121.html.

祖安文化、追星、媚俗文化等都严重影响着青少年的价值观养成。

（四）情感消费导致资源错置

短视频的具象化、感官化传播使得用户的情绪很容易被煽动和感染，容易发生群体极化。当大量用户的善意被调动，情绪性的行为会导致资源的错置。例如，蜂花品牌的抖音账号里通过"没倒闭""包装土""没钱做广告"等自黑回复拉近与消费者的关系，"蜂花面临倒闭""蜂花回应倒闭传闻""为了蜂花不倒闭也是拼了""蜂花成立36年无任何处罚记录"等一系列词条冲上热搜，短时间大大提升了销售量，但是长远的增长是否可以持续是有待考量的。

（五）用户情绪消耗导致共情能力减弱

威廉·斯蒂芬森的"游戏理论"指出媒介是受众自我取悦的玩具，某种程度上，受众决定着媒介的内容制作。[1]短视频平台用户以游戏的心态观看短视频进行情绪的排解，满足自身对于原始本性的需求，为了得到更多快感，沉溺于感官刺激，成为沙发人、土豆人，消耗掉大量的时间、精力以及情绪。用户看似通过短视频平台获得了使用与满足，但是在虚拟的世界中的情绪消耗使得用户对现实世界的关注减少，甚至降低对现实生活的共情力，成为漠然的原子化个体。

三、针对社交类短视频平台伦理失范的建议

（一）平台自律提升把关水平

平台作为短视频行业发展的中心应该承担构筑良性内容生态的责任，平台不能只追逐商业利益，更要有社会责任意识，要对平台用户负责，建立可长期发展的目标和战略，共同营造良好的竞争生态。同时，AI技术审核+人工审核共同完善审核流程，减少低俗化内容的传播，提高内容准入门槛，让短视频生态更加健康。引入区块链技术、声纹识别技术等，遏制侵权问题的蔓延，保护视频、音乐版权。抖音

---

[1] 刘海龙.传播游戏理论再思考［C］//郑保卫.新闻学论集（第20辑）.北京：经济日报出版社，2008：198-208.

等平台需要跟进防沉迷系统的完善，防止用户过度沉迷娱乐化内容。

目前，用户每日首次启动短视频应用时，系统弹窗提示，引导家长及青少年选择"青少年模式"。同时，平台应该实时跟进系统弹窗等规劝功能的效果，及时改进，培养、提升青少年用户良好的网络素养。

（二）立法他律增强监管力度

法律作为约束短视频行业发展的最低要求需要尽快跟上行业发展的速度。短视频等新媒体传播形式改变媒体格局，在人人都有麦克风的时代，版权权益保护进入了一个新的阶段，必须发布相应政策让版权方有法可依。在2021年6月1日正式实施的新《著作权法》中，著作权中的复制权定义加入"数字化"复制形式，扩大侵权范围；侵权行为赔偿额度修改为500元以上500万元以下，最高上限额度上调10倍，提升侵权风险。[①] 最高人民检察院也加强对青少年沉迷网络问题的监督与管理。但在用户隐私保护、短视频内容低俗化等方面仍需要政府加强监管与引导。

（三）用户网络媒介素养亟待加强

作为短视频用户，应该自觉增强自身媒介素养，要有良好的信息判断与筛选能力。培养这方面的能力，一是依靠用户自律及不断树立正确的价值观。对于青少年十分重要的家庭场景而言，家长首先需要提升自身网络素养，不要沉迷于短视频平台的推送中，要为青少年做好榜样。青少年的学习课程中也应该加入相关知识的普及，提升青少年网络素养。二是平台需要积极引导，平台可以在用户创建平台账号时设置网络素养测试，并在用户使用过程中设置提醒，防止用户沉迷。

结语

在政治、经济、用户选择等多方面的助推下，短视频平台不断发展，但内容创作环境越发恶劣、电商导流加剧消费主义、压缩公共话语空间等问题凸显。应对这

[①] 中国人大网.全国人民代表大会常务委员会关于修改《中华人民共和国著作权法》的决定［EB/OL］.（2020-11-11）［2022-03-26］.http://www.npc.gov.cn/npc/c30834/202011/272b72cdb759458d94c9b875350b1ab5.shtml.

些问题，需要从政府、平台、用户多维度入手。从外部层面而言，政策监管作为他律的最重要手段，其发挥的引导监督作用对于社交类短视频平台的长远发展至关重要；从平台自身而言，需要努力承担社会责任，制定符合社会规范的长远战略；用户自身要加强自律，树立正确的价值观。青少年要在学校家庭帮助及平台引导下，不断提升自身网络素养。

新媒体语境下非虚构新闻写作的嬗变与价值反思

——以"人间theLivings"公众号为例

焦旭辉[*]

【摘要】 在新媒体快速发展的这十余年时间里，非虚构新闻写作完成了从纸媒到线上媒介的过渡，广泛的创作主体、丰富故事素材赋予了非虚构全新的生命力，使其以一种全新的形态继续吸引着学界、业界的目光。但新媒体语境下非虚构创作主体的泛化、极致故事化的追求以及扩散的叙事对象也使得这一文本形式呈现出真实性存疑和价值取向异化等问题。本文采取内容分析法，对"人间theLivings"公众号作品进行简单随机抽样，选取2021年9月至11月3个月时间内共计72篇原创非虚构新闻作品作为样本，从传播主体、故事文本以及叙事对象等三个角度探讨新媒体语境下非虚构新闻写作呈现出的新特征，并在此基础上形成对其文本价值的反思。

【关键词】 非虚构 新媒体 "人间theLivings" 公众号

引言

20世纪90年代，中国青年报创办《冰点》周刊，打响了中国非虚构新闻平台第一枪。在接下来的二十余年内，非虚构新闻写作从主流平台的一枝独秀逐渐演变成

---

[*] 焦旭辉，北京联合大学应用文理学院新闻与传播系2021级硕士研究生；主要研究方向：网络文化与新媒体。

新媒体环境下的遍地开花。

2015年，非虚构写作的代表人物女作家斯维特兰娜·阿列克谢耶维奇获得诺贝尔文学奖。同年，《南方人物周刊》、《时尚先生Esquire》、《智族GQ》、谷雨、地平线、人间、单读、正午故事等8家致力于非虚构创作与呈现的媒体平台，联合发起了非虚构创作联盟，随后各大互联网企业、传统媒体纷纷在各大互联网应用端推出各自的非虚构平台。[①]内容创业的热潮搭上新媒体的东风，是非虚构新闻写作从线下走向线上重要的助推因素。互联网海量内容缺口和变现机制双重引诱下，非虚构新闻写作成为互联网上各路人马竞相追逐的"标的"。

非虚构新闻写作是揭露现实世界为人们所忽视和不理解的部分的一种独特表达方式。它立足于事实，运用具有质感和纹理的表述来恢复事件的真实架构。[②]在今天信息数据大爆炸的新媒体时代，一部优秀的非虚构作品依然能够凭借其细腻的真相和斐然的文采走进我们的内心，引起社会关注讨论，在打破信息壁垒之后，成为名副其实的社会热点，如前段时间大火的《一个农民工思考海德格尔是再正常不过的事》，一个利用工余时间翻译海德格尔的故事的农民工就凭借其细腻的笔触、独特的故事楔子引起全网范围的大讨论。谷雨实验室杨瑞春曾在作为2019谷雨新闻奖颁发现场表示："在当今这样复杂多边的新媒体环境下，要持续完成媒体工作本身就是非常艰难的事情。"在如今被流量和资本裹挟的时代，人们在浅薄、泛娱乐化的表层信息获取中耗费了大量精力，也正因如此，具有深度、独到内容属性的非虚构写作正凸显出无法被取代的独特价值。如何平衡新媒体时代非虚构新闻写作的变与常，理顺资本逻辑下工具理性使之服务于非虚构写作的本真，是我们应当反思的问题。

一、文献梳理

（一）非虚构新闻写作概念溯源

非虚构写作最先作为一个文学领域的概念被使用，美国作家霍洛伟尔的《非虚

---

① 田香凝，刘沫潇.新媒体时代非虚构写作的现状、问题与未来［J］.编辑之友，2019(8)：55-59.
② 刘蒙之，刘洁.桅杆上的船员：非虚构写作者的职业生涯与工作生活条件叙事［J］.新闻记者，2021(9)：48-64.

构小说的写作》中为读者介绍了这种创新的写作方式，并简要概括了这种文体的发展背景与特点。随后这种文学创作形式在美国遍地开花。在西方六七十年代新新闻主义浪潮影响下，非虚构写作开始与新闻创作相结合，读者们厌烦了以往传统金字塔结构的新闻报道的干瘪与直白，非虚构新闻写作由此获得了极大的读者基础。改革开放之初，非虚构写作以报告文学的形式在国内出现，但仍作为一个文学领域的概念被沿用，直到1995年《中国青年报》创办《冰点》周刊，非虚构新闻写作才以特稿的形式在国内新闻界确立。

关于非虚构新闻写作的界定，《韦氏词典》将其定义为"一种关乎事实或真实事件的写作"，又被称作叙事新闻、文学新闻，是一种兼具"新闻性"与"文学性"的文体形态。[①]

目前学界比较认可的是范以锦教授等的说法，即"把文学的写作手法应用于新闻报道的写作主张"[②]。随着新媒体时代的到来，非虚构新闻写作纷纷转移阵地开辟出非虚构新闻写作新战场，诸如《新京报》旗下的"剥洋葱people"、腾讯旗下的"谷雨实验室"、网易"人间theLivings"等。

（二）新媒体环境下非虚构写作的研究

当下，学者对新媒体环境下非虚构写作的研究、案例选择主要集中在微信公众号平台。学者许莹、程贺在《非虚构写作情感化传播的作用与边界》一文中指出非虚构新闻写作通过当事人对事件细节的陈述完成情感化传播，完善了生活的宏大图景，其忠于讲述的边界是不应打破的。[③]非虚构投身新媒体平台怀抱，实现从纸上谈兵到网上论道的跨越。学者邱旻认为当下非虚构写作顺应了时代发展趋势，通过隐喻来反映现实社会，重构了当代大众的认知结构。随着新媒体的强势崛起，传统纸媒影响力式微，其赖以生存的商业模式日渐萎靡，非虚构与新媒体的融合促成了行业商业变现的新可能，同时也丰富了文本呈现形式。

---

① 刘蒙之，张焕敏.非虚构写作：内涵、特点以及在我国兴起的多维因素［J］.媒介批评，2017（0）：216-224.
② 范以锦，匡骏.新闻领域非虚构写作：新闻文体创新发展的探索［J］.新闻大学，2017（3）：56-61，149.
③ 许莹，程贺.非虚构写作情感化传播的作用与边界：对微信公众号"网易人间""界面正午""真实故事计划"作品的分析［J］.新闻爱好者，2019（8）：68-71.

二、新媒体语境下"人间theLivings"非虚构新闻写作实践

网易旗下"人间theLivings"公众号成立于2015年，是国内最早几家采用UGC创作模式的非虚构写作平台之一。自成立以来，"人间theLivings"公众号一直秉持着"以叙事之美，重构我们的生活"的理念，以高质量内容输出，赢得各行业读者的一致认可。目前"人间theLivings"栏目丰富，题材多样，同时它所呈现出来的特性与问题也极具代表性。

本文以内容分析法为主，通过简单随机抽样方法从网易旗下"人间theLivings"公众号中选取2021年9月至11月3个月时间内共计72篇原创非虚构新闻作品作为样本，从传播主体、故事文本、叙事对象等三个角度对样本文章进行剖析，以探讨新媒体语境下非虚构新闻写作的嬗变。

（一）传播权利过渡：高稿酬吸引素人作者投稿

有一个很明显的趋势，随着媒介技术的发展和社会化媒体的普及，传播权利正逐渐从专业媒体下放至新媒体传播者。新媒体时代每个独立的个人都是一台行走的摄像机，通过对个人身边事实的记录和直播，来传递"自我"。互联网庞大的用户基数加上丰富的个人化视角，使得素人投稿作者的合力在选题和时效性上比专业记者更具优势。

非虚构新闻写作往往需要有较强的社会指向性，即便是深度调查记者在一线进行采写也往往绕不开对相关事件人的访谈、实地考察这些关键步骤，这就决定了一部非虚构新闻作品必然会具备"长时间跨度""不确定性"等因素。新媒体语境下非虚构新闻写作平台巨大的内容缺口，让传统非虚构写作时代专业记者难以招架，因此多元创作主体内容共创成为必然选择和最优解。参考综合投稿资讯公众号"投稿指南"整理的"非虚构类"公众号征稿信息，发现有多家新媒体非虚构写作平台面向全网开通了独立的外部投稿渠道，明确表示欢迎外部作者踊跃投稿，其中不乏像"谷雨实验室""人间theLivings""正午故事""三明治"等多个非虚构垂类头部平台。

在"人间theLivings"公众号选取的近3个月共计72篇样本文章中，有作者共计68人，结合文末"作者介绍"及文章内容分析出作者职业分布情况如图1所示。

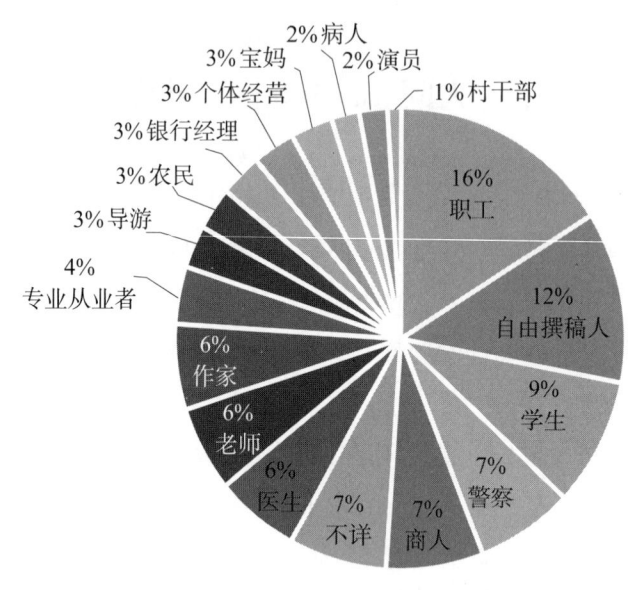

图1 "人间 theLivings"公众号作者分布（2021年9—11月）

由图1可知，68位作者分布广泛，其中既有基层民工，又有学科博士，更不乏警察、老师这样的传统职业。与传统媒体采写方式不同，新媒体平台非虚构作写作不再依赖于专业调查记者，在68位作者中，共有专业从业者3人、自由撰稿人8人及作家4人，除这15人与写作行业相关，其他53人是来自不同行业的素人作者。

非虚构写作不再特定职业的专属特权，传播权利也不再垄断在职业调查记者手中，同时以不同行业的各色人物为"镜头"，通过个人叙事能够挖掘底层故事，还可以丰富非虚构新闻稿源。以"人间 theLivings"为例，除了其公众号主页菜单栏上的"征稿启事"，每则文章末尾也单独注明了并不低于开出3000元每篇的稿费说明。以高稿酬吸引的各行业社会稿件，是新媒体平台保证原创力和高更新频次的重要法宝。

（二）故事性更为凸显：文本阅读体验成为首要考量

纸媒时代非虚构作品成功与否，"社会价值"和"公共指向"是最为关键的衡量尺度，而新媒体时代则更看重文本的阅读体验。阅读体验关系到基本的数据指标，推文标题能影响文章的点击量，故事文本的流畅度决定着阅读完成率，文本叙事是否引起情感共鸣则事关转发量和评论量等。

非虚构本身的人文关怀和社会责任，结合新媒体时代用户对深度内容的阅读需求，让亚文化题材、底层群体具身故事成为新媒体非虚构报道选题的主要方向，比如博士夏禹对"谷雨实验室"公众号162篇文章样本进行统计，发现其中议题为小众猎奇型的非虚构作品达到68篇，占比42%。发现其中近8成文章着重描写底层苦难经历，形成了苦难叙事的主旋律。如2020年9月"人物"公众号推送的《外卖骑手，被困在系统里》，描述底层劳动群体被商业算法的支配和消解的故事。又如《中国版飞越疯人院：密谋十七年的逃亡》详尽叙述了精神病人的权利困境。

新媒体语境下非虚构写作对选题范围不再设限，多元叙事主体视野也更为广泛，但以个人经验为基准的叙事角度往往不再具有言说公共话题的能力，个体故事不足以反映社会变化。通过对"人间theLivings"公众号72篇样本文章进行分析发现，涉及"犯罪""骗局""死亡""富豪"相关选题超过50%，如媒体人关军的《爸，你骗了市委副书记》、编导黔今的《14岁，我亲历的炼狱戒网生活》这类选题虽然对公共意义和社会价值有所忽视，但内容极具猎奇性，有非常明显的故事化取向和流畅的阅读体验，出于流量和商业化的考量这类选题更易受到平台编辑的青睐。如果将新媒体语境下泛化的创作主体和泛娱乐化的社会氛围相结合，则不难理解非虚构新闻写作在价值取向上对故事化文本的偏移。

（三）叙事对象扩散：被泛化的弱势群体

自20世纪90年代中青报创设《冰点》伊始，我国非虚构新闻写作一直作为对主流媒体正面报道的补充形式出现，弥补主流媒体对社会全方位展示的不足。"弱势群体"作为底层社会群像之一，自然而然成为非虚构写作常见的叙事对象。而在新媒体语境下，非虚构新闻写作叙事对象存在明显泛化倾向，不再局限于传统意义上"低收入，生存条件差"为特征的弱势群体，一些"个性张扬""经历离奇"的个人及亚文化群体成为被报道的常客。[1]

通过对"人间theLivings"公众号2021年9—11月被选定的72篇非虚构作品样本进行分析发现，其中文章主要有三种叙事方法：他叙、当事人自述、当事人自述专业作者执笔。剔除无效样本，有明显且可查证的叙述对象文本共计54篇，其社会身份/职业分布如表1所示。

---

[1] 李慧紫.媒介融合背景下我国"非虚构写作"的新闻实践研究［D］.武汉：中南财经政法大学，2019.

表1 "人间theLivings"公众号叙事对象身份划分

叙事对象身份	篇数	占比（%）
犯罪嫌疑人	7	12.9
病患者（及家属）	7	12.9
富商	6	11.1
普通职工	6	11.1
孤寡老人	5	9.3
自由职业者	5	9.3
个体	5	9.3
农民工	3	5.5
导游	2	3.7
民俗传承人	1	1.9
学术明星	1	1.9
同性恋者	1	1.9
渔民	1	1.9
喜剧演员	1	1.9
数字矿工	1	1.9
保安	1	1.9
海归	1	1.9
共计	54	100

总体来看，"人间theLivings"在叙事对象选择上依然以弱势群体为主，但也存在明显的异化和扩散的倾向。如上文所述，新媒体语境下非虚构在叙事中对文本的精细化程度和语言美感门槛降低，更加看重故事化文本流畅的阅读体验，因此，兼具猎奇性和故事性叙事方式必然要从多元、泛化的弱势群体中发掘选题，这也使得分布于不同行业、领域、社会圈层的人物被作为叙事对象得以呈现。

三、新媒体语境下非虚构新闻写作的价值反思

毫无疑问，从直观数据结果来看新媒体语境下非虚构新闻写作在创作模式和叙事方式上有较为明显的创新，能够在一定程度上提升产出效率，观照更为复杂多元的社会议题。但回归非虚构文本肩负的社会职责与使命来看，这种创新或者说是成功本质

上是以牺牲其核心价值——社会性和真实性为代价,来向互联网环境投诚换取的。

(一)UGC介入:创作力与真实性的博弈

分析当下市场各类新媒体非虚构平台发现,大多都以公众号、头条号或者各自背靠的客户端、门户网站为主要阵地,通过动辄数千元的高稿酬吸引社会稿件。除了以高稿费为噱头吸纳社会各界人士投稿,具有实力的大平台往往还通过举办相关赛事选拔优秀非虚构新闻写作人才,如2020年11月"特写App"联合光明网举办的"特写杯"非虚构写作大赛、澎湃新闻"湃客·镜像"写作大赛等。[1]

UGC大规模介入非虚构创作写作领域,使整个行业生产力明显提高,如"人间theLivings"仅在11月内就有25篇非虚构作品推出,这种创作力让坐拥一众精英记者的传统媒体也自叹不如。但是,我们不难发现当下的各类非虚构平台真实性似乎正在被瓦解,一方面,利益驱使下创作者为了谋取高稿酬不惜在叙述上添油加醋,媒体平台处于流量考量默认了这种刻意凸显传具有传播效率的文本,在无形中遮蔽了事件的原貌。[2]另一方面,由于学历或阅历上的限制,民间创作者往往在现象理解、叙述表达上能力欠缺,难以洞悉事实本真。创作力与真实性的博弈是新媒体语境下非虚构平台不容忽视的问题,如何平衡仍需业界实践论证。

(二)选题魔咒:故事性与社会性的取舍

从上文中72例"人间theLivings"公众号非虚构作品样本分析可知,个人化视角的叙述方式和故事化文本已经成为新媒体语境下非虚构写作的显著特质。以第一人称亲历或第三人称旁观的视角,将猎奇性的选题和戏剧性的叙述手法结合起来完成故事性文本的撰写,虽然在一定程度上让文本更具沉浸感,但是却难以将个体命运与社会现实结合起来,对个人体验和经历着重书写,往往容易忽视复杂的社会现实。[3]

---

[1] 薛雅静.叙事学视域下"谷雨实验室"非虚构报道研究[D].广州:广东技术师范大学,2021.

[2] 陈瑶.新媒体语境下非虚构写作的底层叙事研究:以"真实故事计划"为例[J].传播力研究,2020,4(11):147-148.

[3] 杨世全.新媒体语境下非虚构写作的叙事特征研究:以网易非虚构写作大赛获奖作品为例[J].重庆电子工程职业学院学报,2021,30(3):88-91.

而从非虚构文本实践来看，故事性和社会性并非不能兼得。比如网易举办的非虚构大赛获奖作品《中国版飞越疯人院：密谋十七年的逃亡》，既有完整的故事叙事又反映了边缘群体重归社会的困境，赢了较高的社会关注度。可见，一味地以充满噱头的离奇故事来换取流量注定非长久之计，我们理应注意到非虚构写作求真向善的价值内核，理顺故事性叙述和社会性价值之间的逻辑。

结语

当前，互联网空间泛娱乐化浅薄化内容甚嚣尘上。非虚构新闻写作正如它叙述的内容那样，要面对更为复杂的社会因素。但经过时间的淘汰和沉淀，非虚构作品的魅力终将为人们所发现。值得注意的是，新媒体语境下非虚构写作选择的UGC创作模式导致其真实性存疑、社会性消解的问题正危机整个行业生态，必须有效加强内容把关，完善事实核查机制，将社会效益放在首位，才能促进整个行业良性循环。非虚构新闻写作如何在全新的传播场域找到自身定位，坚守住传统价值理念，是我们应当继续探索的问题。